El Manual Práctico de Supervivencia en la Administración Electrónic@

Alberto López Tallón

Primera Edición – Septiembre 2010 (edición revisada)

Primera Edición – Septiembre 2010 (edición revisada)

ISBN: 978-84-614-3413-8

Blog del autor del libro: http://www.microlopez.org (contiene una fe de erratas y material complementario)

Contenidos

creative
commons

Prólogo

Público y Objetivos del Manual

La **Ley 11/2007 de acceso electrónico de los ciudadanos a los Servicios Públicos** supone un reto como pocos, tanto a la Administración y su personal, como a los ciudadanos, ya que, como dice, en su exposición de motivos, supone el paso del *"podrán"* al *"deberán"* en materia de administración electrónica, convirtiendo la relación con la Administración vía medios electrónicos en un derecho para los ciudadanos y obligación para la Administración.

La ley se muestra particularmente exigente con la Administración General del Estado, ya que establece el **31 de diciembre del 2009** como fecha límite para la disponibilidad de estos servicios, cuando, en cambio, condiciona para CCAA y EELL la obligatoriedad a la disponibilidad de financiación suficiente para la implantación de estos servicios.

Esto no supone solamente la necesidad de desarrollar las aplicaciones que soporten los servicios electrónicos correspondientes, sino, además, que el personal administrativo esté preparado para las consecuencias que esto implica, tanto **jurídicas** y **organizativas** como **técnicas**.

Las consecuencias son importantes: los usuarios, tanto ciudadanos como funcionarios, van a tener que dominar más que nunca tecnologías de cierta complejidad, como **certificados electrónicos** y la **firma electrónica**, lo cual es imposible sin asentar una serie de fundamentos. Por otra parte, las ventajas son tantas y de tal calibre, que merecen sobradamente una pequeña inversión de tiempo para hacerse con los conocimientos básicos necesarios para manejarse con una soltura razonable en este terreno.

El público objetivo de este manual abarca tres perfiles: **empleados públicos**, **ciudadanos y responsables de proyectos y servicios de administración electrónica**. Para conciliar los intereses de estos diferentes perfiles, el manual mantiene una línea orientada principalmente a los empleados públicos y ciudadanos, y añade recuadros y capítulos específicos que abordan los detalles técnicos orientados principalmente a responsables de proyectos, de modo que el lector no interesado en este nivel de detalle se los pueda saltar fácilmente.

El manual pretende por otra parte cumplir principalmente con una doble finalidad: servir como punto de entrada para una formación completa en administración electrónica, a la vez que, asentados los conocimientos, ser útil como manual de consulta que acompañe al usuario en su día a día.

Para aquellos lectores interesados en las cuestiones más allá de lo meramente práctico, el manual también pretende ir un poco más allá y ofrecer una visión sobre las perspectivas actuales y futuras de la administración electrónica, junto con algunas reflexiones y ejemplos de innovaciones en este campo, tales como las ideas en torno al concepto de **Web 2.0**.

También se incluye una parte un poco más técnica, destinada a aquellos lectores interesados en detalles sobre las tecnologías usadas en elementos clave de la administración electrónica, tales como la firma electrónica o los certificados electrónicos y, en particular, a lo que el mundo de software libre puede aportar en este campo, que es sin duda muchísimo; razón por la cual ya forma parte de las políticas nacionales e internacionales en administración electrónica.

Finalmente hay que reseñar que el conocimiento práctico que abarca este manual, aunque se enfoca a la administración electrónica, es también útil como manual para el usuario de los **servicios y comercio electrónico en el sector privado**. Cuestiones como la firma electrónica o certificados electrónicos no son en absoluto exclusivas de la administración electrónica, aunque es cierto que su implantación actualmente se encuentra mucho más avanzada en el sector público que en el privado. No obstante, en un futuro no muy lejano será cada vez más habitual su uso en el sector privado; de hecho, poco a poco está empezando a extenderse el uso del DNI electrónico, especialmente en sectores que manejan información sensible, como lo es, por ejemplo, la banca.

En cuanto a los requisitos para el lector, aunque se abordan puntualmente temas de cierta complejidad técnica, no son necesarios conocimientos más allá de los normales de un usuario medio de informática.

Cómo leer este Manual

Puesto que este manual abarca un amplio público objetivo con perfiles bastante diferentes, se ha procurado seguir un orden cronológico en los contenidos que permita a cada lector acceder cómodamente a los que a él más le interesan, sin verse entorpecido o molestado por otros que puedan interesarle menos.

En este sentido el libro se ha dividido en 5 partes, más un anexo que se dirigen progresivamente desde un público más amplio a uno más específico.

La primera parte concentra la esencia práctica de este manual; se da un repaso a las tareas y problemas concretos típicos que un usuario de administración electrónica, ciudadano o funcionario, debe afrontar a la hora de utilizar un servicio electrónico, y donde hay que destacar especialmente los capítulos *"**La Administración Electrónica en la Práctica**"* y *"**Cosas fundamentales que hay que dominar**"*.

La segunda parte se orienta más a responsables de servicios de administración electrónica ofreciendo una visión global de los servicios horizontales y soluciones específicas que se encuentran disponibles para la implementación de servicios electrónicos.

La tercera parte trata de los aspectos jurídicos de la administración electrónica y se dirige fundamentalmente a los empleados públicos y profesionales del sector privado que trabajan en o con la Administración Pública, aunque hay una serie de puntos concretos que van más allá del sector público y que, por tanto, son de interés para cualquier ciudadano, especialmente los apartados que tratan de la Ley de firma electrónica, la Ley orgánica de protección de datos personales y la Ley de medidas de impulso a la sociedad de la información.

La cuarta parte se centra específicamente en la tecnología. Se centra fundamentalmente en cómo se implementan los mecanismos de seguridad más importantes utilizados en la administración electrónica y en el uso del software libre en este campo concreto, dado el alto interés que tiene por diferentes motivos. Además expone la importancia que se le está dando a nivel estratégico en las políticas nacionales e internacionales y, no menos importante, las grandes ventajas que puede aportar también a los ciudadanos de a pie.

Por fin, la **última parte se dedica a repasar algunas de las perspectivas actuales y futuras en la administración electrónica**, algunas de las cuales ya son una realidad, como lo es, por ejemplo, la importante blogosfera en torno a la Administración Pública en general y la administración electrónica en particular que se ha ido articulando estos últimos años.

Primera Parte: Manual Práctico

1 Conceptos Básicos y Ejemplos de Administración Electrónica

1.1 ¿Qué es la Administración Electrónica?

Definiciones:

- **Comisión Europea de la UE**: "La administración electrónica es el uso de las TIC en las AAPP, combinado con cambios organizativos y nuevas aptitudes, con el fin de mejorar los servicios públicos y los procesos democráticos y reforzar el apoyo a las políticas públicas"
- **Domingo Laborda**[1]: "Es el uso de las tecnologías de la información y las comunicaciones en la Administración para que, combinadas con ciertos cambios organizativos y nuevas capacidades de los empleados públicos, mejoren la eficacia, la productividad, la agilidad y la comodidad en la prestación de servicios a los ciudadanos."

La idea clave sobre la administración electrónica es que no se trata simplemente de llevar las TIC a la actividad administrativa, sino que constituye un elemento fundamental en los procesos de **modernización administrativa** dentro de los cuales se enmarca que debe llevar a la **mejora y simplificación** de los servicios.

Dicho de otra manera: se quiere menos burocracia, muchísimo menos, no una burocracia por Internet.

Esta idea constituye por tanto uno de los grandes ejes de la **Ley 11/2007**.

1.1.1 Características de la Administración Electrónica

Ventajas:

- Rapidez y comodidad para los usuarios (a cualquier hora):
  - ⇨ Evitar colas, desplazamientos y horarios.
  - ⇨ Acceso a la información más cómodo, fácil y rápido.
  - ⇨ Acceso universal. La ubicación geográfica y proximidad de oficinas administrativas deja de ser un problema, algo especialmente importante en un país como España.
- Fomento de la participación de los ciudadanos (buzones, cuestionarios, etc.), fomentar una relación interactiva y más positiva.

[1] Antiguo Director General de Modernización Administrativa del MAP desde 2004 a 2006, y en la actualidad, Director del Observatorio de las Telecomunicaciones y de la Sociedad de la Información.

- Impulso de la sociedad de la información: estimula la participación y aprendizaje del ciudadano (idea de estímulos adicionales mediante bonificaciones económicas (plazos para el pago) en Chile al hacer la declaración del IRPF por vía electrónica y el éxito obtenido)
- Simplificación de los procedimientos e integración transparente de diferentes administraciones (soluciones de **ventanilla única**).
- Para la Administración:
  - ⇨ Reducción de costes, tiempos de tramitación, menos errores ->mejor eficiencia y productividad. Mayor satisfacción para funcionarios, contenidos más estimulantes: el peso burocrático del trabajo se puede derivar hacia actividades de asesoramiento y soporte a los ciudadanos y las empresas. Menos uso de papel.
  - ⇨ Mejora de relaciones e imagen, transparencia: con el ciudadano (según la **UE**, un **62%** de los ciudadanos europeos perciben los servicios electrónicos como beneficiosos), entre departamentos y administraciones.
- Impacto en la economía:
  - ⇨ Según estudios del **World Economic Forum** *"los países que más destacan en cuanto a apertura y eficiencia del sector público y en preparación para la administración electrónica son también los primeros en cuanto a rendimiento económico y competitividad."*
  - ⇨ **Efecto locomotora**: gasto directo en TIC considerable[2], proyectos con función de **piloto** para las empresas privadas, creación de plataformas y servicios DNIe, aumento de la **confianza** para inversores privados, **aprendizaje**, **inclusión** de ciudadanos y empresas.
  - ⇨ Impulso económico en **regiones geográficamente desfavorecidas**.
  - ⇨ Menos **carga** para las empresas, les reduce costes y aumenta su productividad: contratación electrónica, factura electrónica, modelos de cotización electrónicos en la seguridad social, etc.

Barreras:

- Insuficiente penetración de las TIC en la población española.
- Usabilidad, accesibilidad y falta de experiencia en el uso de las TIC.
- Desconfianza en los medios electrónicos de intercambio de información.
- Desconocimiento de la existencia de la Administración online.
- Recelo de la administración con la seguridad electrónica.
- Falta de integración entre las diferentes administraciones.

---

[2] Según el informe REINA 2007 el gasto de la Administración del Estado durante 2006 en Tecnologías de la Información y las Comunicaciones se situó en 1.545 millones de euros, en la Administración Local fueron unos 768 millones. El PIB en 2006 fue de 980.954 millones de euros.

- Problemas de financiación y de medios, especialmente para las EELL (ayuntamientos pequeños, etc.)

1.1.2 Identificación, Autenticación, Integridad, Confidencialidad, Disponibilidad, Trazabilidad y Conservación

Si se compara la administración electrónica con la problemática general de las TIC en el sector privado, la diferencia más característica es la necesidad de mantener en todo momento las mismas garantías de **seguridad jurídica** de las actuaciones administrativas en papel en el plano de la tecnología.

Los conceptos principales en torno a la protección de los **datos**, **informaciones** y **servicios** utilizados en medios electrónicos que las AAPP gestionen en el **ejercicio de sus competencias** son los siguientes:

- **Identificación**: la correcta identificación de remitente y destinatario. Se refiere principalmente a que los datos de identidad estén completos de modo que no pueda haber ambigüedad a la hora de establecer la identidad de una persona física o jurídica.
- **Autenticación**: la garantía de conocer fehacientemente la identidad de una persona física o jurídica. Este concepto guarda una estrecha relación con el **no repudio** (imposibilidad de rechazar la autoría de una determinada acción o documento). La principal herramienta para la autenticación son sistemas de usuario/clave y la firma electrónica. Ambos mecanismos permiten asimismo el no repudio.
- **Integridad**: se refiere a que se puede confiar en que una determinada información, por ejemplo, de un documento electrónico no fue manipulada y corresponde a su estado original.
- **Confidencialidad**: guardar el secreto frente a terceros sobre una determinada información, ya sea un documento, comunicación, etc. La herramienta principal para lograr este objetivo es la criptografía.
- **Disponibilidad**: se refiere a la disponibilidad en todo momento de la información y/o servicios. Esto implica servicios de alta disponibilidad 24x7, servidores redundados, centros de respaldo, etc.
- **Trazabilidad**: se refiere a la información histórica que es importante conocer y conservar, ¿qué cambios ha sufrido la información?, ¿quién ha accedido a ella?, etc.
- **Conservación**: la correcta conservación y archivo de la información de modo que se encuentre disponible e integra aún después de que hayan pasado largos periodos de tiempo.

1.2 Ejemplos de Servicios destacados de Administración Electrónica

Alguien decía que para comprender las cosas hay que tocarlas. Así que nada mejor que repasar algunos ejemplos concretos de aplicaciones de administración electrónica antes de seguir profundizando en ella.

1.2.1 Oficina Virtual de la Agencia Tributaria

Cuando se habla de administración electrónica en España, se suele citar la **Agencia Tributaria** como el buque de insignia de la Administración Pública en España en este campo.

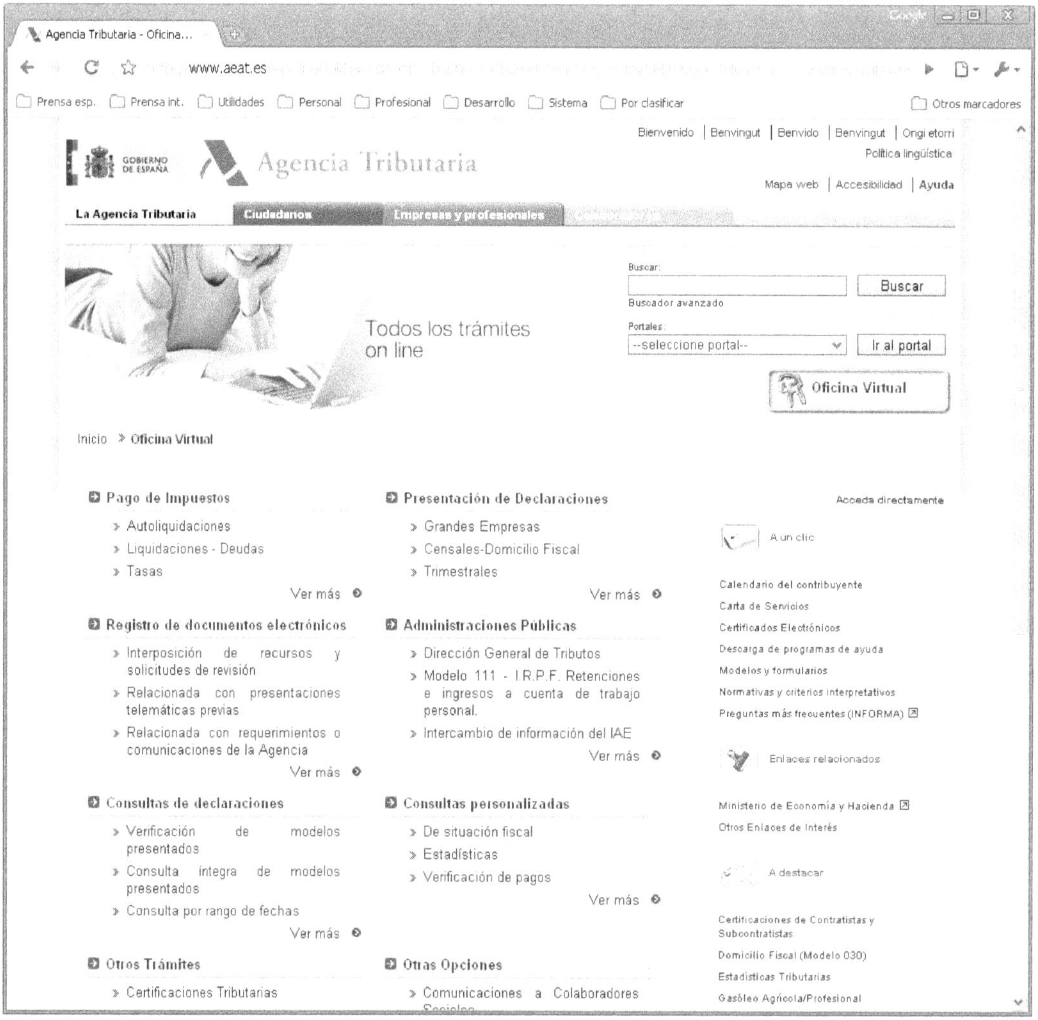

Agencia Tributaria - Oficina...
www.aeat.es
Prensa esp. Prensa int. Utilidades Personal Profesional Desarrollo Sistema Por clasificar Otros marcadores
Bienvenido | Benvingut | Benvido | Benvingut | Ongi etorri
Política lingüística
GOBIERNO DE ESPAÑA Agencia Tributaria
Mapa web | Accesibilidad | Ayuda
La Agencia Tributaria | Ciudadanos | Empresas y profesionales
Todos los trámites on line
Buscar: Buscar
Buscador avanzado
Portales: --seleccione portal-- Ir al portal
Oficina Virtual
Inicio > Oficina Virtual

Pago de Impuestos
- Autoliquidaciones
- Liquidaciones - Deudas
- Tasas

Ver más

Presentación de Declaraciones
- Grandes Empresas
- Censales-Domicilio Fiscal
- Trimestrales

Ver más

Registro de documentos electrónicos
- Interposición de recursos y solicitudes de revisión
- Relacionada con presentaciones telemáticas previas
- Relacionada con requerimientos o comunicaciones de la Agencia

Ver más

Administraciones Públicas
- Dirección General de Tributos
- Modelo 111 - I.R.P.F. Retenciones e ingresos a cuenta de trabajo personal.
- Intercambio de información del IAE

Ver más

Consultas de declaraciones
- Verificación de modelos presentados
- Consulta íntegra de modelos presentados
- Consulta por rango de fechas

Ver más

Consultas personalizadas
- De situación fiscal
- Estadísticas
- Verificación de pagos

Ver más

Otros Trámites
- Certificaciones Tributarias

Otras Opciones
- Comunicaciones a Colaboradores Sociales

Acceda directamente
A un clic
Calendario del contribuyente
Carta de Servicios
Certificados Electrónicos
Descarga de programas de ayuda
Modelos y formularios
Normativas y criterios interpretativos
Preguntas más frecuentes (INFORMA)
Enlaces relacionados
Ministerio de Economía y Hacienda
Otros Enlaces de Interés
A destacar
Certificaciones de Contratistas y Subcontratistas
Domicilio Fiscal (Modelo 030)
Estadísticas Tributarias
Gasóleo Agrícola/Profesional

Ilustración 1 – Servicios para ciudadanos que ofrece la Agencia Tributaria.

Durante el conjunto de la **Campaña de Renta 2007** se han presentado **18,1 millones de declaraciones de IRPF**, un **6,6% más** que el año anterior. De las cuales, **5,6 millones** se presentaron por Internet, un **25% más** que el año anterior.

1.2.2 Portal 060

Es el portal de referencia en el ámbito público y concentrador de las relaciones, interacciones y transacciones entre ciudadanos y Administraciones Públicas.

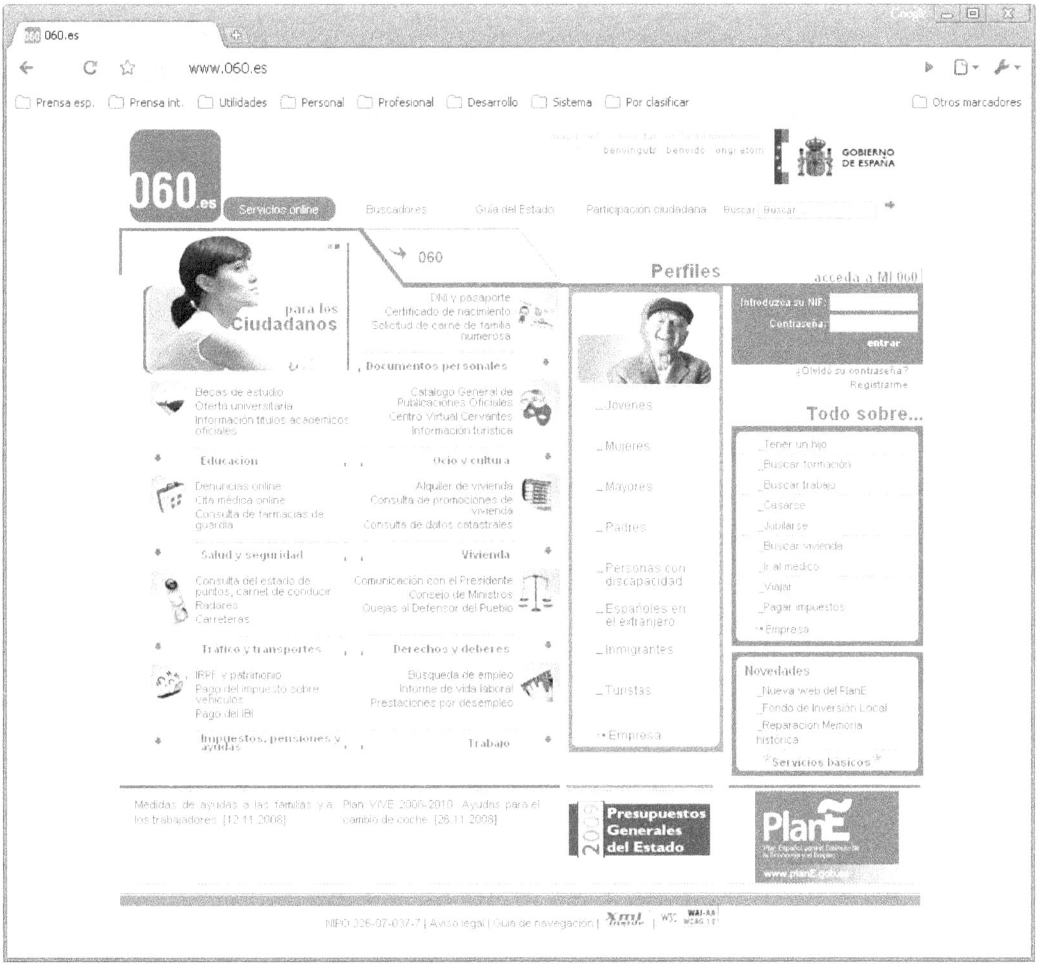

Ilustración 2 – Portal de la red 060.

El gran objetivo de la Red 060 es integrar servicios de todas las Administraciones en un **punto único** para mejorar la atención ciudadana:

- Mediante la construcción de un **sistema integral** de atención al ciudadano, de forma coordinada entre las tres administraciones.

- Que ofrezca **múltiples canales y servicios avanzados e interactivos** basados en la integración de los procesos administrativos de información y gestión.
- Que fomente la **participación** del ciudadano, la **transparencia** y **accesibilidad** de la actividad pública.

Hasta la fecha uno de los grandes problemas de la Administración española era que el ciudadano tenía que saber a cuál de las tres Administraciones dirigirse para la prestación de un determinado servicio o la consulta de información. La Red 060 se convierte por tanto en un punto único de acceso que simplifica la relación del ciudadano con la Administración al que no tener que saber qué Administración es la competente en su problema, la Red 060 lo determinará para él.

Se pretende en este sentido la creación de un espacio virtual aglutinador y clasificador de servicios interactivos, personalizados y de valor añadido en las vertientes de información y transacción. El portal 060 será el instrumento del canal Internet del repositorio de datos y servicios 060 (que dará servicio a otros canales como el teléfono, los SMS, oficinas presenciales y TDT).

Es por tanto el sitio de referencia para que un ciudadano resuelva cualquier asunto. Desde la tramitación de un permiso de obra, el pago de una multa o la búsqueda de información de las becas a las que puede acceder para los estudios de sus hijos. El portal le llevará directamente al servicio y Administración concreta en cuestión.

1.2.3 Portal CIRCE[3]

Desde el año **2003** la normativa que regula las sociedades limitadas ofrece la posibilidad de realizar los trámites de constitución y puesta en marcha de la **Sociedad Limitada de Nueva Empresa** (**SLNE**) por medios telemáticos. Esta posibilidad se extiende en el año **2006** a las **Sociedades de Responsabilidad Limitada**. Se están tramitando las modificaciones legislativas necesarias para que también puedan realizarse los trámites para constituirse como **Empresario Individual** (**Autónomo**).

El **Sistema de Tramitación Telemática** (**STT**) del **Centro de Información y Red de Creación de Empresas** (**CIRCE**) es un sistema informático de tramitación de expedientes electrónicos que, a través del **Documento Único Electrónico** (**DUE**), lleva a cabo el intercambio de la documentación necesaria para la creación de empresas.

La tramitación telemática consiste en la realización de los trámites de constitución y puesta en marcha de una sociedad por medios telemáticos, evitando desplazamientos y reduciendo tiempos y costes en el proceso de creación de una empresa. Se evita, por ejemplo, el tener que volver a rellenar datos de la empresa en cada una de las administraciones con las que hay que realizar trámites, ya que el sistema se encargará de enviar a cada agente aquellos datos que necesite.

[3] Esta sección fue elaborada con de **Jaime Lucas de Pedro**, Jefe de Servicio de Sistemas Informáticos de la Subdirección General de Fomento Empresarial del **Ministerio de Industria, Turismo y Comercio**.

El Sistema de Tramitación Telemática de la red de **Puntos de Asesoramiento e Inicio de Tramitación** (**PAIT**) permite que cualquier persona pueda constituir una empresa por Internet, rellenando el DUE, que sustituye a diversos formularios de la Seguridad Social, Agencia Tributaria, etc. La tramitación del DUE es gratuita.

Para crear una empresa de este modo, el emprendedor dispone de dos posibilidades:

- Contactar con el PAIT más cercano, dónde encontrará información y asesoramiento para poner en marcha su proyecto empresarial y podrá realizar la tramitación administrativa de constitución de su empresa por medios telemáticos.
- Cumplimentar el DUE a través de Internet, en cuyo caso un PAIT Virtual le prestará asesoramiento durante el proceso. Si se opta por esta modalidad, se necesitará disponer de un certificado de firma electrónica.

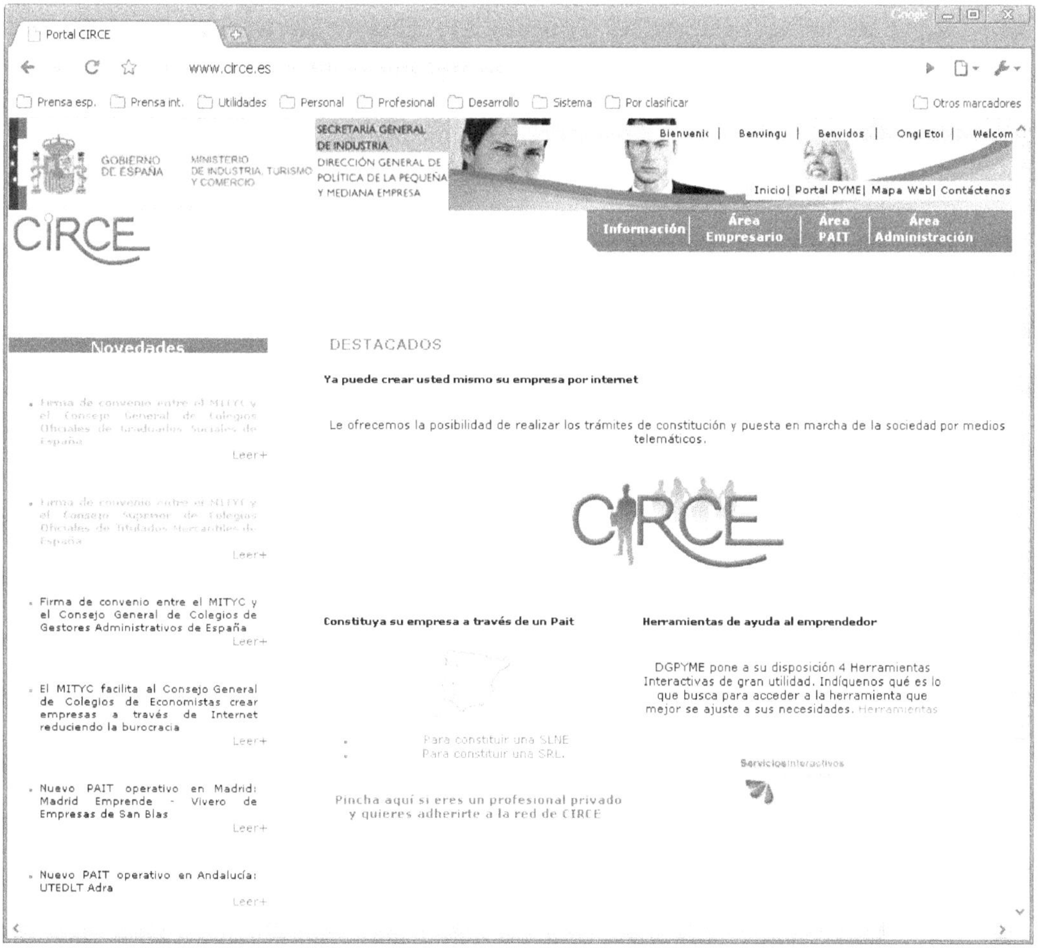

Ilustración 3 – Web del Centro de Información y Red de Creación de Empresas (CIRCE).

Los **trámites** que se realizarán de forma telemática son los siguientes:

- Reserva de la Denominación Social (sólo para SLNE)
- Otorgamiento de la Escritura de Constitución (el emprendedor deberá de acudir al notario para su firma)
- Solicitud del CIF provisional
- Liquidación del Impuesto de Transmisiones Patrimoniales y Actos Jurídicos Documentados
- Inscripción en el Registro Mercantil Provincial
- Trámites en la Seguridad Social / Instituto Social de la Marina
- Solicitud del CIF definitivo

Además, el emprendedor también dispone de la posibilidad de dar de alta los ficheros de **datos personales** que vaya a utilizar en la Agencia de Protección de Datos y contratar un pack de presencia en Internet. Próximamente se incluirá la posibilidad de realizar trámites con la **Oficina Española de Patentes y Marcas**, lo que permitirá la reserva de una marca y/o una denominación social.

El mayor problema que existe actualmente para la ampliación a nuevos trámites o nuevas administraciones es la necesidad de cambios legislativos, de modo que el DUE pueda sustituir a los formularios que se estén utilizando en la actualidad y la tramitación que se realice tenga completa validez legal.

1.2.4 Consulta de Puntos en la DGT

Un ejemplo de un servicio electrónico sencillo y con un número de usuarios interesados muy elevado es el servicio de consulta de puntos en la DGT. En realidad se trata por supuesto sólo de uno de los múltiples servicios que ofrece la DGT en su Web, pero destaca por ser uno de los ejemplos más claros de un servicio público electrónico muy sencillo pero a la vez de gran interés para el ciudadano, y que en consecuencia ha tenido mucha repercusión tanto en los medios como en uso práctico por parte de los ciudadanos.

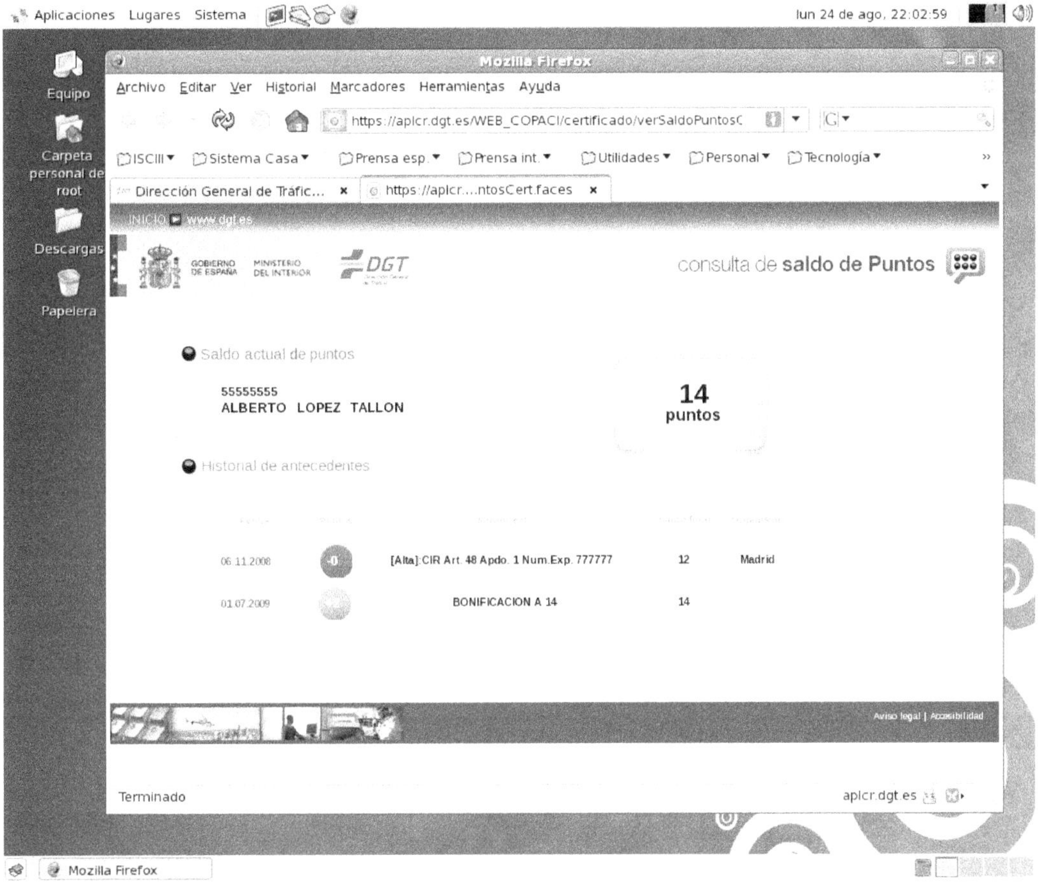

Ilustración 4 – Consulta de puntos en la DGT desde Firefox bajo Linux (CentOS 5.3). Se trata de una consulta real, aunque los datos personales de la captura han sido manipulados.

1.2.5 Sociedad Pública de Alquiler

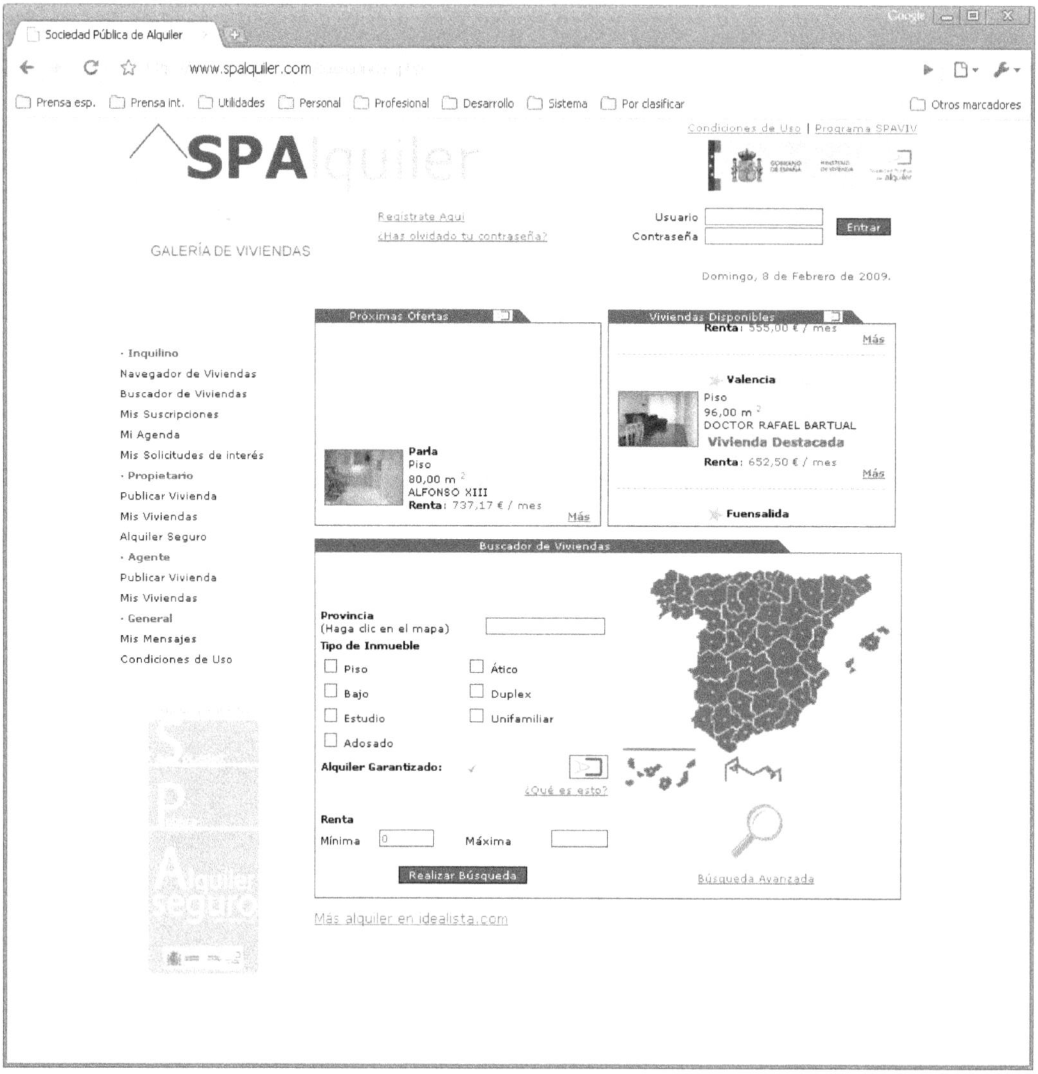

Ilustración 5 – Web de la Sociedad Pública de Alquiler (SPA).

La Sociedad Pública de Alquiler nace con el fin de favorecer la creación de un mercado de alquileres más sólido y dinámico. Su función principal es la intermediación entre inquilino y arrendador no sólo para la realización de transacciones de alquiler, sino también para ofrecer una serie de servicios que proporcionen mayor seguridad jurídica a ambas partes, lo cual ha sido identificado como una de las principales causas del mal funcionamiento del mercado de alquiler español.

1.2.6 Consulta de Precios de Carburantes

Otro ejemplo de un servicio electrónico muy sencillo para el ciudadano y que no requiere el uso de certificados, pero que sin embargo ha tenido un gran impacto generando un gran interés es el geoportal sobre hidrocarburos del **Ministerio de Industria, Turismo y Comercio**.

Este portal permite consultar los precios de varios tipos de carburantes en todo el territorio español. La búsqueda se puede restringir por localidades y códigos postales con lo cual es posible encontrar literalmente la gasolinera más barata al lado de tu casa.

Jugando un poco con el portal resulta sorprendente ver las diferencias reales de precios que existen. Así en octubre del 2009 se podrían encontrar 13 céntimos de diferencia entre el litro de gasolina dentro de la provincia de Madrid y de 7 céntimos dentro de Madrid Capital.

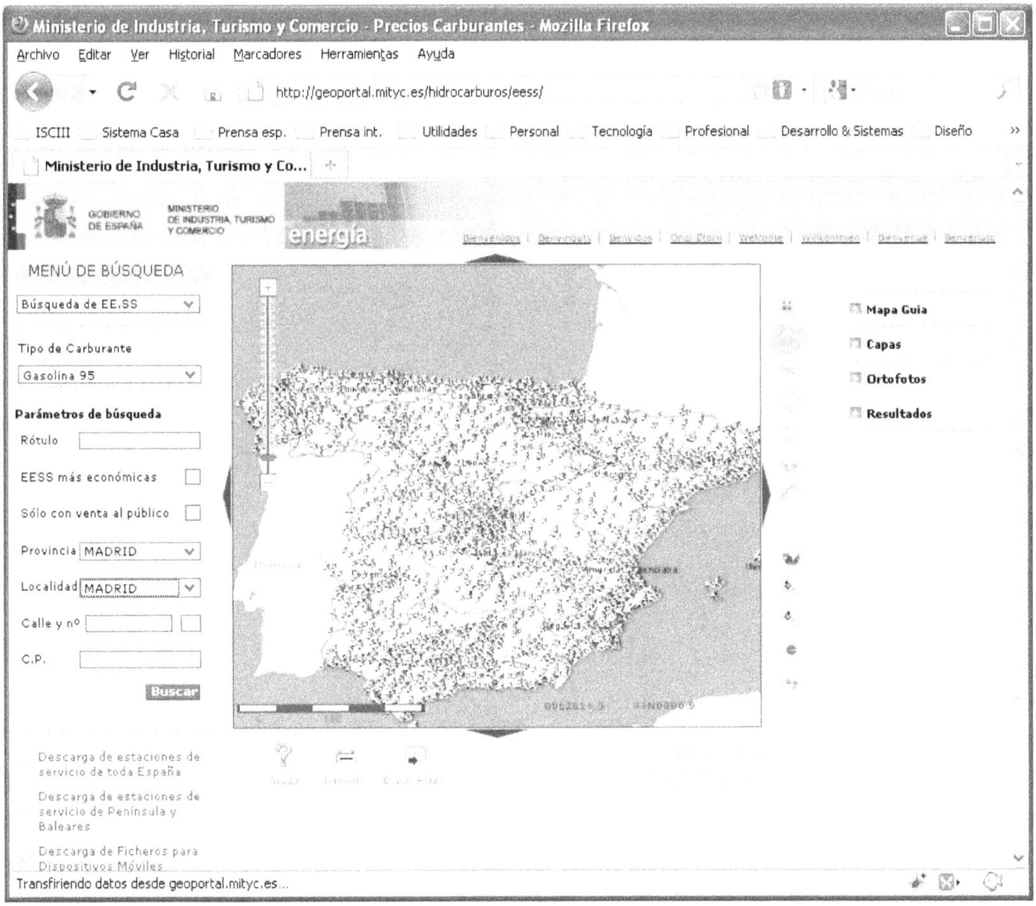

Ilustración 6 – Geoportal sobre precios de carburantes del Ministerio de Industria, Turismo y Comercio.

1.2.7 Administración Electrónica en las Comunidades Autónomas

Hasta ahora todos los ejemplos mostrados han sido servicio de la Administración General del Estado. Pero la administración electrónica se encuentra igualmente fuertemente implantada en las Comunidades autónomas, aunque naturalmente con un enfoque más orientado a la naturaleza de estas entidades y sus competencias específicas.

Ilustración 7 – Portal de la Junta de Castilla y León. En la captura se puede apreciar cómo se ofrece un amplio abanico de información y de servicios electrónicos.

1.2.8 Administración Electrónica en las Entidades Locales

Un caso especial lo es la administración electrónica en el ámbito de las entidades locales. Este caso destaca, entre otras cosas, por su heterogeneidad en cuanto a disponibilidad de recursos. En España hay más de 8000 municipios y la mayoría son municipios pequeños con recursos escasos a los cuales les resulta difícil poner en marcha servicios de administración electrónica, ya que esa escasez en recursos se traduce en falta de personal y conocimiento en TIC y dificultades para financiar los equipos informáticos necesarios.

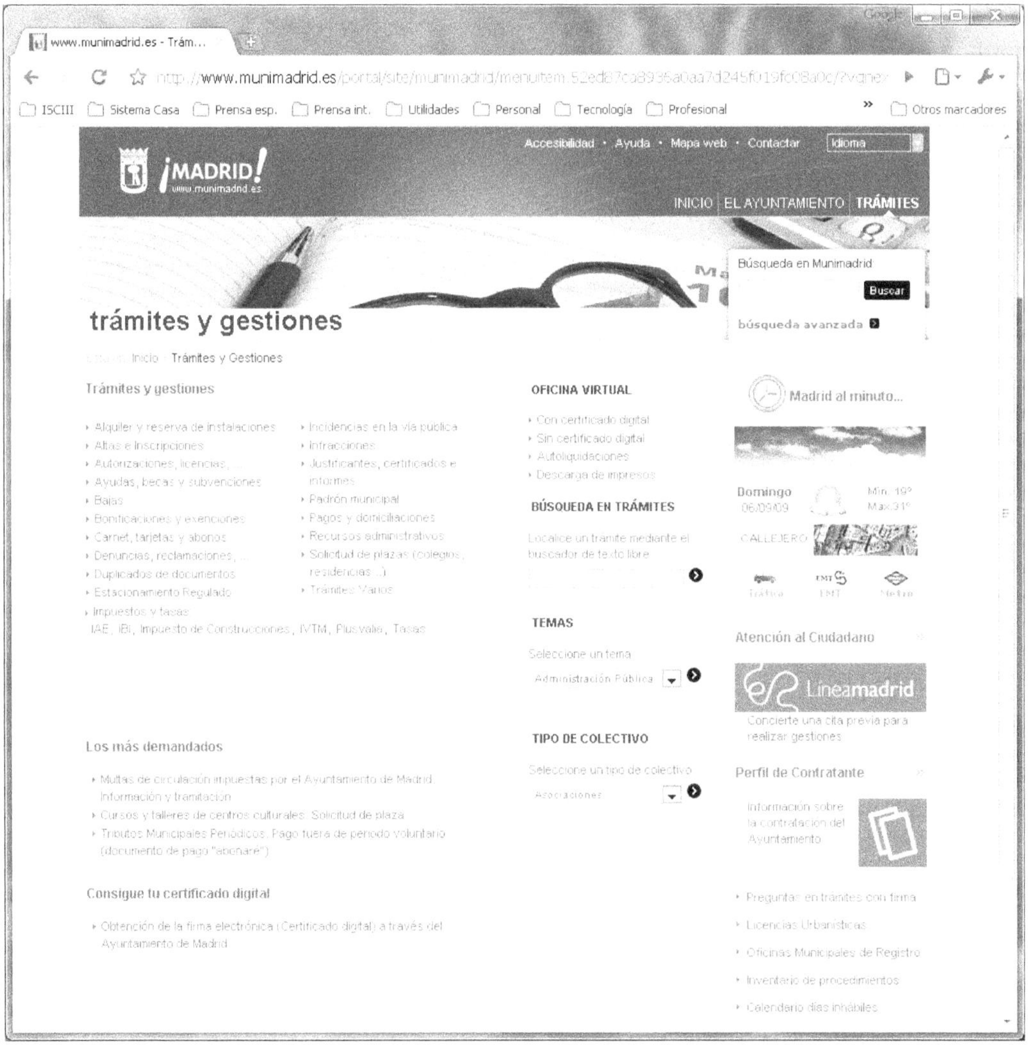

Ilustración 8 – Servicios de administración electrónica del Ayuntamiento de Madrid.

Ante esta difícil problemática el **Ministerio de Administraciones Públicas**[4] ha lanzado diferentes iniciativas entre las cuales cabe destacar especialmente las ayudas económicas y subvenciones como la iniciativa **eModel** para proyectos de interés para la modernización local o nivel organizativo y tecnológico, los servicios horizontales a través de la **Red SARA** y la iniciativa del **Centro de Transferencia de Tecnologías**(**CTT**) que pretende impulsar el intercambio y reutilización de conocimiento y de proyectos concretos entre las administraciones.

La filosofía detrás de estas iniciativas consiste en proveer por una parte un abanico de servicios horizontales a todas las administraciones de modo en aras de agilidad, simplicidad y optimización de costes ya que así se consigue que las diferentes administraciones y organismos no se los tienen que implementar por su cuenta.

Por otra parte se trata de hacer la administración electrónica más viable para aquellos organismos que por su naturaleza disponen de más dificultadas económicas, técnicas y organizativas para integrarse en los servicios de administración electrónica (pequeños ayuntamientos, organismos de reducido tamaño y presupuesto, etc.).

Estas cuestiones tienen un carácter sumamente estratégico para la exitosa implantación de la administración electrónica, y por tanto este manual le ha dedicado el capítulo *Los Servicios horizontales* e Instituciones de Administración Electrónica enteramente a esta problemática.

 **Práctica: acceso mediante certificado a un servicio electrónico**

Acceder al servicio de consulta de saldo de puntos de la Dirección General de Tráfico:

http://www.dgt.es/portal/es/oficina_virtual/permiso_por_puntos/

Este portal dispone de dos métodos de acceso, con y sin certificado. Comparar las diferencias.

1.3 Administración Electrónica no es sólo usar la Firma Electrónica

Aunque, tal como se ha podido ver en los apartados anteriores, la administración electrónica se asocia en primer lugar con la oferta de **información** y **servicios** por la vía electrónica, así como con **trámites** por vía electrónica, el concepto actual de administración electrónica es considerablemente más amplio.

[4] El MAP en este momento ya no existe como tal y sus competencias han sido repartidas entre el **Ministerio de Presidencia** y el **Ministerio de Política Territorial** recayendo las competencias en Administración electrónica en el Ministerio de Presidencia (**Dirección General para el Impulso de la Administración Electrónica**).

En este sentido hay que destacar especialmente las herramientas y filosofía que giran en torno a la idea clave de interacción con el internauta que se encuentra detrás del concepto de **Web 2.0**, una idea que ha calado hondo en el ámbito de la administración electrónica, ya que presenta muchas oportunidades innovadoras de emplear las tecnologías para mejorar los servicios al ciudadano y conseguir mayores niveles de democracia a través de la participación directa del mismo en la actividad pública.

Así, poco a poco, se están introduciendo herramientas como **Blogs**, **Wikis** o **foros** de opinión para participación de los ciudadanos en la actividad pública. Estas herramientas son además idóneas para poder llevar a la práctica las ideas modernas sobre la relación con el ciudadano que se encuentran detrás de conceptos ampliamente debatidos como la **Gobernanza** o la **Administración 2.0**

El lector interesado podrá encontrar más información sobre estas cuestiones el apartado *Estándares Abiertos, Software Libre.*

2 Cosas fundamentales que hay que dominar

2.1 La Identidad Digital

Una de las grandes dificultades con las que se encuentran actualmente los usuarios y los proveedores de servicios en Internet es la autenticación cómoda y segura la identidad del usuario.

Por una parte estamos acostumbrados a tener que darnos de alta en cada uno de los servicios que usamos como lo pueden ser, por ejemplo, cuentas de correo electrónico, servicios electrónicos de nuestro banco, servicios de telefonía y otros.

La gestión "tradicional" de la identidad digital del usuario en estos casos es bastante deficiente: en el caso de las cuentas de correo electrónico gratuitas como Gmail y similares no suele haber ningún tipo de control podemos simular fácilmente una identidad que no la nuestra configurando un nombre de respuesta en los mensajes diferentes al nuestro.

En los servicios en los cuales la verificación de la identidad es crítica, como la banca, cada uno de los proveedores nos suele suministrar credenciales personales en forma de claves de acceso con un usuario o ligadas a nuestro número de DNI y que se entregan al usuario por alguna vía que garantice que se están proporcionando a la persona correcta: o bien entregándoselas físicamente en el propio banco o enviándolas por correo postal. Como resultado, muchos usuarios de Internet acaban con decenas de usuarios y claves, algo que desde luego no parece una situación muy óptima.

El problema de este modelo tradicional de gestionar la identidad radica en que en Internet los medios tradicionales de acreditación de la identidad personal como lo es el DNI no son aplicables. Para una identidad digital segura y universal que todo el mundo reconozca hace falta un tercero de confianza que acredite estas identidades expidiendo un tipo de documento acreditativo digital que el usuario pueda presentar en Internet cuando sea necesario.

Es decir, es necesaria una entidad que asume un papel similar al asumido por el Ministerio del Interior en la expedición de los DNI convencionales.

A lo largo del tiempo ha habido diferentes soluciones para solucionar este problema y de todas ellas el que hay que destacar por encima de los demás por su seguridad y su soporte legal en España es el uso de los **certificados electrónicos**.

El uso de certificados electrónicos es el medio por excelencia de proveer una identidad digital segura que cumpla con las garantías de acreditación de la identidad del interesado que fija la Administración Pública tanto en la **Ley 30/1992, de Régimen Jurídico de las Administraciones Públicas y del Procedimiento Administrativo Común**como en la **Ley 11/2007, de acceso electrónico de los ciudadanos a los Servicios Públicos** en sus relaciones con la Administración.

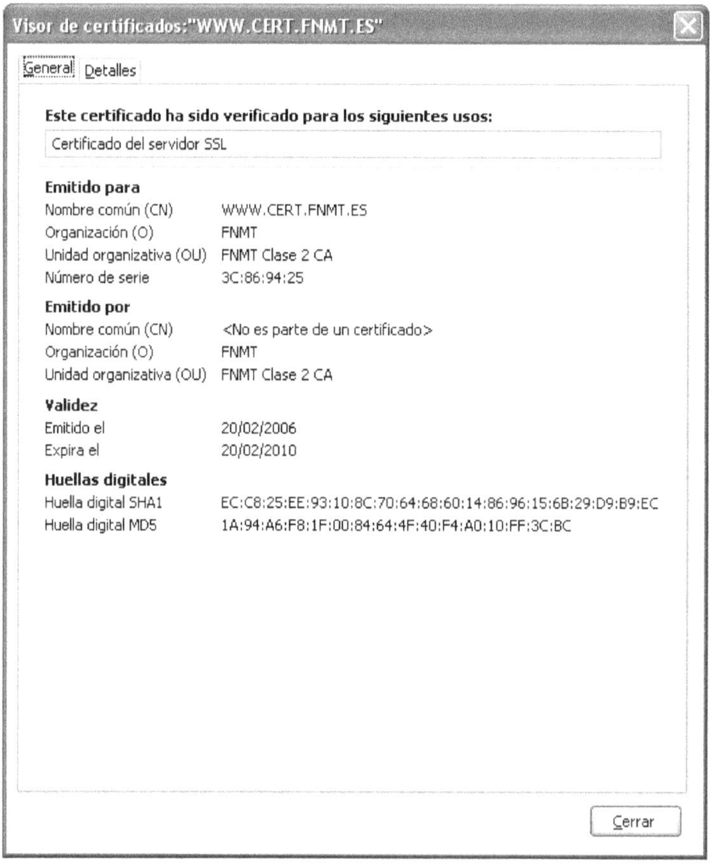

Ilustración 9 – Certificado electrónico que usa la FNMT para identificar su servidor del sitio Web. Como se puede apreciar, la entidad certificada corresponde al nombre de dominio de Internet www.cert.fnmt.es, la sede electrónica se encuentra en http://www.cert.fnmt.es/

2.2 Certificados Digitales (Certificados Electrónicos)

Un **certificado digital** es un documento digital mediante el cual un **tercero de confianza** (una **autoridad de certificación**) **acredita electrónicamente la autenticidad de la identidad** de una **persona física**, **persona jurídica** u **otro tipo de identidad** como lo puede ser, por ejemplo, una URL de un sitio Web.

Como se puede apreciar, los certificados electrónicos implementan un concepto de identidad digital muy amplio de identidades, no se limita solamente a las personas físicas.

El hecho de que haya una tercera entidad que da fe de la identidad y reconocida por todos los implicados (la autoridad de certificación) permite que una identidad digital de este tipo pueda tener un reconocimiento mucho más universal y ya no sea válida en las relaciones específicas como ocurría, por ejemplo, con los usuarios y contraseña de la banca.

Para ello este tercero de confianza exige los requisitos para identificar con garantías absolutas la identidad acreditada. Si es una persona particular, por ejemplo, le exigirá que se persone con su DNI, en el caso de expedir un certificado para una persona jurídica como una empresa, se le pedirá la correspondiente documentación como lo pueden ser las escrituras de constitución de la sociedad.

Todo esto puede resultar extraño cuando se ve por primera vez, pero hay que recordar de nuevo que en el fondo se trata simplemente de un **medio electrónico de acreditación** equivalente a los existentes en el mundo del papel. Es decir, un certificado electrónico de una persona, por ejemplo, no sería otra cosa que un medio de acreditación similar al DNI tradicional de toda la vida. De hecho, la propiedad más característica del DNI electrónico o DNIe es precisamente que incorpora este tipo de certificados.

La pregunta que queda es: ***¿por qué entonces no se llevan usando entonces toda la vida certificados electrónicos en ámbitos como la banca electrónica?***

A esta pregunta hay varias respuestas, entre las más importantes está el hecho de que desde un punto de vista "egoísta" del prestador es más sencillo usar claves y contraseñas y que técnicamente presenta menos dificultad para su implementación, pero carga en el usuario los inconvenientes tener que manejarse con múltiples identidades según el sitio.

Si bien existen variados formatos para certificados digitales, los más comúnmente empleados se rigen por el estándar **UIT-T X.509**. El certificado contiene usualmente el **nombre de la entidad certificada**, **número de serie**, **fecha de expiración**, una copia de la **clave pública**[5] **del titular** del certificado (utilizada para la verificación de su firma digital) y la **firma digital de la autoridad emisora del certificado** de forma que el receptor pueda verificar que esta última ha establecido realmente la asociación.

[5] Un certificado electrónico lleva asociado una pareja de claves: una **clave privada**, que es confidencial y debe estar por tanto solamente a disposición del titular y otra **clave pública** que se incorpora junto con el certificado y que puede ser difundida junto con el mismo a cualquiera. Por el momento esto es todo que hay que saber sobre la pareja de claves, más adelante se profundizará en este tema.

 **Práctica: inspeccionar los certificados que se encuentran en la máquina del usuario**

Se propone realizar esta práctica con, al menos, dos navegadores diferentes, por ejemplo Internet Explorer y Firefox, para observar las diferentes filosofías de almacenamiento de los certificados (en este caso el Explorar usa el almacén de Windows, mientras que Firefox usa un almacén propio independiente).

Consultar para esta práctica los apartados que profundizan en el **almacén de certificados**.

2.2.1 Gestión de Certificados. Consulta, Emisión y Revocación.

Una vez emitidos los certificados, no pueden usarse sin más si se quieren tener plenas garantías de seguridad, sino que es necesario cerciorarse de la validez del certificado, principalmente de su **autenticidad** y **vigencia**.

En cuanto a la **autenticidad** es suficiente contar con el **certificado raíz** de la **autoridad de certificación** (**CA**) que ha emitido el certificado electrónico en el equipo informático en el que se está validando ese certificado electrónico. Un ejemplo típico sería la comprobación de un documento con una **firma electrónica** basada en un certificado electrónico, para poder verificar la autenticidad de ese certificado y la firma electrónica asociada a él es necesario que el equipo del usuario que efectúa la comprobación tenga instalada la CA de ese certificado en su equipo. De lo contrario la identidad ese certificado será un "desconocida" para el equipo ya que no se podrá comprobar si realmente es auténtica o no.

Como se verá más adelante, ésta misma situación se da con algunos sitios Web que presentan certificados en conexiones seguras (conexiones https), aquí el certificado no avala la identidad de una persona sino la autenticidad de la dirección Web y su vinculación al titular de la misma. Pero igualmente, esta verificación de la autenticidad sólo se podrá realizar con éxito si el equipo del usuario "conoce" a la CA del certificado electrónico.

Para comprobar la **vigencia** del certificado es necesario consultar el propio certificado, ver si aún no ha expirado (similar a cómo se haría con un DNI o una tarjeta de crédito). Pero además hay que consultar a la autoridad de certificación emisora para comprobar si el certificado en cuestión no fue revocado y aún sigue en vigor (aquí es válido también el símil de una tarjeta de crédito revocada antes de su fecha de caducidad por robo, etc.).

En cuanto a esta tarea de ofrecer información de validación se habla también específicamente de **autoridades de validación**, que pueden ser entidades especializadas en esta tarea o bien puede asumir ese papel la propia CA. De manera similar existe el papel de **autoridades de registro** (de la identidad del sujeto del certificado) que realiza las tareas de comprobación de la identidad del sujeto (por ejemplo mediante la presentación de un DNI convencional en el caso de certificados electrónicos para personas físicas) y que igualmente puede ser ejecutado por la misma CA o bien puede ser ejecutado por otra entidad en colaboración con la CA.

La consulta sobre la validez del certificado la realizan normalmente los servidores de la entidad que presta el servicio en cuestión contra los servidores de la CA correspondiente. Por ejemplo: si un ciudadano realiza su declaración del IRPF por Internet, cuando firme electrónicamente uno de los servidores de la AEAT consultará a la FNMT si el certificado que está usando el ciudadano se encuentra vigente, la FNMT comprobará en su base de datos de certificados si es así y le responderá a la AEAT, y ésta finalmente aceptará o denegará el envío de la declaración del ciudadano[6].

2.2.2 Tipos de Certificados

Existen diferentes tipos de certificados digitales, en función de la información que contiene cada uno y a nombre de quién se emite el certificado:

- **Certificado personal**, que acredita la identidad del titular.
- **Certificado de pertenencia a empresa**, que además de la identidad del titular acredita su vinculación con la entidad para la que trabaja.
- **Certificado de representante**, que además de la pertenencia a empresa acredita también los poderes de representación que el titular tiene sobre la misma.
- **Certificado de persona jurídica**, que identifica una empresa o sociedad como tal a la hora de realizar trámites ante las administraciones o instituciones.
- **Certificado de atributo**, el cual permite identificar una cualidad, estado o situación. Este tipo de certificado va asociado al certificado personal. (p.ej. Médico, Director, Casado, Apoderado de..., etc.).

Además, existen otros tipos de certificado digital utilizados en entornos más técnicos:

- **Certificado de servidor seguro**, utilizado en los servidores Web que quieren proteger ante terceros el intercambio de información con los usuarios.
- **Certificado de firma de código**, para garantizar la autoría y la no modificación del código de aplicaciones informáticas.

---

[6]**Nota técnica**: en aras de una mayor sencillez del ejemplo se ha simplificado algo la problemática. Actualmente en la Administración la norma general es validar contra la plataforma Multi-CA del MAP, **@Firma**. La gran ventaja que ofrece es que en un único punto de acceso permite validar contra un gran número de CAs, un problema muy importante para la Administración, ya que debe admitir un elevado número de CAs en las relaciones con los ciudadanos y empresas.

De no existir @Firma sería necesario para cada unidad administrativa que preste servicios electrónicos que requieran el uso de certificados configurar y mantener enlaces con todas las CAs que haya que soportar. Con @Firma esta complejidad recae sobre el **Ministerio de la Presidencia**y las unidades administrativas sólo se tienen que preocupar de su conexión con @Firma.

@Firma es accesible para todas las Administraciones a través de la **Red SARA**.

 **Práctica: descargar un certificado raíz de una autoridad de certificación**
Descargar el certificado raíz de la FNMT. Comprobar en el almacén de Windows que este certificado ya existe, comprobar que en el almacén de Firefox no existe (si existe, eliminarlo). Instalarlo en Firefox. Consultar para esta práctica los apartados que profundizan en el **almacén de certificados**.

2.2.3 Tipos de Ficheros de Certificados más importantes

Cuando se solicita un certificado a un proveedor el certificado emitido por éste será entregado generalmente como un fichero que el usuario importará en su ordenador. **Es muy importante hacer una copia de seguridad del certificado**, junto con la clave privada y que ésta información esté protegida frente a terceros que, de obtenerla, podrían firmar en nombre del usuario original. Un poco más adelante se verá cómo hacerlo.

Por otra parte, el usuario necesitará distribuir en ocasiones su clave pública, por ejemplo, cuando envía un correo electrónico o documento firmado. En esta ocasión, sólo debe usarse el certificado, no debe distribuirse la clave privada.

En definitiva, existen diferentes escenarios de uso de certificados y claves, y ello ha dado lugar a una serie de formatos estándar con diferentes propósitos que se listan a continuación. Conviene tener muy claro qué elementos incluye cada formato, por razones obvias especialmente cuando incluye la clave privada.

Extensión	Descripción
*.p12	Corresponde al estándar PKCS[7]#12 que define un formato de fichero habitual para almacenar claves privadas juntas con su correspondiente certificado, protegido por un PIN similar al usado para proteger el acceso a un teléfono móvil.
*.pfx	Formato de fichero equivalente, predecesor de PCKS#12.
*.crt	Formato para almacenar certificados X.509v3.
*.pem	Privacy Enhanced Mail security certificate. Formato que desarrollo específicamente en su momento para el uso de certificados con correo electrónico. Actualmente también se usa para distribución de claves privadas.
*.cer	Formato muy frecuente para la distribución de certificados X.509. Es típico

[7] En criptografía PKCS (Public Key Certificate Standards) se refiere al grupo de estándares elaborados por la empresa RSA Security que son los estándares de facto en las PKIs actuales.

	que una autoridad de certificación distribuya su certificado raíz con este formato.
*.p7b	Formato de estructura de firma electrónica PKCS#7, pero que no embebe el documento electrónico firmado, solamente el certificado y/o lista de certificados revocados.
*.key	Formato para la distribución de claves privadas.

2.3 Autoridades de Certificación e Infraestructuras de Clave Pública (PKI)

Como se ha podido ver anteriormente, una autoridad de certificación (la abreviación **CA** proviene de su nombre en inglés: **Certification Authority**) avala la entidad de los sujetos/objetos a los que expide los certificados, es decir, actúa de manera muy parecida al Ministerio del Interior da fe de la identidad de la persona mediante la expedición de un DNI.

En el caso de Ministerio del Interior un tercero puede confiar en el DNI porque primero confía en esta entidad como competente para expedir DNIs y porque puede reconocer su formato a simple vista y éste no es fácilmente falsificable. Además, en caso de dudas, podría recurrir a una serie de comprobaciones técnicas que confirmen si efectivamente es un documento original expedido por la Fábrica Nacional de Moneda y Timbre o se trata de una falsificación. Es decir, las características del propio documento actúan a modo de "sello" acredita su autenticidad y con ello la de la identidad de su titular.

En el caso de los certificados electrónicos expedidos por una CA, ésta firma electrónicamente sus certificados emitidos, avalando así la identidad de sus titulares. Podríamos decir que esta firma electrónica hace las veces de "sello" del certificado, de un modo muy parecido a lo antes descrito para el DNI o el sello en un certificado en papel. A su vez incluye en el certificado emitido su propio certificado raíz con su clave pública lo que permitirá la comprobación de sus firmas electrónicas. Por otra parte, ofrece servicios para la verificación de la validez del certificado, ya que los certificados, aparte de tener un plazo de expiración, pueden ser revocados anteriormente en cualquier momento, de modo que una correcta verificación de la validez de un certificado debería consultar si éste aún no fue revocado en el momento de la consulta.

Aunque generalmente se emiten certificados a los sujetos finales, también es posible emitir certificados para autoridades de certificación de un rango menor, lo cual puede ser conveniente por motivos operativos para delegar y distribuir la expedición de los certificados.

Un ejemplo muy cercano es el **DNI electrónico** dónde la **Dirección General de la Policía** actúa como **Autoridad de Certificación raíz** que y a la vez dispone de **Autoridades de Certificación intermedias o subordinadas**. La **CA raíz** emite sólo certificados para sí misma y sus CAs intermedias, y serán éstas las que emiten certificados para titulares del DNI.

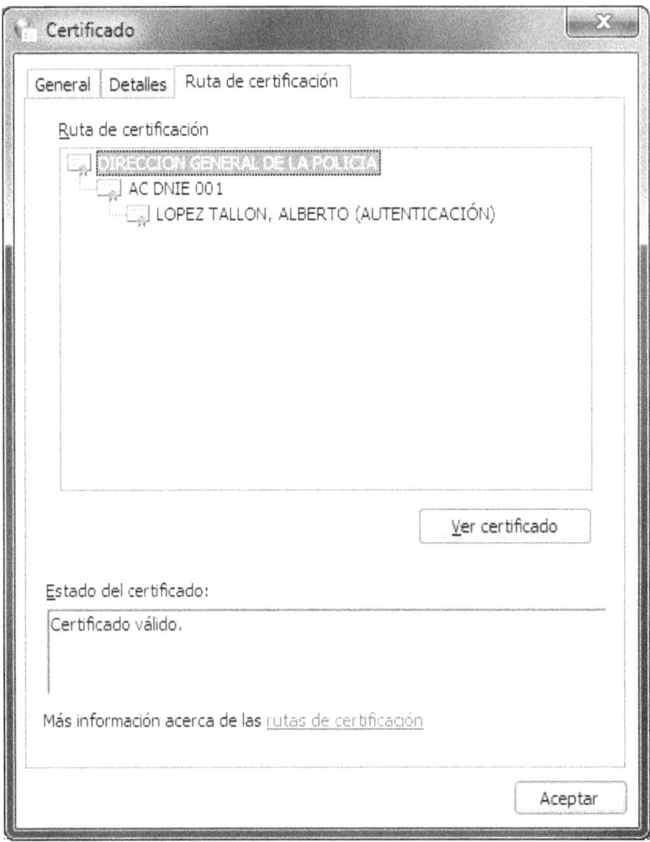

Ilustración 10 – Jerarquía de certificados del DNI electrónico. Se puede apreciar el certificado raíz de la Dirección General de la Policía, una de sus autoridades intermedias el certificado final expedido por ésta.

En general este mecanismo responde a la idea de **jerarquías de certificación**, es decir, puede haber una cadena en la que las sucesivas CA de la cadena jerárquica avalan la identidad de las CA del nivel jerárquico inferior. Se comprende por tanto que al validar un certificado se recorre la cadena de confianza jerarquía hacia arriba hasta la **autoridad de certificación raíz** del árbol.

La pregunta que surge ahora es: ¿y quién avala al certificado de esta última CA? ¿Cómo sé que el certificado de la CA es auténtico y no alguno que alguien haya falsificado de algún modo?

La respuesta es que la **cadena de confianza** empieza con el certificado de esta última CA. El **almacén de certificados**, que como su nombre indica es el lugar dónde se guardan los certificados en el ordenador en cuestión, contiene un apartado especial para los certificados raíz. Si una determinada CA se encuentra en este apartado quiere decir que se confía en ella. Las CAs más importantes como la **Fábrica Nacional de Moneda y Timbre** (**FNMT**) ya vienen pre-instaladas, es decir, asumimos que nos podemos fiar del criterio del fabricante que al incluirlas las ha considerado de confianza.

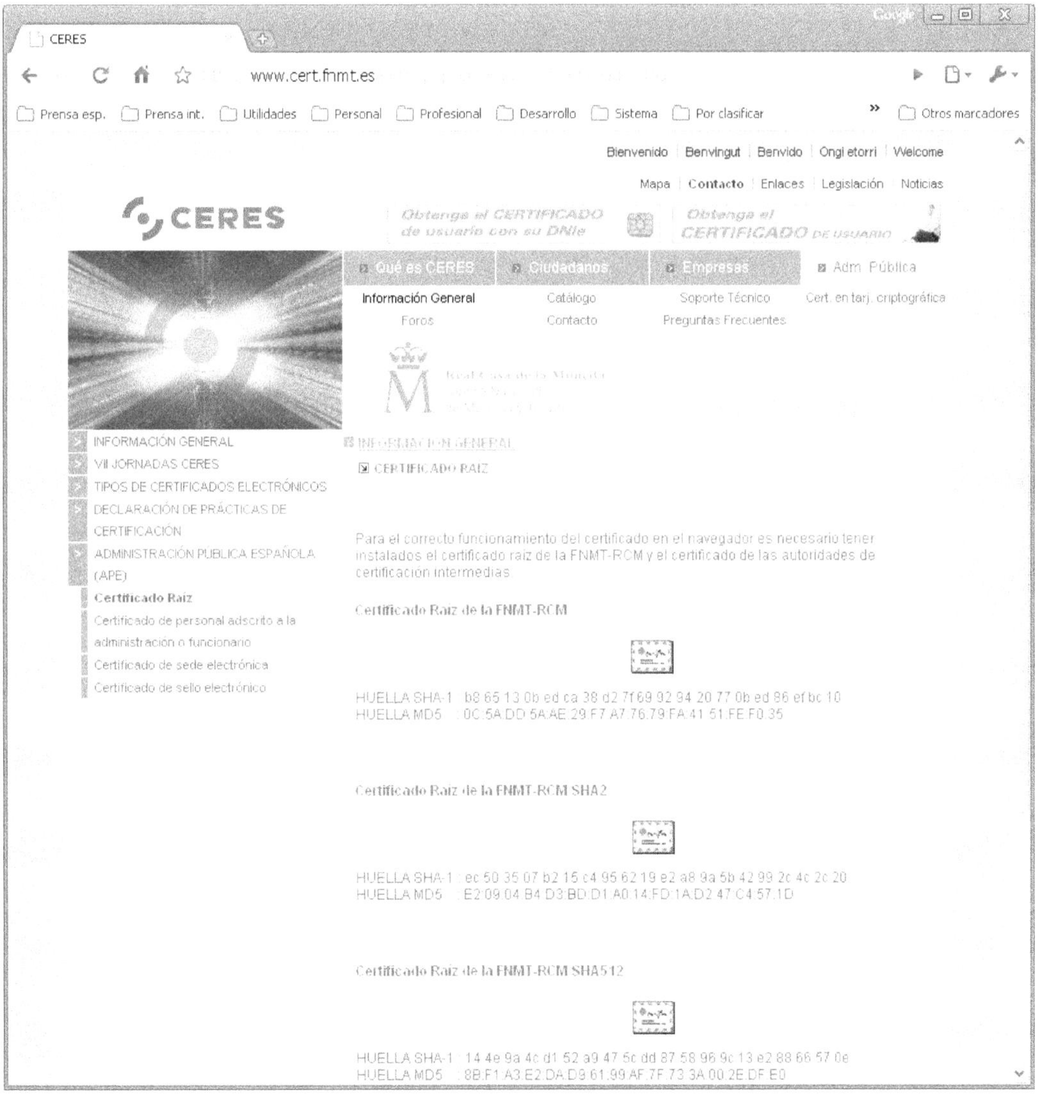

Ilustración 11 – Página de FNMT/CERES para la descarga de su certificado raíz. Obsérvese que la FNMT también usa autoridades de certificación subordinadas o intermedias.

Si una determinada CA no se encuentra en el almacén ésta no se reconocerá como CA de confianza y por tanto no se confiará en los certificados emitidos por ella. En este caso hay que instalar su certificado raíz en el almacén de certificados. De nuevo será esencial en qué basamos nuestra confianza. Generalmente esta instalación pasará por descargar el certificado raíz de la CA desde su Web, lo que implica que confiamos en la seguridad de su sitio Web, un ejemplo de un sitio de este tipo se puede apreciar en la **Ilustración 11**.

Ilustración 12 – En este caso la autoridad raíz no pertenece a la comúnmente conocidas. Por tanto el usuario no la tiene dada de alta de fábrica en equipo y la máquina no confiará en ella y los certificados emitidos por ella (se puede apreciar en el aspa de su icono) hasta que el usuario no se dé de alta en el almacén de certificados.

Existen muchas CAs y por tanto todas las entidades importantes ya suelen venir preinstaladas, aunque hay excepciones: por ejemplo la versión actual del navegador Web **Firefox**[8]que aún no incorpora por defecto a la **FNMT**, de modo que es necesario instalar su certificado raíz manualmente. Este navegador cuenta además con la peculiaridad bastante criticable[9] de usar su propio almacén de certificados sin proveer tampoco una vía de integración con el propio del sistema operativo.

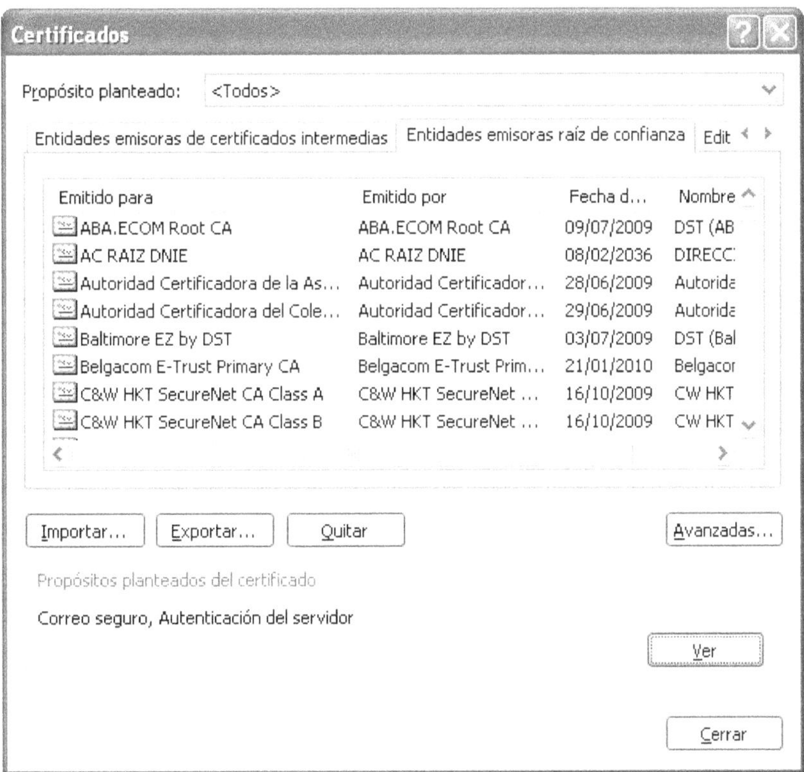

Ilustración 13 – Almacén de certificados de Windows[10]. Está disponible para cualquier aplicación (navegadores, email, firma y verificación de documentos electrónicos, etc.), no obstante existen aplicaciones como el navegador Web Firefox que gestionan su propio almacén. Obsérvese como la CA raíz de la Dirección General de la Policía se encuentra entre ellas (no viene por defecto con Windows, se instala junto con el software que se suministra junto con el DNI electrónico).

[8] En el momento de la redacción de este documento la versión 3.6.3

[9] http://www.microlopez.org/2010/06/10/los-planos-juridico-y-tecnologico-en-la-administracion-electronic-¿dos-mundos-en-galaxias-diferentes/

[10] Se accede al almacén por la siguiente vía: [botón inicio de Windows que se encuentra en el extremo izquierdo de la barra inferior del escritorio] -> [Panel de Control] -> [Opciones de Internet] -> [Pestaña "Contenido"] -> [Botón "certificados"]. También se puede acceder desde el menú "Herramientas" del Internet Explorer a [Opciones de Internet] y seguir a partir las indicaciones anteriores, aunque ha de hacerse hincapié que el almacén no pertenece a Internet Explorer, pertenece a Windows.

También puede ocurrir, como en el caso reciente de la FNMT, que una CA renueve sus certificados raíz de modo que estos no se incorporen o se incorporen tarde a las preinstalaciones de los almacenes de certificados.

2.3.1 Infraestructuras de Clave Pública (PKI)

Cuando se habla de autoridades de certificación hay que hablar también de las **infraestructuras de clave pública**. En criptografía, una **infraestructura de clave pública** (o, en inglés, **PKI**, **Public Key Infrastructure**) es una combinación de hardware y software, políticas y procedimientos de seguridad que permiten la ejecución con garantías de operaciones criptográficas como el **cifrado**, la **firma digital** o el **no repudio de transacciones electrónicas**.

El término PKI se utiliza para referirse tanto a la autoridad de certificación y al resto de componentes, como para referirse, de manera más amplia y a veces confusa, al uso de algoritmos de clave pública en comunicaciones electrónicas. Este último significado es incorrecto, ya que no se requieren métodos específicos de PKI para usar algoritmos de clave pública.

Una PKI parte de una **autoridad de certificación raíz** en la que se confía y es característico el uso de un certificado de esta autoridad **auto-firmado** por ella. Una organización puede crear su propia PKI (lo que puede ser sumamente conveniente) y gestionar dentro de ella sus propios certificados. El problema será que para que un certificado raíz de una CA interna de este tipo sea reconocido por los navegadores los usuarios tendrán que importarlo expresamente al no pertenecer al conjunto de certificados raíz que los fabricantes de sistemas operativos y navegadores suministran de fábrica con sus productos.

2.3.2 Usos de la Tecnología PKI

Las principales aplicaciones del uso de certificados e infraestructuras PKI son las siguientes:

- **Autenticación** de usuarios y sistemas (login), identificación del interlocutor.
- **Cifrado** de datos digitales.
- **Firmado digital** de datos (documentos, software, etc.) y **sellado de tiempo**.
- **Confidencialidad** en las comunicaciones mediante técnicas de cifrado.
- Garantía de **no repudio** (por ejemplo: negar que cierta transacción tuvo lugar o que cierta persona es el autor de una firma electrónica).

2.4 Firma Electrónica

Con el uso de certificados electrónicos el ciudadano puede acreditar su identidad, es decir, autenticarse, ante un tercero. En muchos servicios públicos, como lo es, por ejemplo, la consulta del saldo de puntos de la DGT, con esto será suficiente para poder acceder a todos los servicios electrónicos ofrecidos.

Sin embargo, en los trámites de cualquier procedimiento administrativo necesitará además firmar mediante firma electrónica de un modo similar a como lo haría por la vía tradicional del papel.

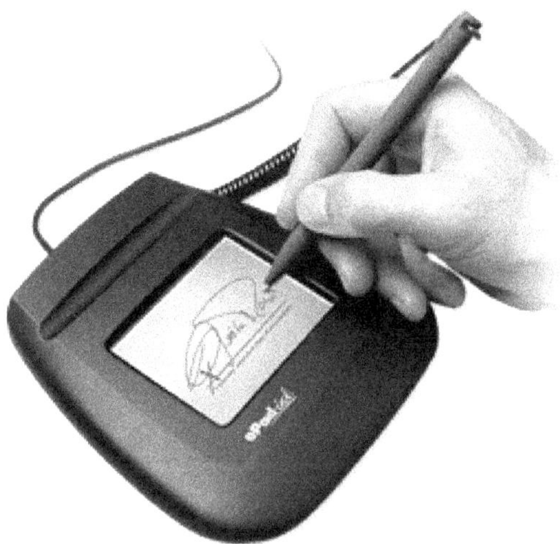

Ilustración 14 – ¿Esto es una firma electrónica?

En este apartado toca responder por tanto ahora a la pregunta: *¿qué es la firma electrónica?*

La respuesta desafortunadamente no es del todo trivial, tiene sus matices y puntos de vista, veamos por tanto algunas definiciones de diferentes fuentes:

En primer lugar conviene ver la definición del **artículo 3** de la **Ley 59/2003, de Firma Electrónica**:

Artículo 3. Firma electrónica, y documentos firmados electrónicamente.

1. *La **firma electrónica** es el conjunto de datos en forma electrónica, consignados junto a otros o asociados con ellos, que pueden ser utilizados como medio de identificación del firmante.*
2. *La **firma electrónica avanzada** es la firma electrónica que permite identificar al firmante y detectar cualquier cambio ulterior de los datos firmados, que está vinculada al firmante de manera única y a los datos a que se refiere y que ha sido creada por medios que el firmante puede mantener bajo su exclusivo control.*
3. *Se considera **firma electrónica reconocida** la firma electrónica avanzada basada en un **certificado reconocido** y generada mediante un **dispositivo seguro de creación de firma**.*
4. *La firma electrónica reconocida tendrá respecto de los datos consignados en forma electrónica el **mismo valor que la firma manuscrita** en relación con los consignados en papel.*
5. *[...]*

Esta definición corresponde también a la que da la **Directiva 1999/93/CE** por la que se crea el marco común de firma electrónica para la **Unión Europea**, de hecho la **Ley 59/2003** es su transposición española.

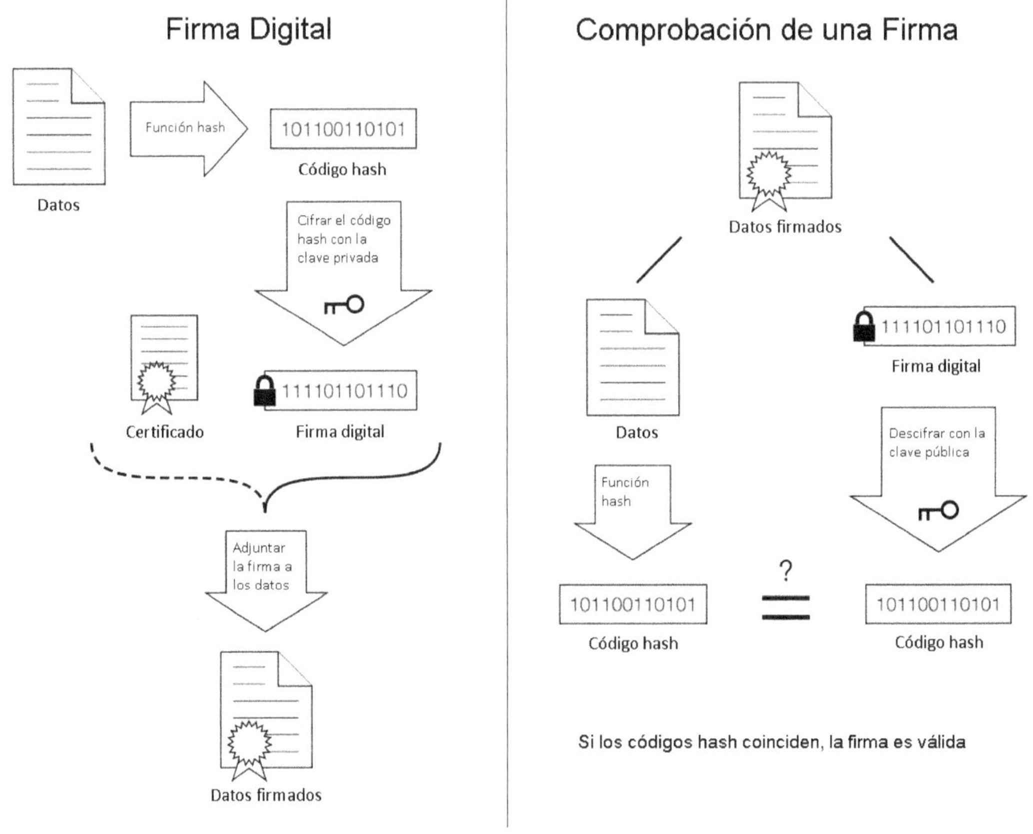

Ilustración 15 – Generación y validación de una firma electrónica.

Por otra parte es necesario distinguir entre **firma electrónica** y **firma digital**. Los términos de firma digital y firma electrónica se utilizan habitualmente como sinónimos, pero este uso en realidad no es del todo correcto.

Mientras que *"firma digital"* hace referencia a una serie de métodos criptográficos, el término *"firma electrónica"* es de naturaleza fundamentalmente **jurídica** y más amplio desde un punto de vista técnico, ya que puede contemplar métodos no criptográficos.

Un ejemplo claro de la importancia de esta distinción es el uso por la **Comisión europea**. En el desarrollo de la **Directiva 1999/93/CE** que estable un **marco europeo común para la firma electrónica** empezó utilizando el término de firma digital en el primer borrador, pero finalmente acabó utilizando el término de firma electrónica para desacoplar la regulación legal de este tipo de firma de la tecnología utilizada en su implementación técnica.

Aclarados los matices anteriores, se puede concluir que cuando se habla de firma electrónica tanto en el ámbito privado como el público, en la mayoría de los casos la solución subyacente será una firma digital basada en un esquema de clave pública/privada basado en un algoritmo de cifrado **RSA** y que utiliza certificados **X.509** para la acreditación de la identidad del firmante. Por otra parte, cuando en los párrafos antes citados se habla de medios que el firmante debe mantener *"bajo su exclusivo control"* se refiere básicamente a la **clave privada** utilizada para la creación de una firma digital.

Técnicamente ocurre lo que se muestra la **Ilustración 15**: al firmar se genera primero un **código hash**, **código resumen** o **digest** del documento/fichero firmado, y a continuación se **cifra** con la **clave privada del firmante**. Éste código hash cifrado se adjunta al documento, junto con el **certificado del firmante** (para conocer en profundidad los conceptos de códigos hash y cifrado consulte el capítulo de ***Fundamentos técnicos de la Seguridad en la Administración Electrónica***).

Para comprobar la firma el documento se generará de nuevo este mismo código hash. Por otra parte se usa la **clave pública** incluida en el certificado electrónico del firmante para descifrar el código hash que generó el firmante y se comprueba si coinciden ambos. Si es así, no hay duda de que ha sido el firmante quien ha firmado el documento.

⚠ **Idea clave**

Se dice con frecuencia que tal usuario "firma con su certificado electrónico" un documento electrónico.

Aunque esta expresión es uso común y perfectamente aceptable en el día a día hay que recordar que técnicamente en realidad es totalmente incorrecta: los certificados no se usan para firmar, sino que sirven para comprobar la identidad del firmante.

Lo que ocurre exactamente es lo siguiente: El usuario firma (cifra el código hash del documento a firmar) con su clave privada. El certificado electrónico que avala su identidad incluye la correspondiente clave pública, de modo que al verificar la firma (el descifrado con la clave pública) si ésta se realiza con éxito, el certificado sirve para saber que la clave privada usada en la firma efectivamente es la pareja de la clave pública del certificado y que por tanto el titular de esa clave privada es el que indica el certificado y que nadie salvo él pudo firmar.

2.5 El DNI electrónico

En España se expide desde marzo del año 2006 un documento de identidad especial denominado **DNI electrónico**.

El nacimiento del **Documento Nacional de Identidad electrónico** (**DNIe**) responde a la necesidad de otorgar una identidad digital personal a los ciudadanos para su uso en la nueva Sociedad de la Información, además de servir de impulsor de la misma. Así, el DNIe es la adaptación del tradicional documento de identidad a la nueva realidad de una sociedad interconectada por redes de comunicaciones.

Por otra parte, desde un punto de vista legal, responde al marco de las directivas de la **Unión Europea**, dentro del cual el Estado español ha aprobado un conjunto de medidas legislativas, como la **Ley 59/2003, de Firma Electrónica** y el **Real Decreto 1553/2005, de 23 de diciembre, por el que se regula documento nacional de identidad y sus certificados de firma electrónica**, para la creación de instrumentos capaces de acreditar la identidad de los intervinientes en las comunicaciones electrónicas y asegurar la procedencia y la integridad de los mensajes intercambiados.

2.5.1 Información incluida

El DNI electrónico contiene dos certificados **X.509v3** de ciudadano (uno de autenticación y otro de firma) y las correspondientes claves privadas y claves públicas, que se generarán e insertarán durante el proceso de expedición del DNI electrónico:

- **Certificado de autenticación**: El Ciudadano podrá, a través de su **certificado de autenticación**, probar su identidad frente a terceros.
- **Certificado de firma electrónica reconocida o cualificada**: Permitirá realizar y firmar acciones y asumir compromisos de forma electrónica, pudiéndose comprobar la integridad de los documentos firmados por el ciudadano haciendo uso de los instrumentos de firma incluidos en él. Mediante la firma se consigue la **identificación** y **autenticación** del firmante, la garantía de **integridad** del documento el **no repudio** en los documentos firmados.

El DNI electrónico no contiene ninguna otra información relativa a datos personales ni de cualquier otro tipo (sanitarios, fiscales, tráfico, etc.).

2.5.2 Utilización

El uso del nuevo DNI electrónico requiere que el usuario recuerde el PIN de protección que se le asignó cuando lo obtuvo y que puede cambiar en sistemas automatizados instalados en las dependencias policiales en las que se expide el DNI. Para ello solo es necesario identificarse con la huella dactilar.

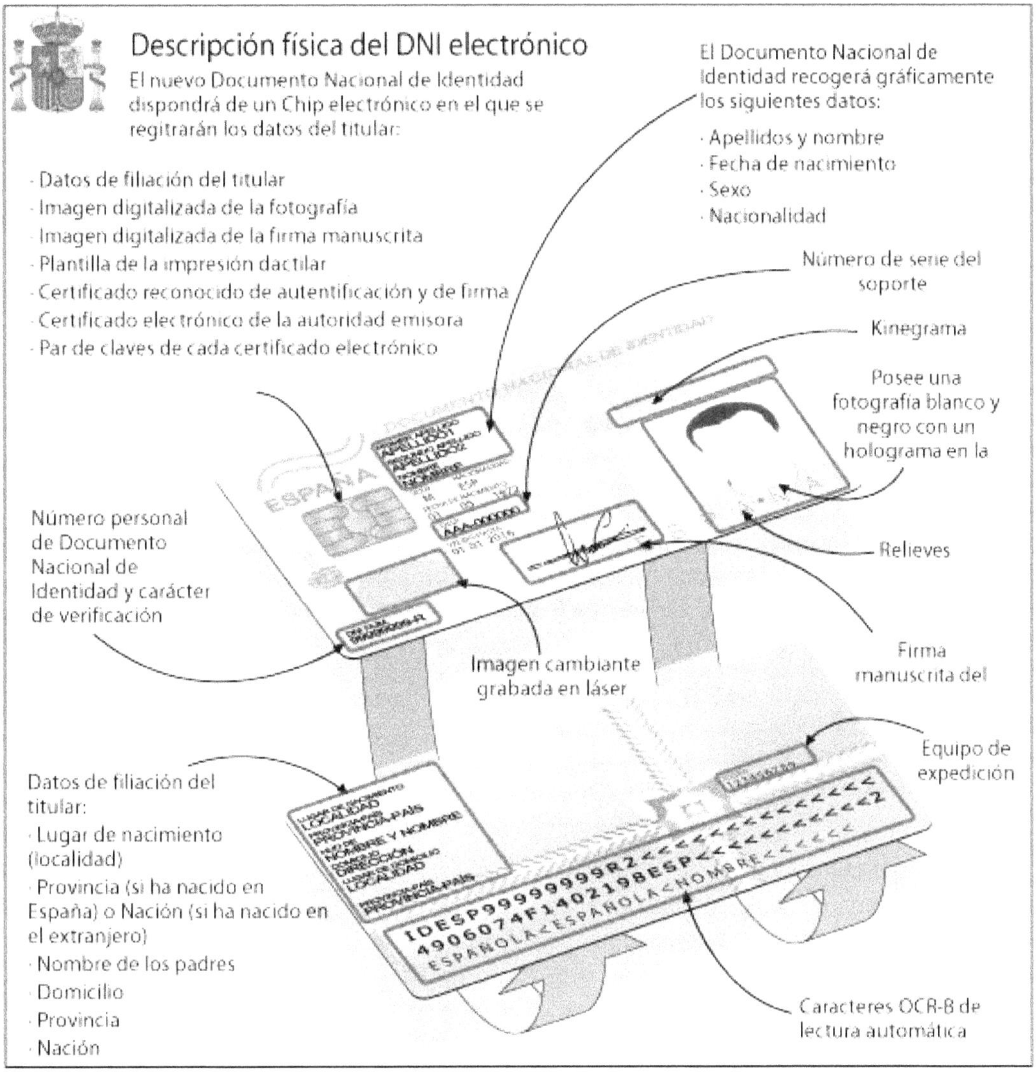

Descripción física del DNI electrónico

El nuevo Documento Nacional de Identidad dispondrá de un Chip electrónico en el que se regitrarán los datos del titular:

- Datos de filiación del titular
- Imagen digitalizada de la fotografía
- Imagen digitalizada de la firma manuscrita
- Plantilla de la impresión dactilar
- Certificado reconocido de autentificación y de firma
- Certificado electrónico de la autoridad emisora
- Par de claves de cada certificado electrónico

El Documento Nacional de Identidad recogerá gráficamente los siguientes datos:

- Apellidos y nombre
- Fecha de nacimiento
- Sexo
- Nacionalidad

Número de serie del soporte

Kinegrama

Posee una fotografía blanco y negro con un holograma en la

Relieves

Número personal de Documento Nacional de Identidad y carácter de verificación

Imagen cambiante grabada en láser

Firma manuscrita del

Equipo de expedición

Datos de filiación del titular:

- Lugar de nacimiento (localidad)
- Provincia (si ha nacido en España) o Nación (si ha nacido en el extranjero)
- Nombre de los padres
- Domicilio
- Provincia
- Nación

Caracteres OCR-B de lectura automática

Ilustración 16 – Componentes del DNI electrónico.

Idea clave

A veces se confunde este PIN con la clave privada de un certificado electrónico.

Sin embargo, son dos conceptos que no tienen nada que ver el uno con el otro; la clave privada es usada internamente en los algoritmos de firma digital para realizar la operación técnica del cifrado del código hash del documento a firmar. De hecho el usuario ni la conoce (no conoce su secuencia de dígitos), simplemente la usa.

El PIN o clave de acceso protege a la clave privada, de modo que solamente el titular de la misma, al ser el único que conoce el PIN, puede acceder a ella para utilizarla.

Los elementos necesarios para poder usar el DNI electrónico son los siguientes:

- **DNI electrónico**: Obviamente se debe sustituir el DNI tradicional por el electrónico en una comisaría. Se debe recordar la clave personal que además de ser alfanumérica acepta símbolos y diferencia las mayúsculas de las minúsculas.
- **Lector de tarjetas inteligentes**[11]: El lector de tarjetas inteligentes debe ser válido para el uso del DNI electrónico. Para ello debe ser compatible con la norma **ISO 7816** (1, 2 y 3) o tener una velocidad mínima de 9.600 bits por segundo.
- **Programa informático**: Por último el ciudadano deberá descarga el software que proporciona la Dirección General de la Policía en el área de descargas del portal del DNI electrónico.

3 La Administración Electrónica en la Práctica

Ahora que se han podido ver algunos ejemplos concretos de administración electrónica y algunos de sus conceptos técnicos fundamentales, llega el momento de tocar la práctica del uso de estos servicios. Siguiendo la orientación práctica de este manual, este capítulo entrará de lleno en el día a día de la administración electrónica.

3.1 Tareas típicas

Todo usuario de los servicios de administración electrónica se enfrenta a una serie de tareas que ha de realizar para poder utilizar sus servicios con éxito. A continuación se desglosan estas tareas una a una.

[11] Una tarjeta inteligente (smartcard), o tarjeta con circuito integrado (TCI), es cualquier tarjeta del tamaño de un bolsillo con circuitos integrados que permiten la ejecución de cierta lógica programada. Se reconocen fácilmente por los contactos metálicos en su carcasa (en el caso de tarjetas de contacto) que conectan la tarjeta al dispositivo lector. El estándar más importante (en tarjetas de contacto) es ISO/IEC 7816, que es el usado por el DNIe. Existen no obstante otros estándares como Java Card o ISO/IEC 14443 para tarjetas sin contacto.

3.1.1 Obtener Certificados Electrónicos y Medios de Firma Electrónica

El primer paso para poder trabajar con los servicios de administración electrónica es disponer de un **certificado electrónico personal**. No todos los servicios electrónicos requieren el uso de certificados electrónicos, de hecho, las **oficinas virtuales** y **sedes electrónicas** de las diferentes Administraciones suelen ofrecer la opción de usuario y contraseña. No obstante, en este caso también es habitual que no se ofrezcan todos los servicios electrónicos por esta vía, las restricciones afectarán normalmente a los más sensibles. En el caso de la **DGT**, por ejemplo, esta vía permite la consulta del saldo de puntos, pero no los antecedentes.

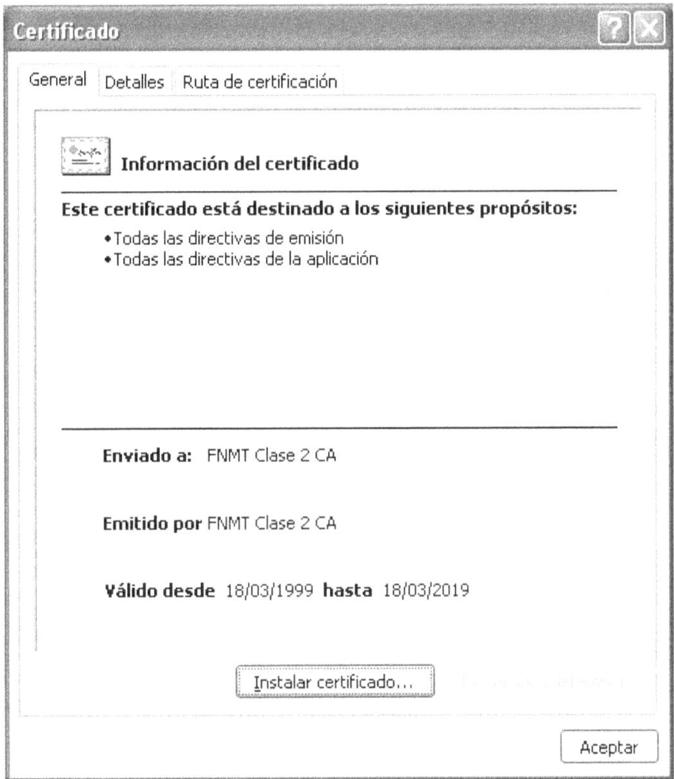

Ilustración 17 – Instalar un certificado en el almacén de Windows. En este caso se ha hecho haciendo doble-clic sobre el fichero del certificado y pulsando a continuación el botón "Instalar certificado..." que abrirá un asistente de Windows para su instalación.

Por otra parte, según el caso, cuando se usa alguna forma de identificación alternativa a un certificado electrónico personal también será necesaria un alta del usuario. Esto requiere normalmente como mínimo rellenar un formulario con preguntas sobre determinados datos personales, o bien una llamada telefónica en la cual a través de unas preguntas específicas se comprueba la identidad del ciudadano para proporcionarle un usuario y contraseña. En algunos casos incluso se pide un acto presencial.

Sea como fuere, esta vía va limitar al usuario al organismo en cuestión. Es decir, incluso dentro de la misma Administración Pública el usuario y contraseña obtenidos en un órgano determinado normalmente no servirán para utilizarlos en otro servicio de esa misma Administración y lógicamente mucho menos para utilizarlo con otra distinta.

Teniendo en cuenta estas limitaciones y que con un poquito más de esfuerzo se puede obtener en la FNMT gratuitamente un certificado personal valido en prácticamente cualquier sitio y que en el caso de disponer de un DNIe un certificado de este tipo ya viene incluido uno "de serie" no parece razonable utilizar otros medios que no sean certificados electrónicos para relacionarse con la Administración.

3.1.1.1 Opciones de certificados personales

La acreditación de la identidad del interesado o interesados, es decir, la identificación y autenticación (mediante firma manuscrita) de los mismos son un requisito "clásico" para interactuar con la Administración Pública que viene ya formulado en la **Ley 30/1992**[12].

Como se ha podido ver anteriormente, en el mundo electrónico la identificación y autenticación se realiza mediante **certificados electrónicos** acreditando así la identidad de la persona física o jurídica a la que pertenece y que ha sido expedido por una entidad confiable a esos efectos (la **autoridad de certificación**) como, por ejemplo, la **Fábrica Nacional de Moneda o Timbre** (**FNMT**) o una comisaría (**DNI electrónico**).

En el caso de las personas físicas un certificado electrónico viene a sustituir por tanto la acreditación tradicional vía DNI, independientemente de que sea el certificado electrónico propio del DNIe o cualquier otro certificado electrónico admitido por la Administración, como lo pueden ser los certificados emitidos por la FNMT.

En este sentido no importa si se utilizan los certificados del DNIe u otro certificado electrónico, siempre que sean emitidos por una de las autoridades de certificación reconocidas por la Administración en cuestión. Incluso se pueden utilizar a la vez, el DNIe en unos trámites y otros certificados en otros distintos, no importa ya que todos cumplen perfectamente la misma misión: identificarán de manera fehaciente al usuario en cuestión.

Por tanto, ante las diferentes opciones de certificados electrónicos disponibles, en primer lugar hay que plantearse qué tipo de certificado se quiere usar.

---

[12] Ley 30/1992, de 26 de noviembre, de Régimen Jurídico de las Administraciones Públicas y del Procedimiento Administrativo Común.

Hay básicamente 3 grandes opciones con diferentes pros y contras en cada caso:

- **DNI electrónico (DNIe)**: este es, hoy por hoy, la solución "natural" para el ciudadano. Al ser el DNI un documento obligatorio es una vía muy eficaz y cómoda de proveer a toda la población de certificados electrónicos. Legalmente tiene la peculiaridad que en el **artículo 14** de la **Ley 11/2007** se establece la obligación para todas las Administraciones de admitirlo como medio de identificación, autenticación y firma electrónica. De hecho, ésta es la estrategia mediante la cual la Administración pretende lograr un impulso masivo del uso de firma electrónica en particular y de los servicios de administración electrónica en general. Tiene además 2 grandes ventajas en cuanto a su seguridad; las claves se generan en la propia tarjeta criptográfica y nadie podrá copiarlas ya que nunca salen de la tarjeta. Por tanto es absolutamente necesario robar físicamente la tarjeta para suplantar la identidad del firmante, de modo que éste se dará cuenta enseguida de ello si ocurre. Por otra parte las tarjetas tienen asociadas su propio PIN para el cual hay que hacer las mismas advertencias en cuanto a su custodia como en el caso de los ficheros con claves privadas, de modo que aunque se sustraiga una tarjeta el suplantador tendría que conocer además el PIN para utilizarla.
- **Certificado en tarjeta criptográfica (tarjeta inteligente)**: técnicamente es básicamente similar al DNIe, de hecho el DNIe es una tarjeta inteligente. Pero estas tarjetas se orientan típicamente en primer término a puestos de trabajo o el ejercicio de competencias. En la Administración Pública, por ejemplo, este tipo de certificados se está usando cada vez más dentro para sus empleados públicos y son proporcionados por el propio organismo a su plantilla. Cabe pensar que serán la opción por excelencia para implantación del nuevo concepto de **certificado electrónico de empleado público** del **Real Decreto 1671/2009**.
- **Certificado en fichero, instalable en cualquier equipo**: es la opción más simple de instalar (no requieren software específico ni lector de tarjeta inteligente), pero también la más expuesta a riesgos, ya que el certificado y la clave privada se guardarán general en un fichero con una extensión **.p12**o **.pfx** (almacenan la clave privada junto con el certificado). El ejemplo clásico de este tipo de certificados lo son los certificados electrónicos expedidos "toda la vida" por la FNMT. Si el usuario lo custodia adecuadamente no hay de qué preocuparse, además este formato contempla un PIN de protección para impedir su uso en caso de sustracción. Pero la falta de disciplina en la custodia de este PIN, que se manifiesta en cosas como la frecuente costumbre de apuntar las claves en algún papel o dejar el fichero en algún dispositivo inadecuado (por ejemplo una llave USB que pasa a otras personas), ponen en peligro la clave privada y pueden ser una vía para que un tercero suplante fácilmente la identidad del titular del certificado sin que éste ni se entere.

3.1.1.2 *Obtener un certificado electrónico y claves privadas en modo de fichero de intercambio de información personal*

En caso de que nos inclinemos por usar la opción de un fichero de intercambio de información personal que contendrá el certificado electrónico junto con la clave privada necesaria para realizar firmas electrónicas toca en primer lugar elegir la **autoridad de certificación** a la cual solicitar el certificado. El proceso de solicitud y obtención del certificado se compone generalmente de los siguientes pasos (pueden variar ligeramente según la CA concreta):

1. **Acceso a la Web de la autoridad** de certificación y cumplimentación de un formulario con los datos que pida al usuario.
2. Generación de un **par de claves** en la máquina local, una clave es privada o secreta (sólo debe disponer de ella el propio interesado) y otra es pública (la puede conocer cualquiera, va única al certificado).
3. **Envío de la clave pública a la autoridad de certificación** para que ésta cree el certificado, la clave privada ni siquiera se facilita a la CA, es totalmente personal, no debe salir jamás de las manos de su titular.
4. Personarse en la **autoridad de registro** (normalmente una oficina auxiliar de la CA) correspondiente para acreditar la identidad (esto se hace normalmente presentando el DNI). En caso de personas jurídicas se exigirá la correspondiente documentación (escrituras, poderes de quien solicita el certificado, etc.).
5. **Obtener el certificado** vía descarga del mismo en Internet, envío por correo electrónico, etc. En el caso de la FNMT, por ejemplo, se descarga e instala automáticamente en el navegador desde el cual se solicitó. A partir de ahí se puede exportar del almacén de certificados y almacenar la copia en algún lugar seguro. Ésta se realizará generalmente en un fichero .p12 que incluye certificado y clave privada, un proceso que se verá con mayor detalle un poco más adelante en este manual. Para la descarga suele ser habitual que al usuario se le entregue un PIN de descarga en el acto presencial anterior.
6. **Realizar una copia de seguridad** del certificado electrónico y la clave privada y guardar el fichero a buen recaudo. Con este fichero se podrá instalar el certificado fácilmente en cualquier equipo. (véase el apartado 0 para instrucciones para realizar una copia de este tipo)
7. **Configurar el almacén de certificados de manera segura.** Este paso es importante porque tras la primera descarga de la CA el nivel de seguridad del almacén no es muy elevado precisamente para permitir tareas como la copia de seguridad. Se puede hacer dando nuevamente de alta la copia del certificado y así, de paso, se prueba que la copia anterior funciona correctamente. (véase el apartado 0 para instrucciones)
8. ¡A **disfrutar de los servicios electrónicos** con certificado disponibles!

⚠Consejos importantes

A pesar de su gran importancia, prácticamente ningún usuario realiza los paso descritos anteriormente relativos a la copia de seguridad del certificado descargado y la posterior configuración segura del almacén.

¡La realización de una copia es fundamental para no quedarse sin certificado en caso de incidencias con el equipo o una reinstalación del mismo!

Además, si se deja solamente en el almacén original sólo se podrá usar en este equipo y, en el caso de haber solicitado el certificado desde algún navegador con su propio almacén de certificados como lo es, por ejemplo, Firefox, el certificado no estará disponible para el almacén del sistema operativo de modo que las aplicaciones que lo usen como lo pueden ser los navegadores Internet Explorer o Google Chrome u otras aplicaciones para el trabajo con documentos PDF Adobe Reader/Profesional no "verán" su certificado y por tanto no serán capaces de usarlo.

En este caso el usuario deberá realizar la copia de seguridad del certificado con su clave privada desde el almacén del navegador y dejarlo bien configurado. Pero además deberá darlo de alta (importarlo) en el almacén del sistema operativo que esté usando.

Por otra parte, también es esencial la configuración correcta del almacén después de la descarga inicial de la autoridad de certificación. Lo es por dos motivos: para impedir que se pueda exportar el certificado más clave privada por otra persona y configurar un acceso seguro a la clave privada mediante un PIN de protección.

Si no se toman estas medidas, cualquier persona con acceso al ordenador del usuario en cuestión podrá exportar su certificado, y más importante, su clave privada.

Más adelante se explica para el caso de Windows cómo configurar el almacén de certificados para que una vez importados estos datos ya no sea posible exportarlos.

Finalmente también es importante configurar el almacén para proteger el acceso al certificado personal y la clave privada mediante PIN de modo que cualquier uso de los mismos exigirá al usuario introducir previamente dicho PIN para poder continuar.

De lo contrario, cualquier persona con acceso al equipo podría autenticarse y firmar electrónicamente.

Por último, es importante reseñar que una persona no tiene porqué limitarse a un solo certificado para todo. Es muy común, por ejemplo, la expedición de certificados o tarjetas para puestos de trabajo, aunque el usuario ya tenga el DNI electrónico u otro certificado personal.

3.1.1.3 Obtener el DNIe

El **Ministerio del Interior** ha habilitado un extenso portal con mucha información interesante, aplicaciones y manuales en torno al DNI electrónico o DNIe. El portal se encuentra en: http://www.dnielectronico.es

A continuación se reproduce la guía básica para la obtención del DNIe publicada en este portal:

1. El ciudadano que solicite por primera vez su **DNI electrónico(DNIe)**y, por tanto, los certificados electrónicos asociados, deberá acudir a una **Oficina de Expedición del DNI electrónico**. Estas oficinas de expedición son normalmente comisarias, un lista completa se encuentra aquí: http://www.policia.es/cged/dni/mapa_oficinas.htm
2. Para solicitar la expedición del DNIe será imprescindible la presencia física de la persona a quien se haya de expedir, el abono de la tasa legalmente establecida en cada momento y la presentación de los documentos necesarios.
3. La entrega del DNIe y de los certificados asociados se realizará personalmente a su titular en la misma jornada en que solicite su expedición.
4. Finalizada la fase de gestión documental y la personalización física de la tarjeta, comienza la fase de personalización lógica con la carga de datos en el chip de la tarjeta soporte. La generación de claves se realizará, en la tarjeta y en presencia del titular, tras la habilitación de un PIN aleatorio que se entrega en un sobre ciego.

También es recomendable la Web **Usa tu DNI**, puesta en marcha en el marco del **Plan Avanza2** y que consiste en un punto de formación y ayuda sobre el DNIe y sus servicios asociados: http://www.usatudni.es/dnie

3.1.2 Gestionar Certificados Electrónicos y Medios de Firma Electrónica

Como se ha visto anteriormente, en el caso de haberse inclinado por el uso de un certificado electrónico en forma de fichero de intercambio de información personal, una vez completado el proceso de descarga es vital tomar una serie de medidas antes de empezar a utilizarlo.

 **Importante**

Toda esta gestión relativa a los certificados personales y claves privadas solamente es necesaria para el caso de certificados electrónicos personales solicitados como fichero de intercambio de información personal.

En el caso de las tarjetas inteligentes, lo que incluye al DNIe, no es necesaria. Los certificados de la tarjeta aparecerán "de repente" en el almacén en el momento que ésta se inserte en el lector. Por otra parte, la clave privada ni se importa, ni se exporta del almacén, sino que se encuentra protegida dentro de la tarjeta y simplemente se accede a ella a través del almacén, pero nunca sale fuera de la tarjeta.

La importancia de estas medidas que se deben tomar justifica detenerse algo más en este punto, en los siguientes apartados se desarrollará por tanto una guía paso-a-paso de estas tareas. Los ejemplos y capturas de pantalla están basados en **Windows XP** por ser aún el sistema operativo de mayor difusión en España. En las versiones más recientes de Windows (**Vista** y **Windows 7**) los pasos se mantienen idénticos de modo que el lector no debería encontrar ningún tipo de problema si su sistema operativo es uno de estos dos últimos.

En el caso de aplicaciones con almacenes de certificados propios como Firefox varían algo los pasos y las opciones disponibles. Pero una vez visto el ejemplo de Windows y comprendidos los conceptos que se explican a continuación, debería resultar muy fácil realizar estas tareas bajo Firefox u otras aplicaciones que usen su propio almacén.

Ilustración 18 – El almacén de certificados de Windows[13].

[13] Se accede al almacén por la siguiente vía: [botón inicio de Windows que se encuentra en el extremo izquierdo de la barra inferior del escritorio] -> [Panel de Control] -> [Opciones de Internet] -> [Pestaña "Contenido"] -> [Botón "certificados"]. También se puede acceder desde el menú "Herramientas" del Internet Explorer a [Opciones de Internet] y seguir a partir las indicaciones anteriores, aunque ha de hacerse hincapié que el almacén no pertenece a Internet Explorer, pertenece a Windows.

Lo que sí varía mucho es el manejo de almacén de certificados en otros sistemas operativos como, por ejemplo, **Mac OS X** de **Apple**. Aquí será igualmente muy útil seguir en ejemplo de Windows para la comprensión de los conceptos subyacentes, pero se remite desde aquí a la documentación específica del fabricante para poner manos a la obra en esos casos.

Le lector debe recordar, no obstante, que en estos casos usar aplicaciones con almacén propio como Firefox tiene la ventaja que el manejo del mismo será exactamente igual bajo Windows, Mac o Linux, de modo que si el lector utiliza este navegador debería ser suficiente con la información del presente manual.

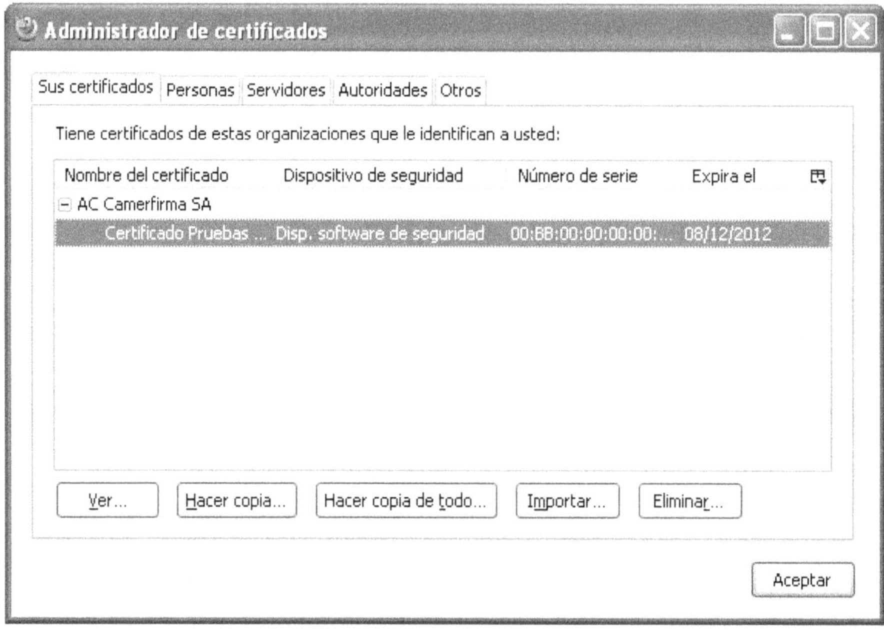

Ilustración 19 – Almacén de certificados de Mozilla Firefox[14].

3.1.2.1 Acceder al almacén de certificados

Todo el trabajo se realiza desde el almacén de certificados. Para empezar hay que averiguar si vamos a trabajar con el almacén propio del sistema operativo, Windows en estos ejemplos, o si nos encontramos en el caso específico de querer utilizar alguna aplicación que usa su propio almacén.

En el 99% de los casos la decisión dependerá del navegador Web utilizado por ser la aplicación clave para el uso de certificados. **Los usuarios de Internet Explorer y Google Chrome habrán de trabajar con el almacén de Windows** y **los usuarios de Mozilla Firefox y Opera con los almacenes propios de estos navegadores**.

[14] Se accede a él de la siguiente manera: [Menú "Herramientas"] -> [Opciones] -> [Icono "Avanzado"] -> [Pestaña "Cifrado"] -> [Botón "Ver certificados"])

3.1.2.2 Realizar una copia de seguridad de un certificado personal

Una vez elegido y localizado el almacén correcto ya se puede realizar una copia del certificado instalado. En la **Ilustración 18**se puede apreciar el aspecto que debe tener el almacén de Windows después de haber completado con éxito la obtención del certificado a través de una descarga vía Web como lo es el caso de la obtención de certificados personales de la **FNMT**.

Se puede apreciar una entrada en la pestaña "Personal" con el certificado en cuestión. En la captura se ha utilizado un certificado de pruebas emitido por **Camerfirma**, en el caso de un certificado real se vería el nombre de la persona y/o su DNI. En el caso del almacén de Firefox se puede apreciar en la **Ilustración 19** que la ventana presenta un aspecto muy similar.

Para realizar la copia el usuario ha de exportar el certificado junto con la clave privada. Según el almacén a partir del cual se hace la copia (o exportación), se ofrecerán más o menos opciones para la exportación. Donde bajo Windows dice "Exportar..." en Firefox dice "Hacer copia..." pero se refiere a la misma operación.

En el caso Windows al pulsar el botón de "Exportar..." se inicia el asistente que se puede apreciar en la **Ilustración 20**.

Ilustración 20 – Asistente de exportación de certificados de Windows.

Al pulsar el botón "Siguiente" aparecerá la primera decisión que el usuario ha de tomar y que se puede apreciar en la **Ilustración 21**.

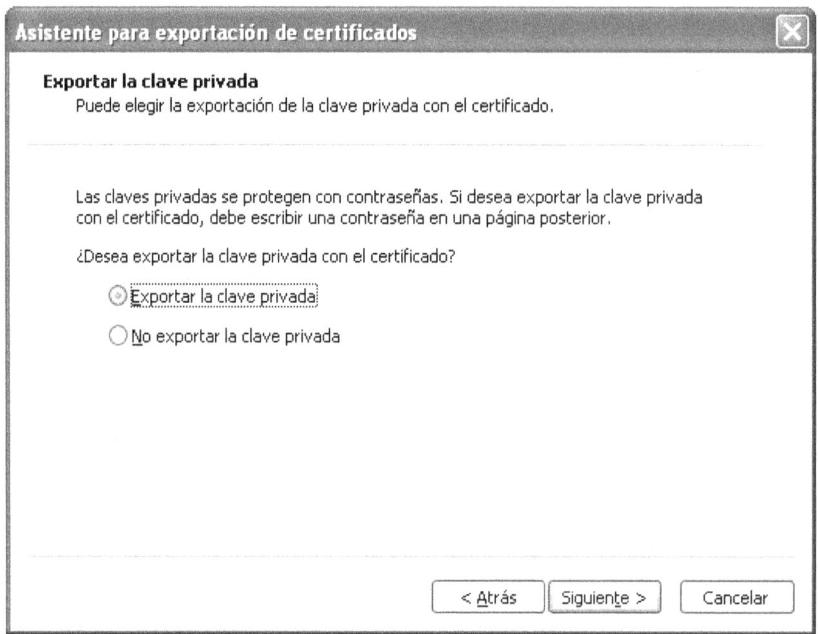

Ilustración 21 – Opciones de exportación de la clave privada. ¡Ojo! Por defecto viene marcada la casilla de "No exportar la clave privada".

Es muy importante elegir la opción "Exportar la clave privada" en este paso ya que la opción sin clave privada realmente no sirve para realizar una copia de seguridad de todo lo que el usuario necesita para trabajar. No disponer de la clave privada significaría básicamente no poder realizar firmas electrónicas.

El siguiente paso lleva a una pantalla con detalles sobre el formato del fichero de intercambio de información personal en la cual no es necesario modificar las opciones por defecto. Por tanto se puede ir directamente a la pantalla siguiente que se muestra en **Ilustración 22**.

Este paso es otro paso muy importante ya que se trata de **proteger el fichero de la copia del certificado y clave privada**. Para ello este fichero se cifrará en base a una contraseña que introduzca el usuario, de modo que nadie que no sepa la contraseña podrá volver a importar el certificado y la clave privada en un almacén. El nivel de seguridad del cifrado depende directamente de la longitud de esta contraseña (véase el capítulo de *"Fundamentos técnicos de la Seguridad en la Administración Electrónica"* para más detalles sobre el concepto de cifrado).

Es conveniente que el usuario elija una contraseña de, al menos 10-12 caracteres alfanuméricos, que mezcle letras y números, y no use palabras o datos fáciles de adivinar.

¡Ojo! La contraseña para el cifrado del fichero creado y la clave privada son cosas totalmente diferentes e independientes entre sí, no confunda estos conceptos.

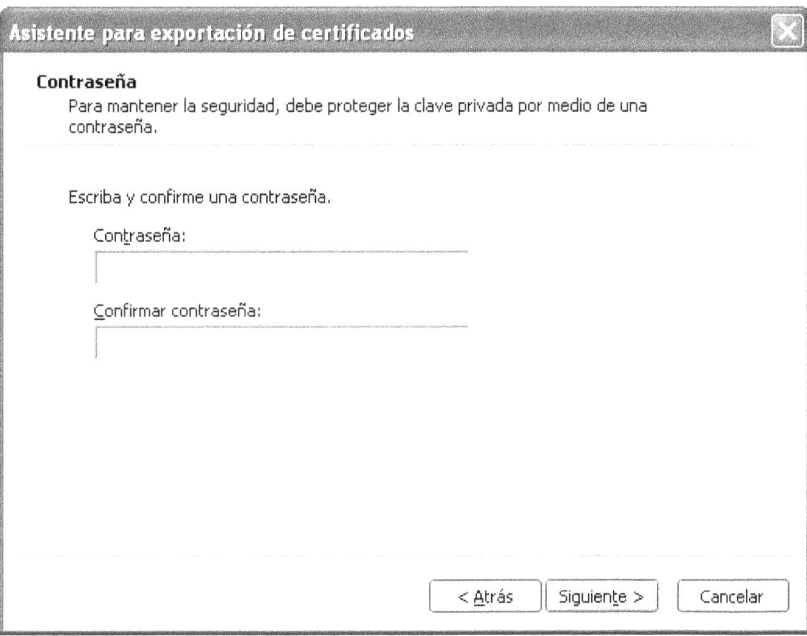

Ilustración 22 – Clave para proteger el acceso al fichero de la copia de seguridad.

Superado este paso ya no queda ningún escollo, simplemente guardar la copia.

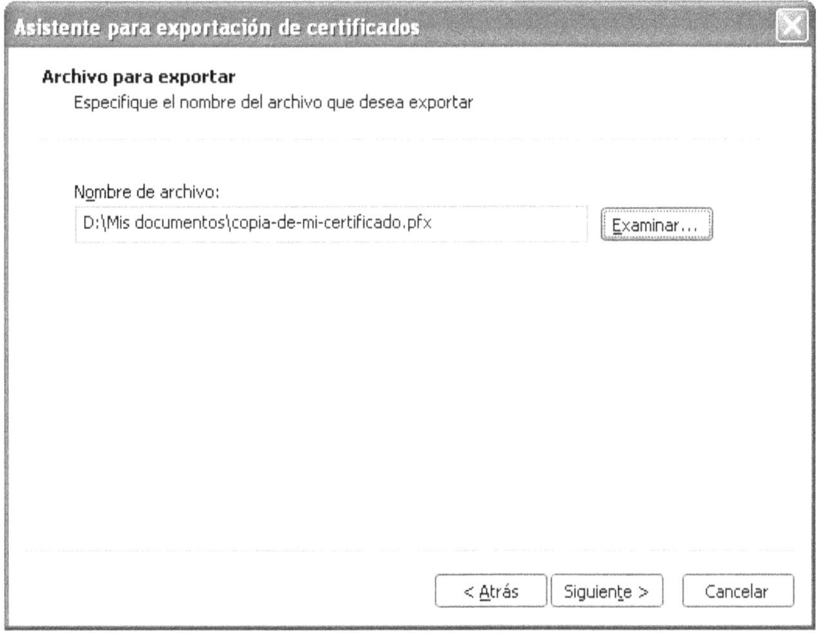

Ilustración 23 – Guardar el fichero de la copia.

Para ello, se elige con el botón "Examinar..." una ubicación y nombre del fichero, tal como se aprecia en la **Ilustración 23**. Al continuar aparecerá la pantalla de finalización del asistente, **Ilustración 24**, se pulsa el botón "Finalizar", el asistente finalizará la creación de la copia con un mensaje indicando la exportación exitosa del certificado y listo.

Ilustración 24 – Pantalla de finalización del asistente.

Ahora, con la copia creada, toca simplemente custodiarla en un lugar adecuado. Por ejemplo, un lápiz USB con copias de ficheros del usuario que éste guarda en su casa. A partir de aquí ya se puede instalar fácilmente el certificado y la clave privada para la autenticación y realización de firmas electrónicas en cualquier equipo, que es lo que se va a tratar en el apartado siguiente.

3.1.2.3 Alta certificados en un almacén de certificados

Ahora que el usuario dispone de su flamante copia, nada mejor que probarla continuando inmediatamente con el alta de un certificado y clave privada utilizando esta copia. Según el almacén utilizado para la exportación, la copia tendrá una extensión .p12 (o .pfx), pero no importa cuál sea, se trata esencialmente de formatos equivalentes.

Por otra parte, los siguientes pasos sirven también para aprender a **importar certificados raíz** de determinadas autoridades de certificación que no se encuentren instalados por defecto en el equipo del usuario de modo que el equipo pueda reconocer los certificados emitidos por ellas, lo cual puede ser necesario en más de una ocasión.

De nuevo toca primero elegir el almacén o almacenes en los cuales se quiere importar el certificado y la clave privada. Generalmente bastará con configurar correctamente el almacén de Windows ya que la mayoría de usuarios utilizan el navegador Internet Explorer y aplicaciones de firma electrónica que también utilizan el almacén de certificados de Windows.

Pero se pueden dar combinaciones más complejas. Por ejemplo: es posible que el usuario prefiera Firefox como su navegador y tenga que importar por tanto su copia en el almacén de Firefox y a la vez trabaje con firmas electrónicas en aplicaciones como **Adobe Reader** o **Adobe Acrobat**, estas aplicaciones concretamente ofrecen la posibilidad de, o bien mantener un almacén propio de certificados, o bien utilizar el almacén del sistema operativo. Así que en este caso habría que importar la copia del certificado también o bien en el almacén propio de producto de Adobe, o bien en el almacén de Windows y configurar que el producto use este almacén (la opción normalmente más recomendable), tal como se explica un poco más adelante en la **Ilustración 32**.

Sea como fuere, éste es un buen ejemplo de un caso en el cual sería necesario importar la copia en dos almacenes a la vez, en este caso el de Windows para trabajar con las aplicaciones de Adobe y el de Firefox para el uso en la Web.

Este tipo de casos son ciertamente incómodos[15]. Esperemos que esto mejore en el futuro.

El lector atento habrá apreciado anteriormente en la **Ilustración 18** y la **Ilustración 19**que los almacenes se suelen organizar en diferentes apartados, según el tipo de certificado en cuestión. Por tanto los certificados se localizarán en cada uno de estos apartados según su naturaleza, un certificado raíz de una autoridad de certificación que se haya dado de alta normalmente se almacenará en su apartado específico y un certificado de una persona física en el suyo.

3.1.2.4 Dar de alta un certificado personal en el almacén de certificados

Empezamos primero con el alta de la copia de un fichero de intercambio de información personal. Igual que en la exportación todo empieza en el almacén de certificados, en la ventana propia del almacén se inicia la importación de la copia del certificado pulsando el botón "Importar…." que se aprecia en la anterior **Ilustración 18**.

Una alternativa más rápida a esto último es realizar directamente un doble-clic sobre el fichero de la copia del certificado. Por cualquiera de estas dos vías se iniciará un asistente similar al utilizado en la exportación (**Ilustración 20**) para guiar al usuario en el proceso de importación.

En la pantalla siguiente el usuario habrá de elegir el certificado en caso de iniciar el proceso desde el almacén, pulsar "Siguiente", y a continuación llegará a la pantalla de la **Ilustración 25**.

[15] Esta problemática no es exclusiva del sistema operativo Windows, sucede por ejemplo también con el "llavero" de Mac OS.

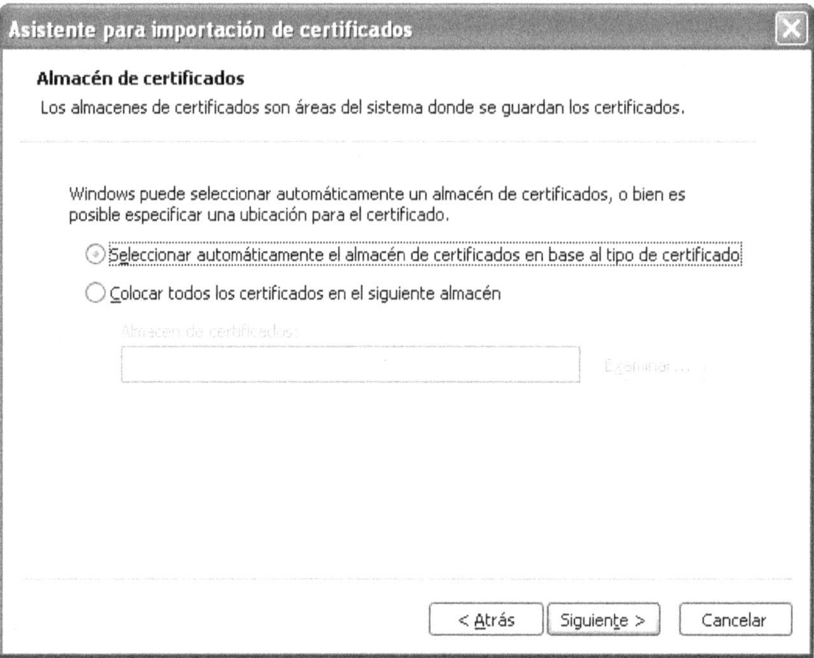

Ilustración 25 – Selección automática o manual de la ubicación del certificado importado. Como se puede apreciar en la ilustración en realidad el almacén de Windows diferencia varios "sub-almacenes" según el tipo de certificados alojados en ellos.

Como se puede apreciar en esta última ilustración, en realidad en vez de hablar de apartados del almacén de certificados de Windows o de Firefox hay que hablar más bien de diferentes almacenes de Windows o Firefox, según el tipo concretos de certificados almacenados.

Normalmente no es necesario especificar expresamente el "sub-almacén" concreto a utilizar, la máquina lo averiguará correctamente por si sola. Por tanto, se puede dejar seleccionada la opción por defecto de la **Ilustración 25**.

En el paso siguiente, **Ilustración 26**, el asistente pedirá al usuario la contraseña con la que cifró el fichero de intercambio de información personal ya que, como se ha visto anteriormente en el proceso de exportación, estos ficheros se encuentran cifrados para su protección frente a la importación por personas que no sean el titular del certificado y la clave privada.

En este paso se deciden además **dos cuestiones muy importantes** para la seguridad de la configuración del certificado y clave privada: el **nivel de protección de la clave privada** de cara a su utilización en aplicaciones como el navegador Web y la **posibilidad de poder o no exportarla** desde el almacén.

¡Ojo con este punto! Ambas opciones vienen desmarcadas por defecto, una configuración que no es recomendable una vez que se dispone de la copia personal.

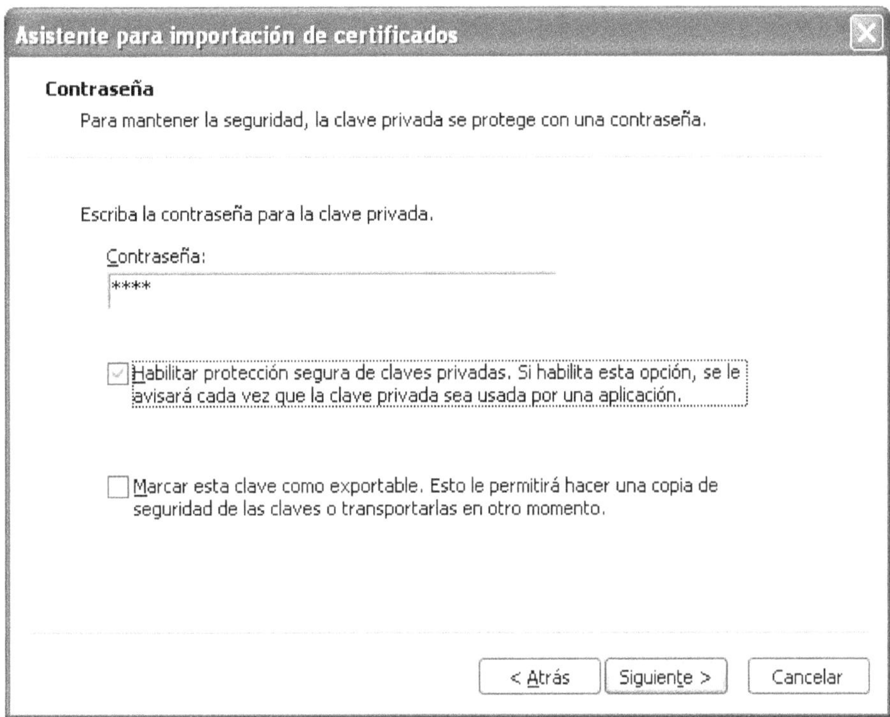

Ilustración 26 – Importación de un fichero de intercambio de información personal .p12 en el almacén de certificados de Windows. La configuración que se puede apreciar en la imagen es la recomendada para la importación del fichero de intercambio de información personal.

Como regla general, lo más recomendable es **habilitar siempre la protección de claves privadas** para que el usuario sea consciente de cuando cualquier aplicación está accediendo a ellas.

Habilitando esta opción se protege el acceso al certificado personal para la autenticación y el uso de la clave privada para la generación de firmas de modo que en cada intento de acceso (es decir, para autenticarse o firmar electrónicamente) se avisará al usuario. De todos modos, para una configuración realmente segura es necesario completar esta opción con la que se aprecia un poco más adelante en la **Ilustración 28**. Volvemos enseguida a este punto.

La segunda opción de la **Ilustración 26** viene desmarcada por defecto, que es lo recomendable. De este modo no será posible exportar de nuevo el fichero de intercambio de información personal del almacén. Esto es importante, ya que de estar habilitada esta opción cualquier persona con acceso al equipo podría realizar fácilmente una copia del certificado y clave privada.

Esto para un usuario que usa su certificado en el equipo de su casa posiblemente no sea un gran problema, pero en un entorno en el que más personas pueden tener acceso al equipo puede ser un importante agujero de seguridad para el certificado y la clave privada.

Eso sí: **¡con esta opción habilitada, si pierde la copia del fichero de intercambio de información personal ya no la podrá generar nunca otra copia, así que guárdela bien!**

En principio, en el siguiente paso, que muestra una pantalla similar a la de la **Ilustración 24**, el asistente ya finalizaría el proceso. Sin embargo, como se ha activado anteriormente la opción de protección de la clave privada al pulsar el botón "Finalizar" de la pantalla de conclusión del asistente, en vez de finalizar mostrará la pantalla de la **Ilustración 27**:

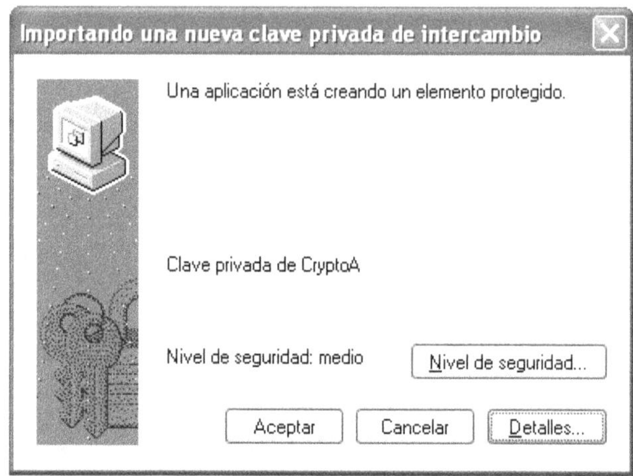

Ilustración 27 – Configuración de nivel de seguridad de la clave privada.

En esta ventana debe pulsarse el botón de "Nivel de seguridad..." lo que abrirá a continuación la ventana que se puede apreciar en la **Ilustración 28**.

Aquí debe elegirse la opción de nivel de seguridad "Alto" que es el que hará que no solamente se avise al usuario del acceso al certificado o clave privada desde una aplicación, sino de pedir además un PIN de protección.

 **Importante**

A pesar de la gran importancia que tiene custodiar con mucho cuidado el fichero .p12 y su PIN de acceso, desgraciadamente a veces se ven prácticas muy poco responsables incluso por parte de la misma Administración. Un ejemplo de este tipo de prácticas son utilidades de firma electrónica de documentos en Web que piden al usuario junto con el documento a firmar el fichero .p12 y su PIN para firmar el documento remotamente en el servidor Web.

¡No se le ocurra dar el fichero .p12 y su PIN a nadie, ni siquiera a la Administración!

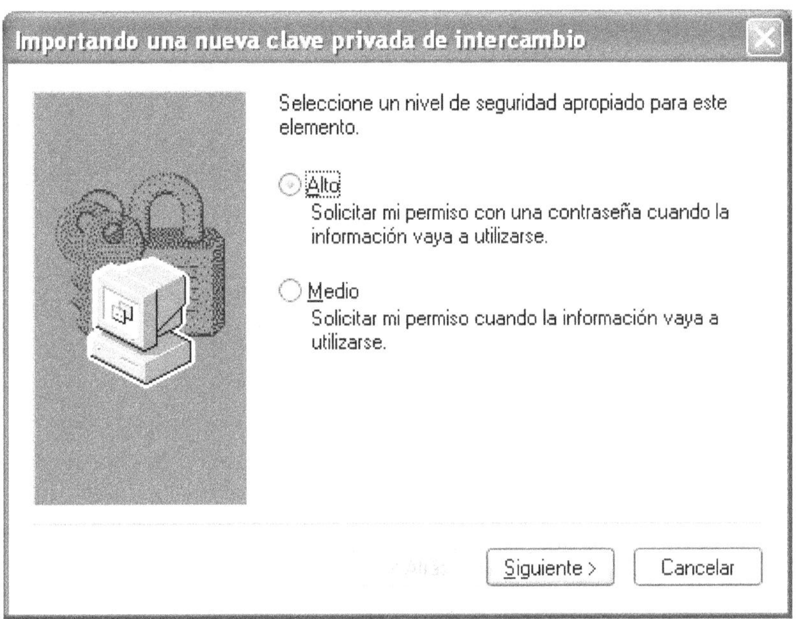

Ilustración 28 – Opciones de protección del acceso a la clave privada y certificado en el almacén de certificados de Windows.

Este PIN o contraseña de protección no tiene nada que ver con la contraseña utilizada para cifrar el fichero de intercambio de información personal, **Ilustración 29**.

Ilustración 29 – Introducción del PIN de protección para el acceso al certificado y/o clave privada.

El usuario puede utilizar naturalmente la misma contraseña si quiere, incluso es recomendable para evitar complicaciones por un exceso de gestión de contraseñas, pero igualmente pueden utilizar contraseñas distintas para cada cosa.

Con estos últimos pasos se habrá finalizado definitivamente la importación del certificado personal y a partir de ahora el usuario tendrá su identidad digital perfectamente configurada y lista para usarla de una manera segura.

Por supuesto los ficheros de intercambio de información personal cumplen un formato estándar se puede intercambiar incluso entre distintos tipos de ordenadores. Se puede exportar un fichero de este tipo, por ejemplo, desde el almacén de Windows e importarlo en un navegador Firefox instalado en un ordenador Macintosh.

3.1.2.5 Dar de alta certificados raíz y certificados de CAs intermedias

Los apartados anteriores se han dedicado a configurar correctamente la identidad digital del usuario, pero por desgracia no es infrecuente que un usuario no tenga instalado en su equipo todos los certificados raíz que pueda necesitar en la práctica para reconocer correctamente la identidad digital de terceros, ya sean personas físicas, jurídicas u otro tipo de entidades como servidores Web.

Esta situación se puede manifestar, por ejemplo, al acceder a una sede electrónica. Todas las sedes electrónicas se autentican ante el usuario mediante un certificado de servidor que acredita que la URL de la sede es auténtica y pertenece a ella.

Por diferentes motivos, como un almacén de certificados desactualizado, retrasos en la distribución de certificados raíz importantes o hecho difíciles de comprender como que después de años el certificado raíz de la FNMT aún no se incorpore por defecto en el navegador de Firefox, el usuario puede encontrarse con que su navegador no reconozca este certificado de sede y le advierta incluso de que se puede tratar de un sitio peligroso al cual no es recomendable entrar.

En realidad, si el usuario está accediendo realmente a la dirección correcta, que en el caso de una sede reconocerá por el sufijo "gob.es" de su dirección Web, no hay ningún tipo de peligro, el navegador al no reconocer el certificado raíz de la CA que ha emitido el certificado de la sede considerará a este último imposible como imposible de identificar y por tanto potencialmente peligroso.

Obviamente esto no es un problema exclusivo de las sedes electrónicas, sino un problema que puede ocurrir con cualquier sitio que use conexiones seguras https.

Igualmente puede ocurrir en otros escenarios de uso de certificados electrónicos como lo es la validación de la firma electrónica de un correo electrónico o la validación de cualquier documento firmado electrónicamente como lo son, por ejemplo, los boletines del Boletín Oficial del Estado que desde enero del 2009 se publican como documentos PDF firmados electrónicamente.

En todos estos casos el usuario tendrá que corregir manualmente la configuración del almacén de certificados, es decir, dar de alta el certificado raíz y/o certificado intermedios que falten.

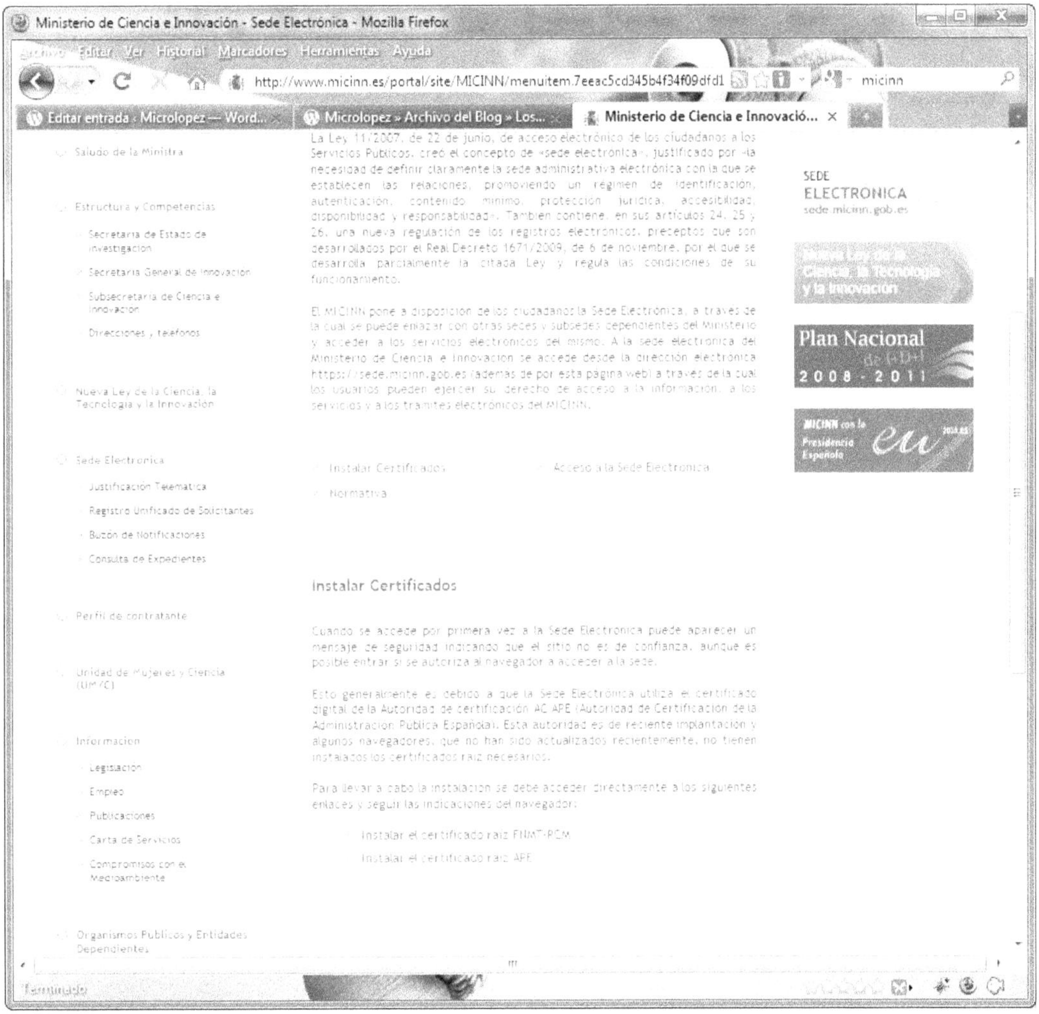

Ilustración 30 – En la página de bienvenida de la sede electrónica del Ministerio de Ciencia e Innovación se ofrecen los certificados raíz de la FNMT usados por la misma al usuario para que se los instale manualmente en su almacén de certificados en caso de no disponer de ellos.

Dado que este problema desafortunadamente no es infrecuente y excede bastante los conocimientos de un usuario medio de informática es una buena práctica adelantarse al problema antes de que ocurra. Un ejemplo de ello son las sedes electrónicas en las que se puede encontrar con frecuencia medidas para evitar que este problema llegue a producirse.

El **BOE**, por ejemplo, ofrece enlaces de descarga para los certificados raíz e intermedio de la **FNMT** que usa en la firma de sus boletines, junto con las instrucciones para su instalación[16].

Estos certificados se podrán instalar directamente en el almacén de certificados haciendo "clic" sobre su enlace, según el navegador en cuestión se instalarán en el correspondiente almacén. Si se abren, por ejemplo, desde Firefox, este navegador propondrá importarlos en su almacén particular, desde Internet Explorer se importarán en el almacén de Windows.

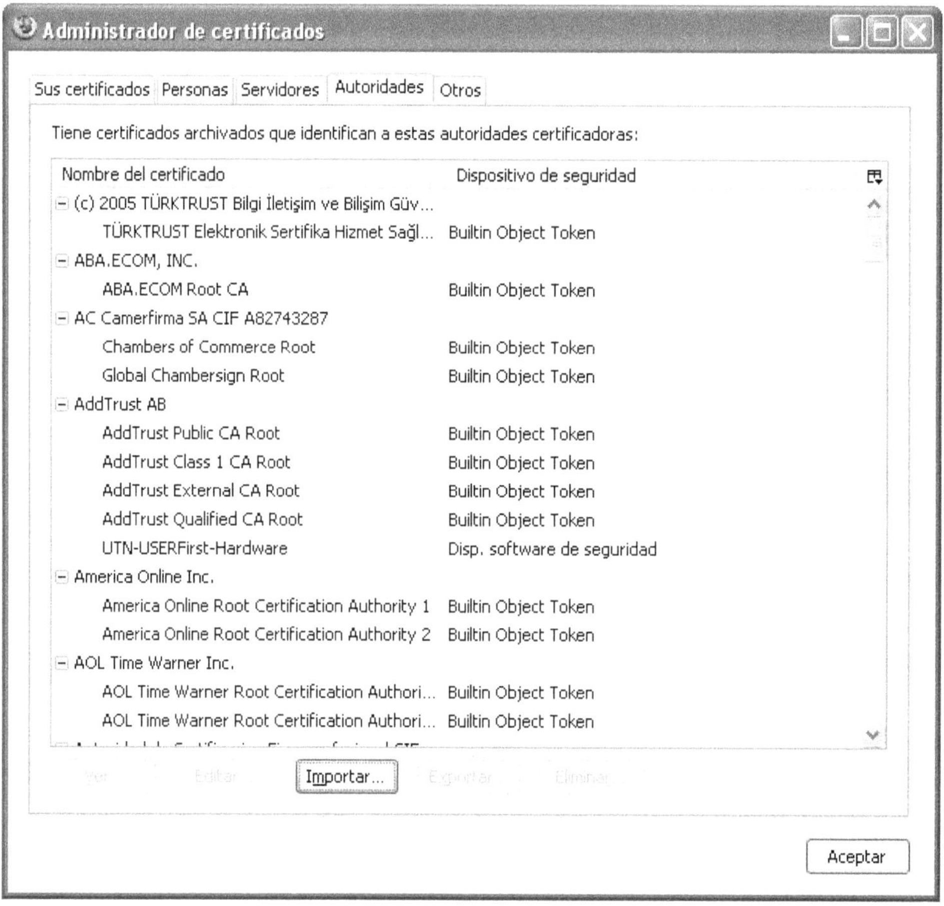

Ilustración 31 – Instalación de un certificado raíz desde el almacén de certificados de Firefox(Firefox lo llama "administrador de certificados"). En este caso es necesario importarlo expresamente desde el navegador, ya que Firefox actualmente no utiliza el almacén de certificados de Windows.

[16] http://www.boe.es

3.1.3 Validación de Certificados y Firmas Electrónicas

En los apartados anteriores ha quedado claro que los certificados electrónicos proporcionan las garantías de la autenticidad de la identidad del firmante y la integridad de un documento electrónico y de cualquier otro tipo de fichero electrónico como lo podría ser perfectamente, por ejemplo, un fichero de música o video.

Para poder confiar plenamente en un certificado electrónico usado en una firma electrónica ha de comprobarse principalmente que éste cumpla una serie de condiciones: ya se ha visto el mecanismo de la cadena de confianza en una jerarquía certificados por el cual podemos confiar en un certificado emitido por una autoridad de certificación en la que confiamos (que se encuentre entre las entidades raíz y/o intermedias del almacén de certificados). Además se deberá comprobar que la firma se realizó dentro del tiempo de vigencia del certificado.

Este tipo de validación que se podría calificar de algún modo como "estática" se realiza completamente en el propio equipo del usuario. Pero para realizar una validación realmente completa de un certificado y/o una firma electrónica basada en un certificado electrónico hay que comprobar además que no haya sido revocado y para averiguar este extremo no hay más remedio que consultar a la autoridad de certificación que lo emitió.

El proceso de validación, incluida la consulta sobre la revocación, de la firma electrónica y el certificado en el que está basada lo hará una herramienta concreta, dependiente del formato utilizado en la firma electrónica. En las actividades profesionales, por ejemplo de un funcionario, estas tareas se realizarán en la medida de lo posible automáticamente por las aplicaciones que el profesional utiliza en su trabajo.

En una aplicación de gestión de un procedimiento, será la propia aplicación la que validará de manera transparente para el funcionario si las firmas electrónicas son válidas. El sistema incluso ni aceptará documentos firmados electrónicamente si la validación da un resultado negativo. Un registro electrónico, por ejemplo, valida en el acto el certificado que el ciudadano utiliza para la firma electrónica, y si no es válido, ni procede a dar entrada al documento en cuestión.

No obstante, el trabajo con documentos con firma electrónica no siempre se realiza dentro de una aplicación de gestión especializada. Esto podría ser el caso, por ejemplo, de dos organismos que se intercambian por correo electrónico una serie de documentos firmados electrónicamente para un propósito determinado, una empresa que envía una factura firmada electrónicamente a otra o una Administración que no dispone de una recepción automatizada de facturas electrónicas.

En estos casos será necesario validar las firmas electrónicas de manera "manual", es decir, los usuarios que trabajan con estos documentos tendrán que utilizar herramientas para la validación de las firmas electrónicas cuya elección dependerá de los formatos concretos de firma digital utilizados.

3.1.3.1 Formatos de Firma digital

Los formatos de firma electrónica más habituales con los que se encontrará el usuario son los siguientes:

- **Documentos PDF con firma electrónica incorporada** en el propio fichero .pdf y que recientemente se han constituido como el **estándar ISO 32000-1**[17]junto con el estándar **PAdES**[18]**(ETSI (TS) 102 778**) que introduce características para el cumplimiento con la **Directiva 1999/93/CE**.
- Firmas electrónicas con **formato XML Signature (XML-DSig)/XAdES** que es un formato muy adecuado para el intercambio de información con firma electrónica entre máquinas. Se usa, por ejemplo, en el formato de factura electrónica **Facturae**. Puede contener al documento firmado (modos **enveloped** y **enveloping**) o referenciarlo mediante una URI (modo **detached**)[19].
- Firmas electrónicas con **formatoPCKS#7/CMS/CAdES** que se adjuntan como fichero con una extensión **.p7b**, **.p7c**, **.p7m** o **.p7s** al documento firmado. De modo similar a lo anterior, el documento firmado puede estar contenido o ser referenciado en el fichero de firma generado.

En la práctica esta complejidad de formatos de firma electrónica generalmente el usuario de administración electrónica no la ve directamente, serán las aplicaciones a través de las cuales se relacione con la Administración Pública quienes se encarguen de ello. Recordemos el ejemplo anterior del registro electrónico que comprueba las firmas electrónicas efectuadas en la entrada al registro y las rechaza en caso de una validación fallida.

En el marco de las actividades en la administración electrónica, la necesidad de validar firmas electrónicas se da principalmente en los siguientes casos: en los documentos que el ciudadano aporta a la Administración, los documentos electrónicos emitidos por la misma, y en los acuses de recibo emitidos por un registro electrónico.

Casi siempre estos documentos serán documentos PDF, aunque desafortunadamente aún se puede observar en algunas ocasiones la mala práctica de devolver al ciudadano directamente un acuse de recibo con firma en un formato diferente. Por ejemplo, en un formato XML, muy adecuado para una máquina pero difícil de usar para un usuario medio en informática. No obstante, estos casos serán cada vez más residuales y los acuses de recibo que verá el ciudadano se emitirán prácticamente en su totalidad como documentos PDF, fáciles de manejar para cualquier usuario.

[17] http://www.iso.org/iso/pressrelease.htm?refid=Ref1141

[18] http://www.etsi.org/website/newsandevents/200909_electronicsignature.aspx

[19] Más información sobre estas modalidades y sus diferencias: http://es.wikipedia.org/wiki/Firma_XML

Para ver un ejemplo de un documento PDF emitido por una Administración Pública basta con descargarse de la Web del **Boletín Oficial del Estado** cualquier documento emitido a partir del año 2009, que es la fecha a partir de la cual ha empezado a funcionar el **BOE electrónico**[20] que emite documentos PDF con una firma electrónica de este organismo.

3.1.3.2 Validar documentos PDF firmados electrónicamente

No en vano, el formato PDF se está posicionando en la Administración Pública como el estándar de facto para el intercambio de documentos firmados electrónicamente entre los empleados públicos y los órganos administrativos.

Este formato cuenta con **cuatro grandes ventajas**: En primer lugar es un **formato universal, con un gran soporte** tanto de herramientas gratuitas como los editores **OpenOffice**, **KOffice** o el lector **Adobe Reader** como de herramientas comerciales como **Adobe Acrobat** o **Microsoft Office** que en sus últimas versiones dispone de complementos para permiten guardar los documentos Word directamente en formato PDF. Por otra parte, es el estándar de facto en la Web para la publicación de documentos electrónicos, incluso la **Wikipedia** permite descargar sus artículos como documentos PDF.

En segundo lugar **se puede crear un documento PDF a partir de prácticamente cualquier formato**: un documento Word, una hoja Excel, una presentación Powerpoint, documentos similares generados con OpenOffice o KOffice, etc.

La tercera gran ventaja es su **carácter multiplataforma**, es decir, se puede usar por usuarios del sistema operativo **Windows**, las diferentes variantes de **Linux** y **Unix**, y por los usuarios de **Mac OS**.

Finalmente **cuenta con una excelente integración de la firma electrónica basada en certificado electrónico**. A esto hay que añadir la disponibilidad una herramienta gratuita como lo es Adobe Reader. Ambas cosas simplifican al usuario considerablemente el uso de documentos con firma electrónica, el único "pero" que se puede alegar es que la configuración inicial del programa para el manejo de documentos con firma electrónica no es trivial para un recién iniciado, cuestión que por tanto se abordará en este manual con un poco más de profundidad.

[20] http://www.boe.es

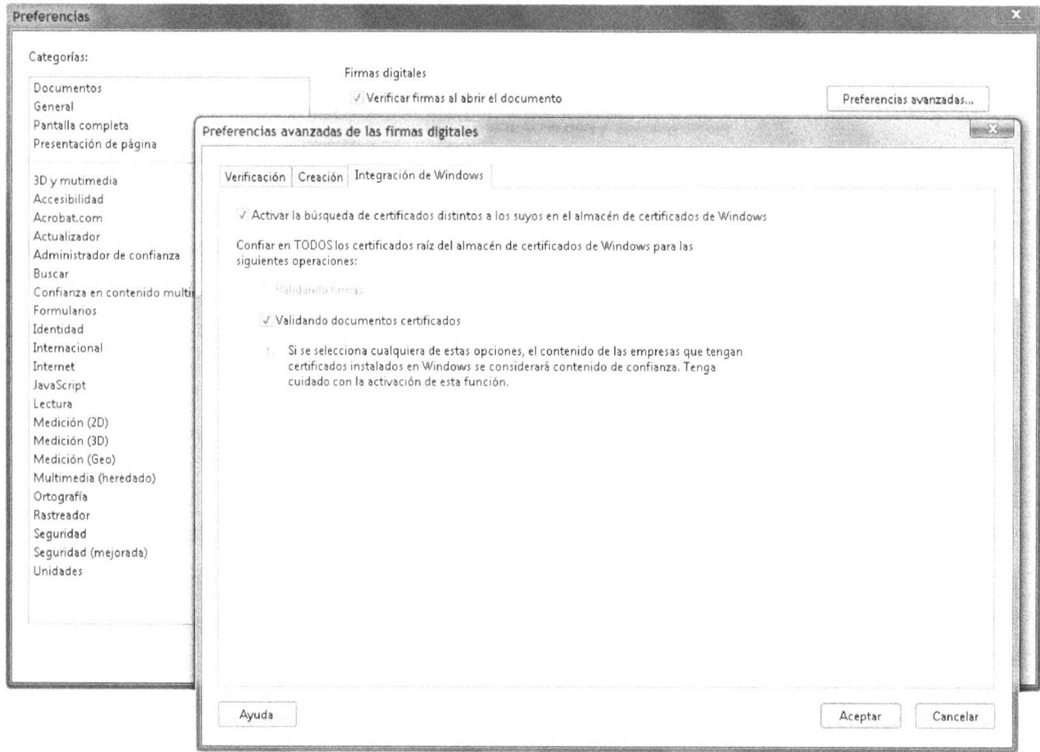

Ilustración 32 – Configuración de Adobe Reader para su integración con el almacén de Windows. Estos cuadros de diálogo salen después de seleccionar en el menú "Edición" de Adobe Reader la opción "Preferencias...". A continuación ha de pulsarse el botón "Preferencias avanzadas..." que se puede apreciar en la parte superior derecha de la imagen. Finalmente han de activarse las opciones bajo la pestaña "Integración con Windows" tal como se aprecia en la imagen[21]. A partir de ahí se reconocerán los certificados raíz del almacén de Windows.

La configuración inicial que hay que realizar en Adobe Reader, o en Adobe Profesional si se utiliza esta versión, para poder validar documentos con firma electrónica consiste básicamente en dar de alta las autoridades de certificación en cuyos certificados que se quiere confiar.

Hmmm... ¿No le suena esto a algo? ¿No hemos visto algo de esto ya? Por supuesto, esto suena a la configuración de un **almacén de certificados**.

[21]**¡Ojo con la opción "Verificar firmas al abrir el documento" de la ventana de preferencias (ventana de fondo en la Ilustración 32)!** Si se mantiene activada (como en la imagen) los documentos con firma electrónica se validarán automáticamente, pero si el equipo de usuario tiene problemas para ello (por ejemplo, por culpa de su red) Adobe Reader/Acrobat hará una serie de reintentos sucesivos y manteniendo bloqueada la herramienta hasta el punto que puede dar incluso la impresión de haberse colgado el equipo. Para evitar esto desactive dicha casilla, recuerde que en tal caso ha de validar "manualmente" las firmas en el panel de firma.

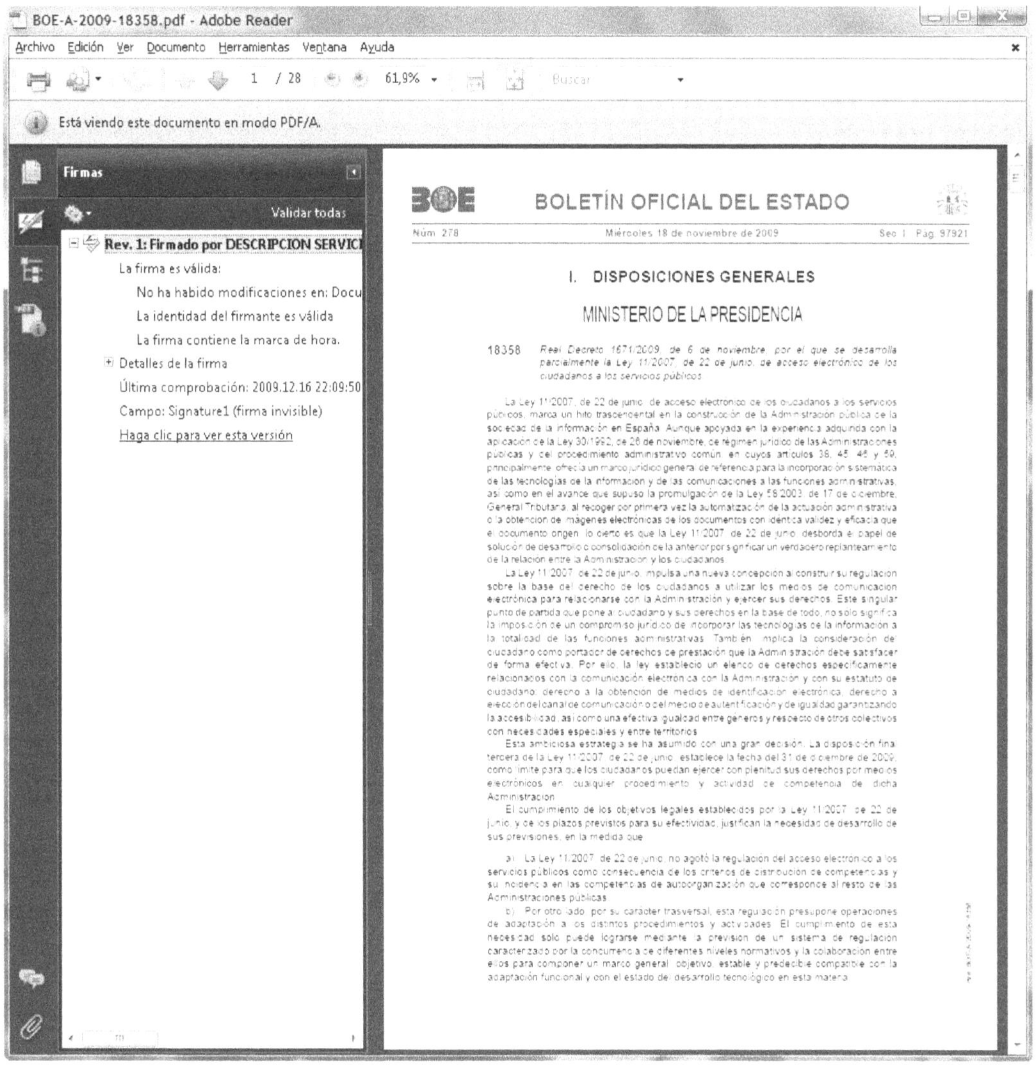

BOE-A-2009-18358.pdf - Adobe Reader

Archivo Edición Ver Documento Herramientas Ventana Ayuda

1 / 28 61,9%

Está viendo este documento en modo PDF/A.

Firmas

Validar todas

Rev. 1: Firmado por DESCRIPCION SERVICI

La firma es válida:

No ha habido modificaciones en: Docu

La identidad del firmante es válida

La firma contiene la marca de hora.

Detalles de la firma

Última comprobación: 2009.12.16 22:09:50

Campo: Signature1 (firma invisible)

Haga clic para ver esta versión

BOLETÍN OFICIAL DEL ESTADO

Núm. 278 Miércoles 18 de noviembre de 2009 Sec. I. Pág. 97921

I. DISPOSICIONES GENERALES

MINISTERIO DE LA PRESIDENCIA

18358 *Real Decreto 1671/2009, de 6 de noviembre, por el que se desarrolla parcialmente la Ley 11/2007, de 22 de junio, de acceso electrónico de los ciudadanos a los servicios públicos.*

Ilustración 33 – Documento electrónico en formato PDF del BOE electrónico firmado electrónicamente validado con éxito con Adobe Reader. Se aprecia la información en el panel de firma.

¿Por qué configurar un almacén de certificados cuando ya disponemos de uno?

La respuesta es sencilla: Adobe Reader es una herramienta compatible con diferentes sistemas operativos y por tanto no quiere depender de los almacenes concretos y sus características en cada caso, y por otra parte contempla la posibilidad de ofrecer al usuario una configuración específica de autoridades de certificación de confianza a efectos de documentos PDF firmados, independiente del almacén de certificados del sistema operativo.

A diferencia del caso de Firefox visto anteriormente, que también integra su propio almacén, **Adobe Reader cuenta con la gran ventaja de que, aparte de poder configurar un almacén de certificados propio, permite al usuario utilizar directamente el almacén de certificados de su sistema operativo**, de modo que todas las CAs del almacén del sistema operativo pasan a ser de confianza también para Adobe Reader. Una buena decisión de diseño de la que nuestros amigos de la Fundación Mozilla deberían tomar nota.

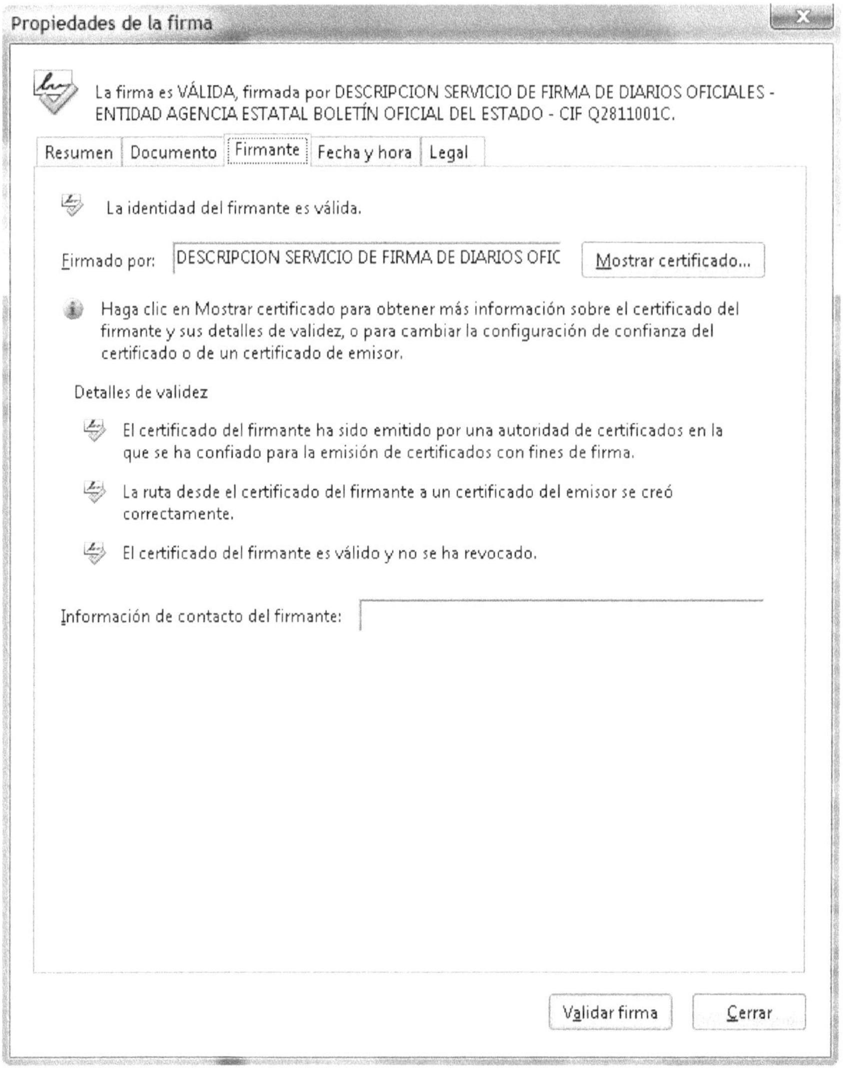

Propiedades de la firma

La firma es VÁLIDA, firmada por DESCRIPCION SERVICIO DE FIRMA DE DIARIOS OFICIALES - ENTIDAD AGENCIA ESTATAL BOLETÍN OFICIAL DEL ESTADO - CIF Q2811001C.

Resumen | Documento | Firmante | Fecha y hora | Legal

La identidad del firmante es válida.

Firmado por: DESCRIPCION SERVICIO DE FIRMA DE DIARIOS OFIC | Mostrar certificado...

Haga clic en Mostrar certificado para obtener más información sobre el certificado del firmante y sus detalles de validez, o para cambiar la configuración de confianza del certificado o de un certificado de emisor.

Detalles de validez

El certificado del firmante ha sido emitido por una autoridad de certificados en la que se ha confiado para la emisión de certificados con fines de firma.

La ruta desde el certificado del firmante a un certificado del emisor se creó correctamente.

El certificado del firmante es válido y no se ha revocado.

Información de contacto del firmante:

Validar firma | Cerrar

Ilustración 34 – Detalles de la validación de una firma electrónica. Se puede acceder a este cuadro de diálogo a través de la opción de "Propiedades" que sale en el menú de contexto a pulsar con el botón derecho del ratón sobre el icono de validación del panel de firma que se aprecia en la Ilustración 33.

En la **Ilustración 32** se explican los pasos a seguir para la conexión de Adobe Reader con el almacén de certificados de Windows. Una vez configurado correctamente, el resultado de validar con éxito la firma electrónica de un documento PDF debería ser similar a lo que se aprecia en la **Ilustración 33**.

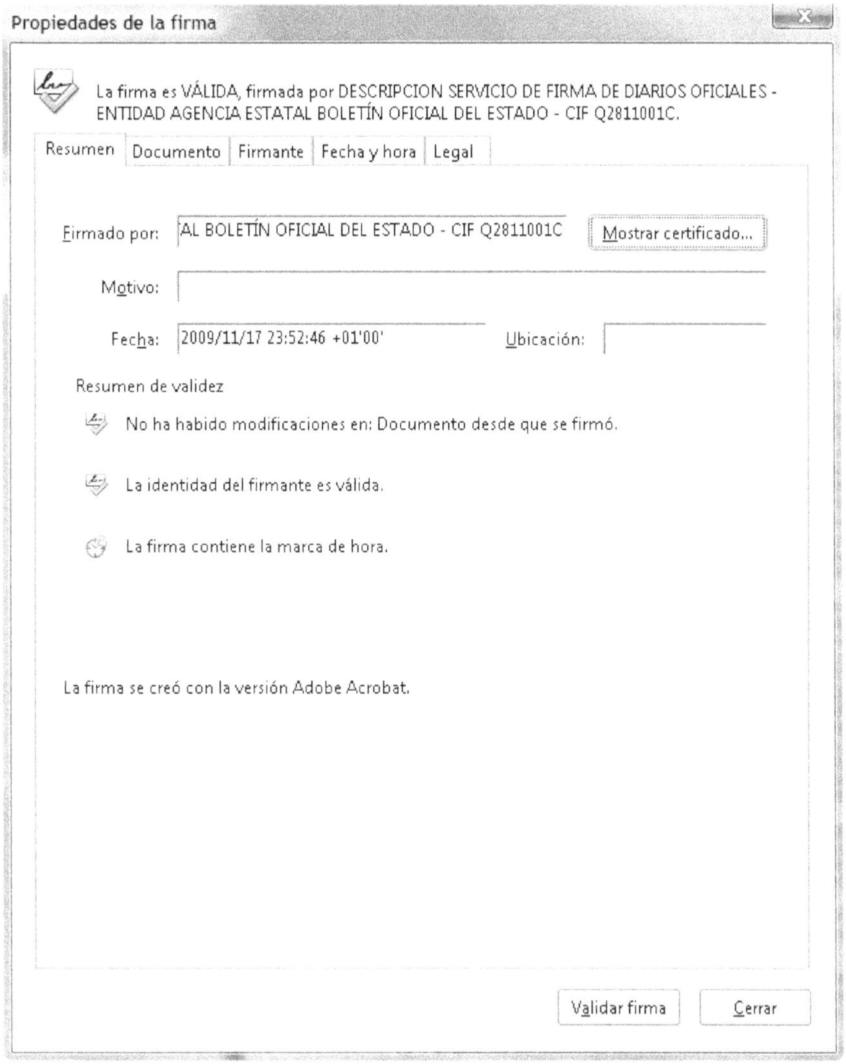

Propiedades de la firma

La firma es VÁLIDA, firmada por DESCRIPCION SERVICIO DE FIRMA DE DIARIOS OFICIALES - ENTIDAD AGENCIA ESTATAL BOLETÍN OFICIAL DEL ESTADO - CIF Q2811001C.

Resumen | Documento | Firmante | Fecha y hora | Legal

Firmado por: AL BOLETÍN OFICIAL DEL ESTADO - CIF Q2811001C — Mostrar certificado...

Motivo:

Fecha: 2009/11/17 23:52:46 +01'00' — Ubicación:

Resumen de validez

No ha habido modificaciones en: Documento desde que se firmó.

La identidad del firmante es válida.

La firma contiene la marca de hora.

La firma se creó con la versión Adobe Acrobat.

Validar firma — Cerrar

Ilustración 35 – Documento con firma electrónica que lleva un sello de tiempo.

⚠ **Idea clave**

Por razones culturales, la novedad de la tecnología y la dificultad para "tocar" una firma electrónica casi todos los usuarios la contemplan con recelo, dudan de que se puedan fiar de ella en la misma medida de lo que fían de una firma manuscrita.

Pero la realidad no puede ser más distinta.

Es decir, lo que hay que preguntarse en si existen realmente fundamentos para que el día a día, sin contar con la intervención de un experto en peritaje caligráfico, tenemos alguna razón para fiarnos de una firma manuscrita tradicional o si no resulta más bien que nos fiamos más por cultura y costumbre que por razones fundamentadas.

Todo esto sin contar que la manipulación de un documento con firma manuscrita para cambiarlo (es decir, para violar su integridad), una vez firmado no es algo inalcanzable para alguien que conozca los medios necesarios para ello.

Sin embargo, **con una firma electrónica es imposible que estas cosas ocurran**. La herramienta de validación detectará inmediatamente y con absoluta fiabilidad este tipo de problemas.

Por tanto, **una firma electrónica es mucho más segura que cualquier firma manuscrita. Y no requiere de un peritaje para ser validada correctamente**. Simplemente hay que asegurarse de que sus certificados hayan sido emitidos por autoridades de certificación en las que confiemos y disponer de una herramienta adecuada para validarlas.

A partir de ahí, **la fiabilidad de una firma electrónica es total**.

Se sale del alcance de este manual entrar a fondo en las posibilidades de configuración del almacén propio de Adobe Reader y las peculiaridades de la configuración en los sistemas operativos que no sean Windows. Para ello se remite desde aquí a la documentación propia de Adobe y a una guía de configuración de Adobe Reader que ha elaborado el BOE y se puede descargar en su Web[22].

Para la enorme mayoría de los usuarios, que hoy por hoy siguen usuarios Windows, la opción de integrar el almacén de Windows con Adobe Reader debería la más conveniente. En futuras revisiones del manual se profundizará también en los sistemas operativos Mac OS y Linux.

Cuando una firma electrónica de un documento PDF ha sido exitosa, en el **panel de firma** de Adobe Reader, al cual se puede acceder a través de la segunda pestaña desde arriba que se aprecia en la **Ilustración 33**, se apreciará una marca verde sobre el icono que presenta a el dibujo de una firma manuscrita.

[22] Más información sobre los documentos PDF y la mencionada guía: http://www.microlopez.org/2009/11/25/usar-acrobat-reader-con-documentos-firmados-electronicamente/

A través de este icono se puede acceder al cuadro de diálogo que se aprecia en la **Ilustración 34** tal como se indica en la misma. Aquí obtendremos información detallada sobre el proceso de validación, lo que será especialmente importante en los casos en los que la firma no se haya dado como válida. Así el usuario podrá diagnosticar el problema determinando qué problema es exactamente el que impidió que la firma se diera por válida. Estos problemas serán en su gran mayoría autoridades de certificación no reconocidas, certificados caducados o la imposibilidad de comprobar la vigencia del certificado electrónico que acompaña a la firma electrónica[23].

3.1.3.3 Documentos PDF con sello de tiempo

Con el tiempo los ciudadanos se encontrarán en cada vez más ocasiones con documentos PDF emitidos por una Administración Pública que, además de la firma electrónica, contendrán un **sello de tiempo** emitido por una tercera parte de confianza, una **autoridad de sellado de tiempo (TSA – Timestamping Authority)**.

El sello de tiempo, como indica su nombre, se usa en esta ocasión como **evidencia electrónica** que certifica y garantiza que la firma electrónica fue realizada en el momento que certifica el sello. El sello de tiempo puede actuar como evidencia electrónica para muchos propósitos diferentes, un ejemplo puede ser el uso de un sello electrónico para acreditar la fecha y hora exacta en un asiento de un registro electrónico.

Es importante resaltar aquí la distinción que hace el **Real Decreto 1671/2009** de Desarrollo de la Ley 11/2007 entre el concepto de **sello de tiempo** que sería *"la asignación por medios electrónicos de una fecha y hora a un documento electrónico con la intervención de un prestador de servicios de certificación que asegure la exactitud e integridad de la marca de tiempo del documento"* tal como se ha explicado arriba frente al concepto de **marca de tiempo** que sería *"la asignación por medios electrónicos de la fecha y, en su caso, la hora a un documento electrónico. La marca de tiempo será utilizada en todos aquellos casos en los que las normas reguladoras no establezcan la utilización de un sello de tiempo."*, es decir, la simple inclusión de la información de una fecha y hora en el documento electrónico, sin la acreditación de la misma por parte de una TSA.

3.1.3.4 Validar firmas electrónicas con formato XML Signature/XAdES

El formato **XML Signature/XAdES** está basado en XML y no es por tanto un formato muy apto para ser manipulado directamente por usuarios finales. Como ya se ha podido ver antes, está más orientado al intercambio, procesado automático y almacenamiento a largo plazo de documentos firmados electrónicamente por las aplicaciones informáticas.

[23] Ojo cuando se realiza la validación dentro de una organización. En redes informáticas con reglas de seguridad muy estrictas puede ocurrir que la propia red impida la consulta a la CA sobre el estado de revocación del certificado. Si observa problemas con este punto consulta a su departamento informático.

XAdES son las siglas en inglés de ***X**ML* ***Ad**vanced* ***E**lectronic* ***S**ignatures* (firma electrónica avanzada XML) que es el estándar general utilizado en la Administración Pública española y europea. De hecho, la especificación de XAdES hace referencia a que este estándar se ha diseñado teniendo en cuenta específicamente los requisitos de **firma longeva** y aquellos formulados en la **Directiva 1999/93/CE** por la que se establece un marco común para la firma electrónica en la Unión Europea. Se ha implementado como un conjunto de extensiones a las recomendaciones **XML-DSig** haciéndolas adecuadas para la firma electrónica avanzada

Un ejemplo de su aplicación en la Administración es el formato estándar de factura electrónica **Facturae**, el cual prevé **XAdES** como formato de firma.

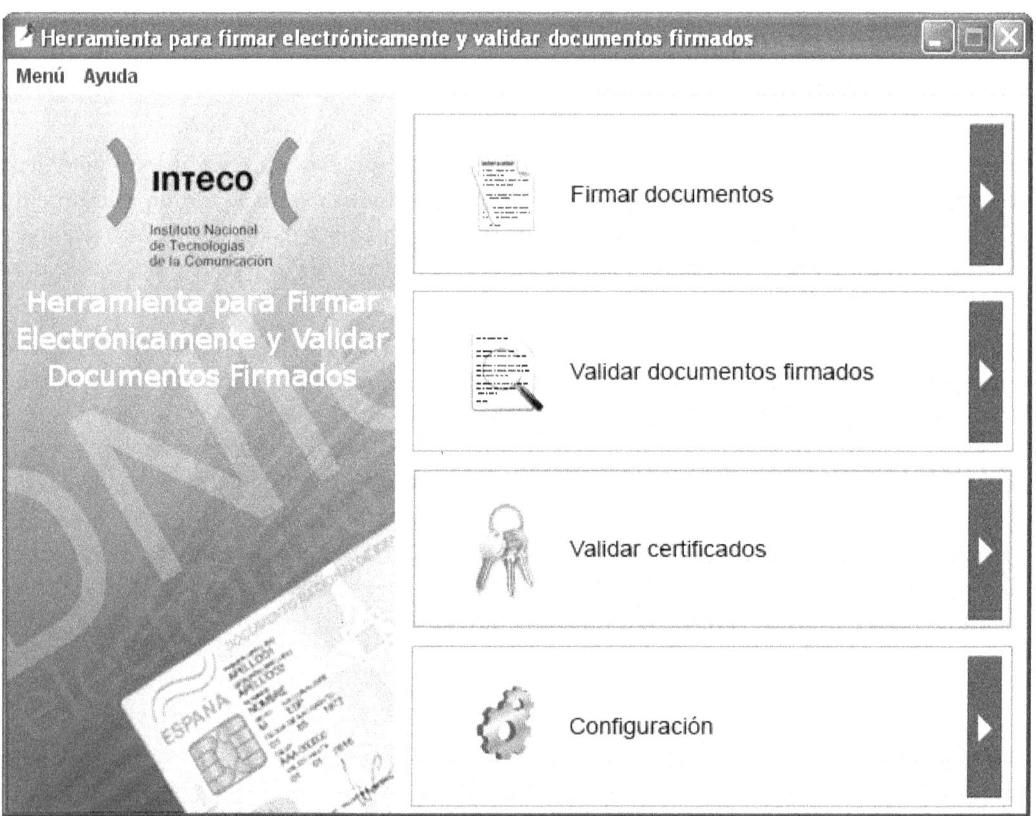

Ilustración 36 – Pantalla principal de la herramienta de firma electrónica INTECOfirma del Instituto Nacional de las Tecnologías de la Comunicación (INTECO).

Este estándar fue desarrollado por el **W3C** (**World Wide Web Consortium**), un consorcio internacional que produce estándares para la World Wide Web, dirigido por **Tim Berners-Lee**, el inventor de la Web.

Por sus características se está utilizando principalmente para el manejo de firma electrónica en el backoffice de las aplicaciones de la Administración. De cara al ciudadano, se siguen utilizando en gran medida documentos PDF firmados, fundamentalmente por la comodidad para éste, aunque a veces se observa la práctica de devolverle o permitirle descargar documentos con formato XML. Por ejemplo, como acuse de recibo que complementa a la pantalla de la entrada de un asiento en un registro electrónico en la que se comunica al usuario que el asiento fue realizado con éxito.

No obstante, es posible que un usuario, ya sea ciudadano o funcionario, se encuentre con la necesidad de tener que validar en un momento determinado un documento con una firma electrónica en formato **XML-DSig/XAdES**.

Entre las diferentes herramientas que se pueden utilizar en este caso cabe destacar, entre otras cosas, por su carácter gratuito la utilidad **INTECOfirma** que ha desarrollado el **Instituto Nacional de las Tecnologías de la Comunicación** (**INTECO**), esta pequeña utilidad utiliza el estándar de firma electrónica **XAdES** en su **versión 1.3.2**.

Aparte de esto la herramienta permite validar también certificados, el usuario interesado puede comprobar, por ejemplo, la validez de los certificados de su DNIe con el **servicio de validación de certificados electrónicos** del **Ministerio del Interior** que viene configurado por defecto para ello. También permite firmar documentos con el formato XAdES, esto se verá más adelante un poco más en detalle.

Una alternativa Web a **INTECOFirma** que merece una mención especial es la herramienta online **VALIDe**[24] del **Ministerio de la Presidencia**, que también permite firmar cualquier fichero con formato XAdES y validar el fichero de firma electrónica basada en este formato. Volveremos a ella igualmente un poco más adelante.

3.1.3.5 Validar firmas electrónicas con formato PKCS#7/CMS/CAdES

El formato de firma **PKCS#7** es un formato "clásico" en la firma electrónica. **CMS**(siglas en inglés de Cryptographic Message Syntax) es el estándar **IETF** (Internet Engineering Task Force) que se basa en la sintaxis de PKCS#7, se puede utilizar para firmar digitalmente, crear códigos resumen, autenticarse o cifrar cualquier tipo de información digital.

De una manera análoga a lo que ocurre en **XAdES**, **CAdES** define un conjunto de extensiones a CMS que adaptan este estándar para que cumpla con las previsiones de la **Directiva 1999/93/CE**.

Existen diversas herramientas para la validación de firmas de este tipo. En el **Anexo** de este manual se ofrece un listado de algunas de ellas que se ofrecen gratuitamente. En la **Ilustración 37** se muestra un ejemplo de la validación de una firma PKCS#7 con una de ellas.

[24] http://valide.redsara.es

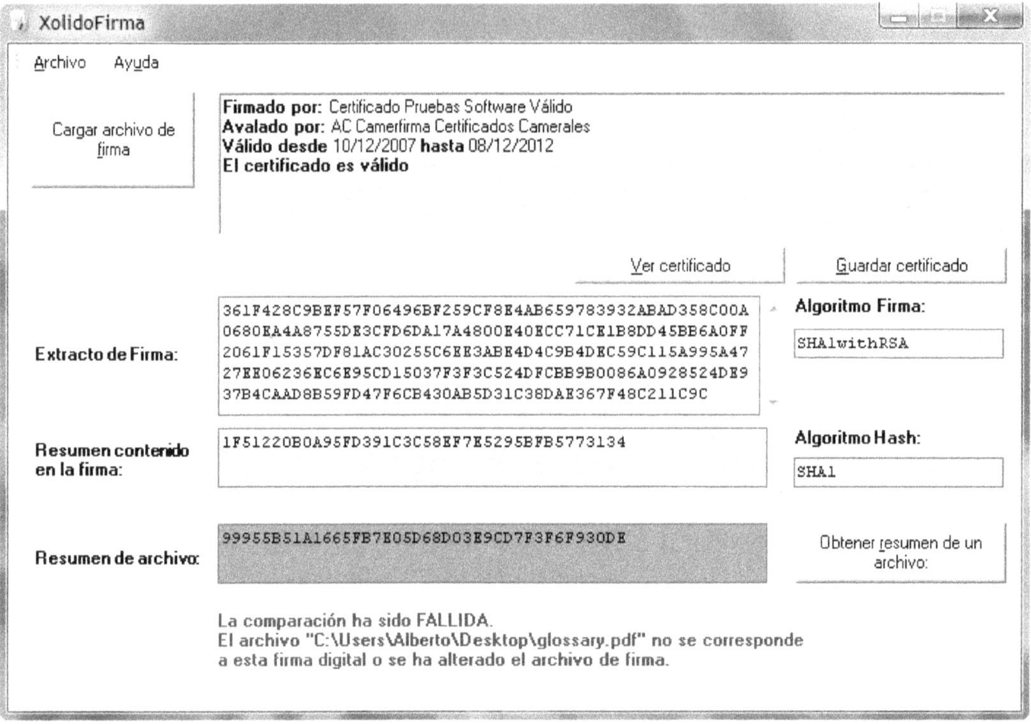

Ilustración 37 – Validación de una firma electrónica con formato PKCS#7 mediante la herramienta gratuita XolidoFirma. Se puede apreciar en la pantalla como la herramienta valida el certificado utilizado con la firma y compara el resumen de la firma original con el resumen del documento. En este caso se trata de una firma en modo detached (adjunta al documento) en la cual el documento no viene incluido en el fichero de la firma. Por tanto, ha de compararse el resumen de la firma con el documento supuestamente firmado. Para el ejemplo se ha cargado a propósito un documento que no es el firmado y se puede apreciar como la herramienta efectivamente detecta que se trata de otro documento y no el firmado ya que no coinciden los resúmenes del documento firmado y el que se ha cargado para la comprobación.

3.1.3.6 Validar firmas electrónicas mediante servicios online en la Web

Poco a poco empiezan a estar también disponibles servicios de validación en los sitios Web de las diferentes Administraciones Públicas. Es de esperar que conforme se vayan implantando más sedes electrónicas habrá más servicios de este tipo disponibles para ciudadanos y funcionarios.

Por otra parte, hace relativamente poco se ha puesto en marcha el servicio de validación y firma electrónica **VALIDe**[25]. En este sitio el **Ministerio de la Presidencia** pone a disposición de ciudadanos y funcionarios un conjunto de utilidades avanzadas que simplifica el uso de la firma electrónica para los trámites por medios electrónicos con ciudadanos, Administración o empresas.

[25] Acceso al servicio VALIDe: http//valide.redsara.es

En este sitio se podrán realizar tareas como consultar la validez de un documento firmado electrónicamente, realizar una firma electrónica, comprobar la validez de un certificado digital emitido por cualquier entidad de servicio de certificación reconocida, etc.

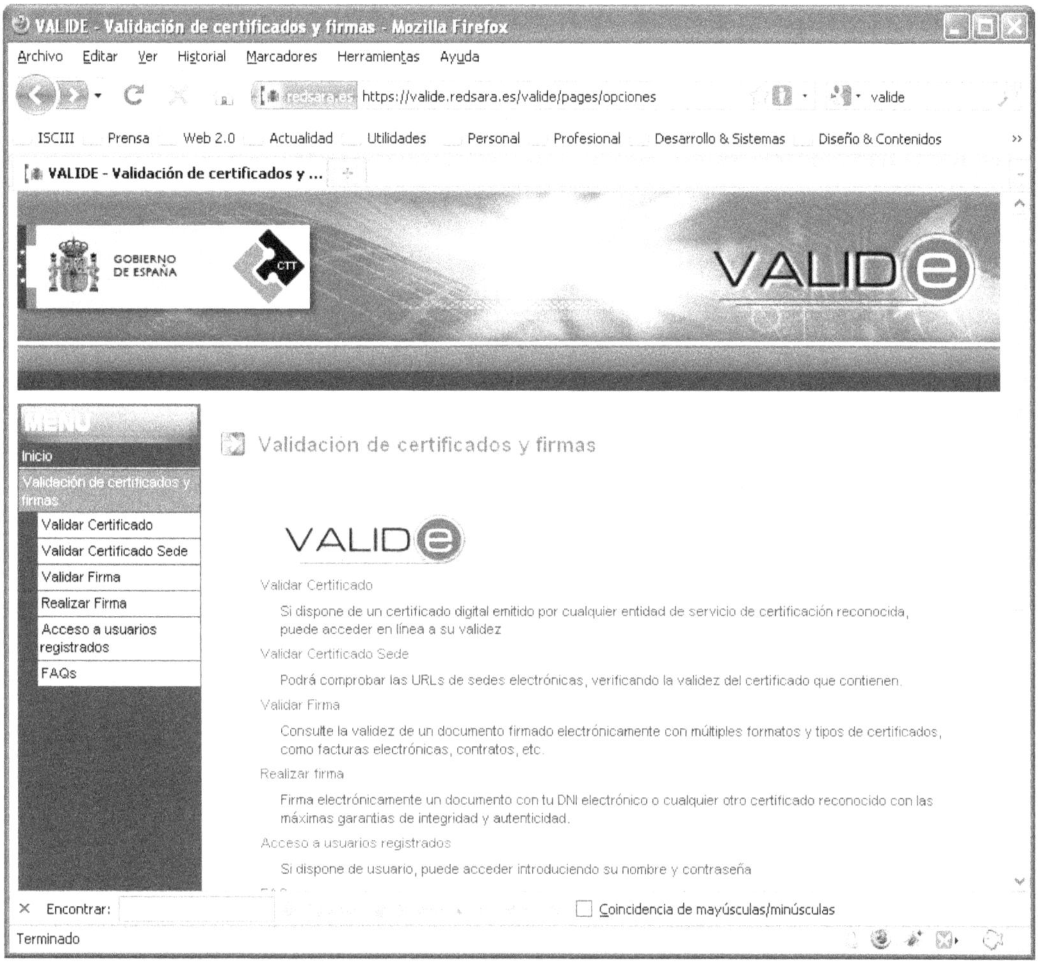

Ilustración 38 – Servicio de validación y firma electrónica online VALIDe.

Otro ejemplo de un servicio de este tipo es la **verificación de firma electrónica de la FNMT**[26]. Obsérvese que en el formulario que se aprecia en la **Ilustración 39** se ofrece soporte para diferentes formatos de firma, se puede apreciar la opción para formatos **PKCS#7**, pero si se despliegan las opciones se podrán usar además los formatos **CMS** y **XML-DSig**.

[26] Acceso al servicio: https://av-dnie.cert.fnmt.es/compruebacert/compruebacert

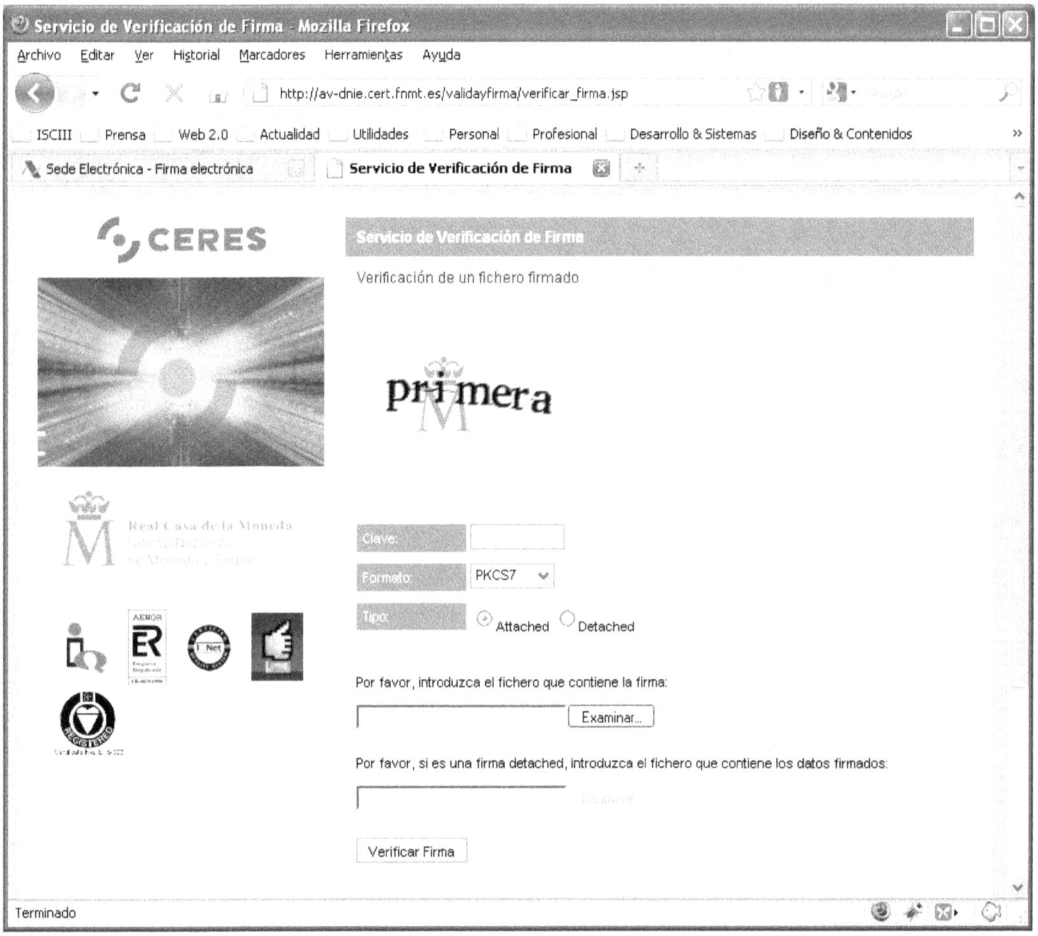

Ilustración 39 – Servicio de verificación de firma electrónica de la FNMT.

3.1.3.7 Validar códigos seguros de verificación que actúan como sello electrónico

En las sedes electrónicas se completará la verificación de los certificados electrónicos y firma electrónica basada en certificado con los servicios de validación de los **códigos seguros de verificación**. Con este tipo de servicios se puede acceder al documento original del cual se tiene una copia electrónica o en papel, tecleando el código seguro de verificación (CSV) se podrá descargar el original y cotejarlo con el propio.

Uno de los primeros organismos que ha puesto en marcha un servicio de este tipo es la **Agencia Tributaria**, en la **Ilustración 40** se puede apreciar la pantalla que aparece al usuario cuando accede a este servicio.

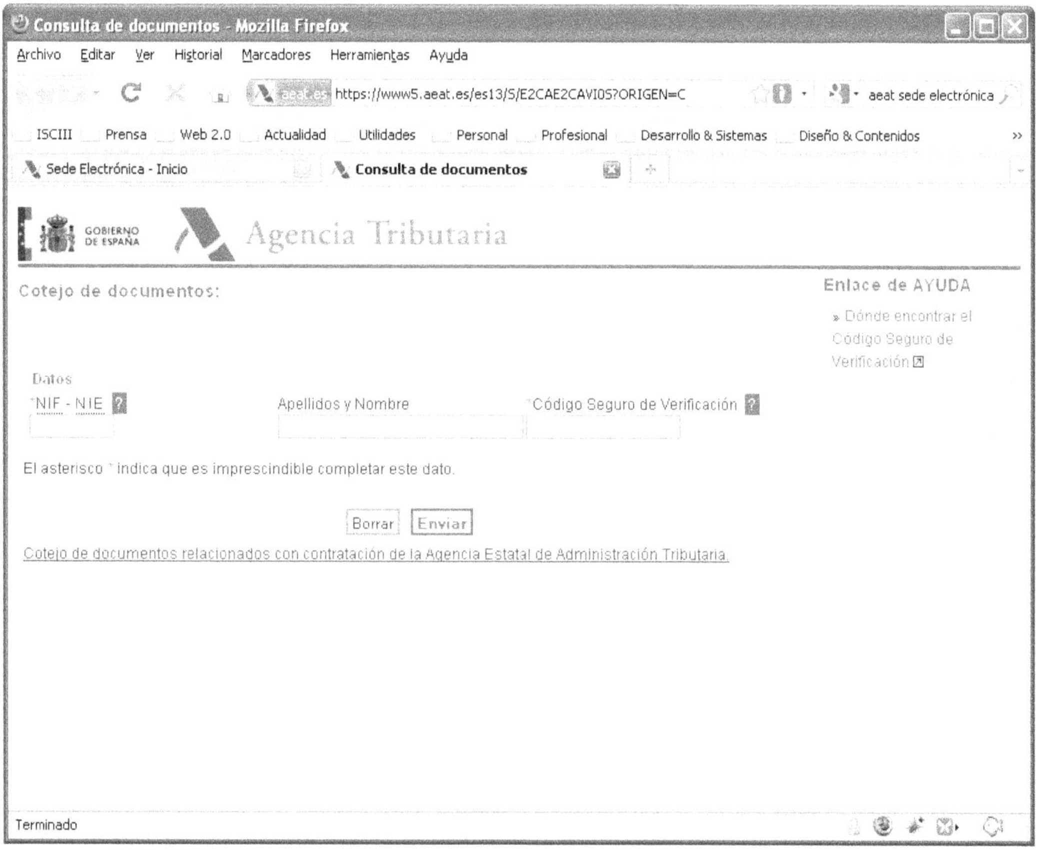

Ilustración 40 – Servicio de verificación online del código seguro de verificación de la Agencia Tributaria que se ofrece en su sede electrónica.

3.1.4 Firmar Documentos electrónicamente

Visto el abanico de diferentes opciones de validación de documentos firmados electrónicamente y de certificados electrónico se examinarán de un modo similar a continuación las opciones más importantes para realizar firmas electrónicas.

Al igual que la validación, la firma electrónica se debería realizar en la mayoría de los casos mediante una aplicación de gestión especializada que ya incorpora las funcionalidades necesarias para firmar y/o generar documentos con firma electrónica. El caso típico de una aplicación de este tipo sería una aplicación Web de un registro electrónico ante el cual presentar un documento para un determinado procedimiento administrativo, por ejemplo, la declaración de la renta. Por otra parte los profesionales, los funcionarios, utilizarán a su vez aplicaciones internas en las que se harán cosas como, por ejemplo, la emisión de una resolución.

No obstante, también aquí a veces habrá casos en los que será necesario crear una firma electrónica en un documento de una manera "manual", es decir, no usando una aplicación de gestión especializada. Discutimos por tanto a continuación una serie de herramientas que pueden ser las adecuadas para esta situación.

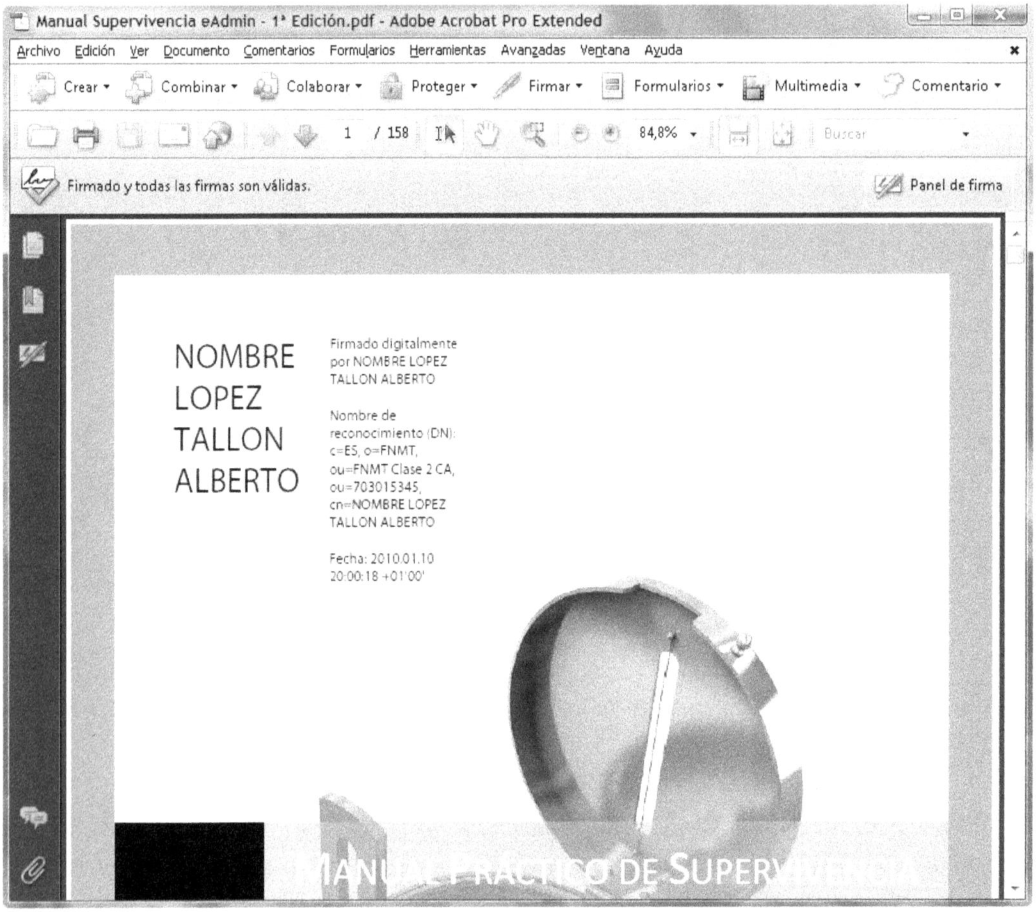

Ilustración 41 – Ejemplo de firma electrónica con Adobe Acrobat. Después de hacer clic sobre el icono de "Firma" en la barra de herramienta superior, Acrobat pide que el usuario trace un recuadro en el cual colocar la firma. Para este ejemplo se ha usado el gráfico de firma por defecto. También es posible usar la firma electrónica sin el gráfico de rúbrica.

3.1.4.1 Firmar Documentos PDF

Por las razones ya anteriormente discutidas, el formato PDF es un formato sumamente adecuado para intercambiar documentos electrónicos entre usuarios. En el caso de la firma electrónica destacada además la posibilidad de crear un documento PDF a partir de prácticamente cualquier tipo/formato de documento, lo que permite, por ejemplo, convertir una presentación Powerpoint en un documento PDF y firmarlo electrónicamente.

No obstante, si bien **Adobe** distribuye gratuitamente su lector de documentos PDF, el cual es también capaz de validarlos, éste producto no permite la firma electrónica de documentos PDF, salvo aquellos especialmente preparados para ello, como lo son los **formularios PDF** preparados para firma electrónica.

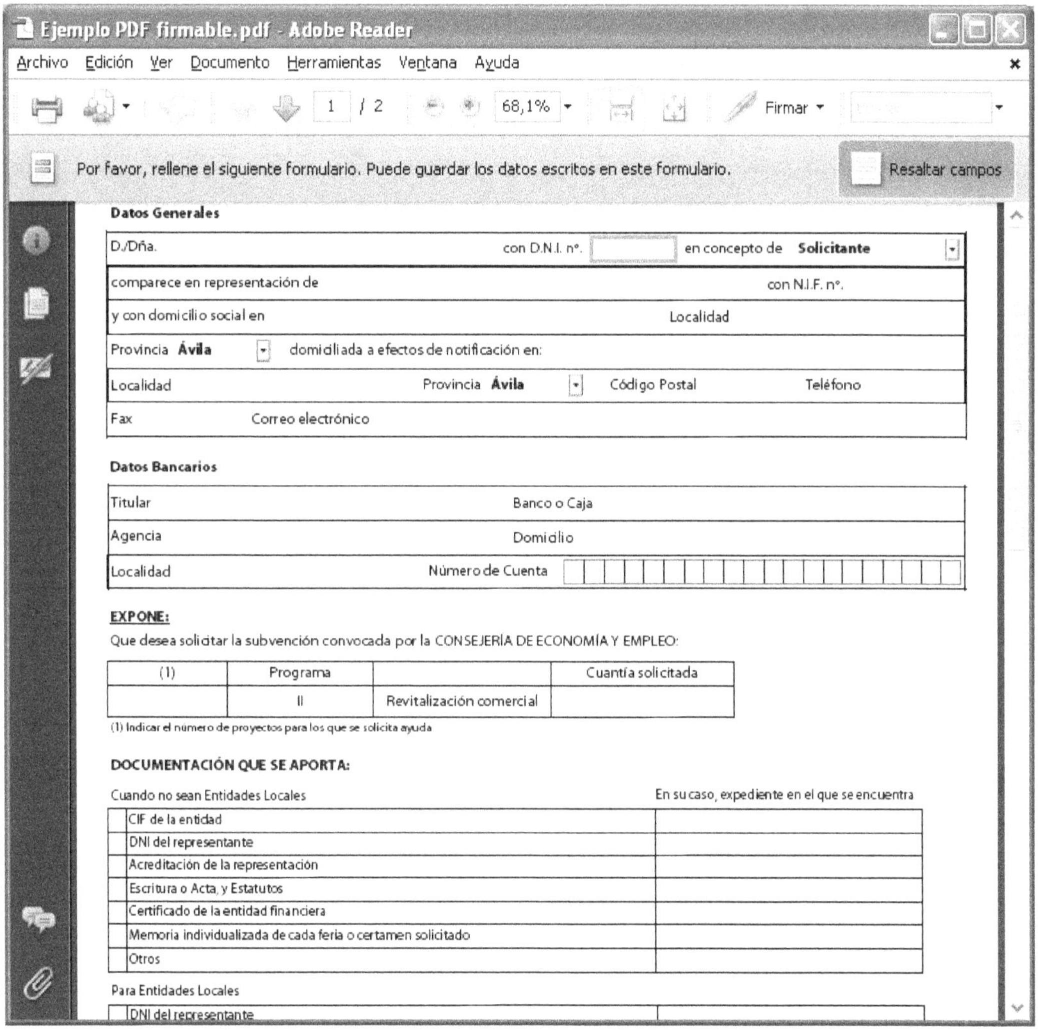

Ejemplo PDF firmable.pdf - Adobe Reader

Archivo Edición Ver Documento Herramientas Ventana Ayuda

1 / 2 68,1% Firmar

Por favor, rellene el siguiente formulario. Puede guardar los datos escritos en este formulario. Resaltar campos

Datos Generales

D./Dña. con D.N.I. nº. en concepto de **Solicitante**

comparece en representación de con N.I.F. nº.

y con domicilio social en Localidad

Provincia **Ávila** domiciliada a efectos de notificación en:

Localidad Provincia **Ávila** Código Postal Teléfono

Fax Correo electrónico

Datos Bancarios

Titular Banco o Caja

Agencia Domicilio

Localidad Número de Cuenta

EXPONE:

Que desea solicitar la subvención convocada por la CONSEJERÍA DE ECONOMÍA Y EMPLEO:

(1)	Programa		Cuantía solicitada
	II	Revitalización comercial	

(1) Indicar el número de proyectos para los que se solicita ayuda

DOCUMENTACIÓN QUE SE APORTA:

Cuando no sean Entidades Locales	En su caso, expediente en el que se encuentra
CIF de la entidad	
DNI del representante	
Acreditación de la representación	
Escritura o Acta, y Estatutos	
Certificado de la entidad financiera	
Memoria individualizada de cada feria o certamen solicitado	
Otros	

Para Entidades Locales

DNI del representante

Ilustración 42 – Formulario PDF preparado para su firma.

Para poder crear y firmar electrónicamente documentos PDF a partir de cualquier tipo de documento en general será por tanto necesario o bien adquirir la versión profesional (**Adobe Acrobat**) que no es gratuita, o bien utilizar alguna herramienta alternativa.

Las alternativas[27] pueden ser también comerciales o gratuitas como lo es el caso, por ejemplo, de **PDFCreator**[28] que ya soporta firma electrónica, cifrado y generación de documentos PDF en formato **PDF/A**para el archivo a largo plazo de los mismos.

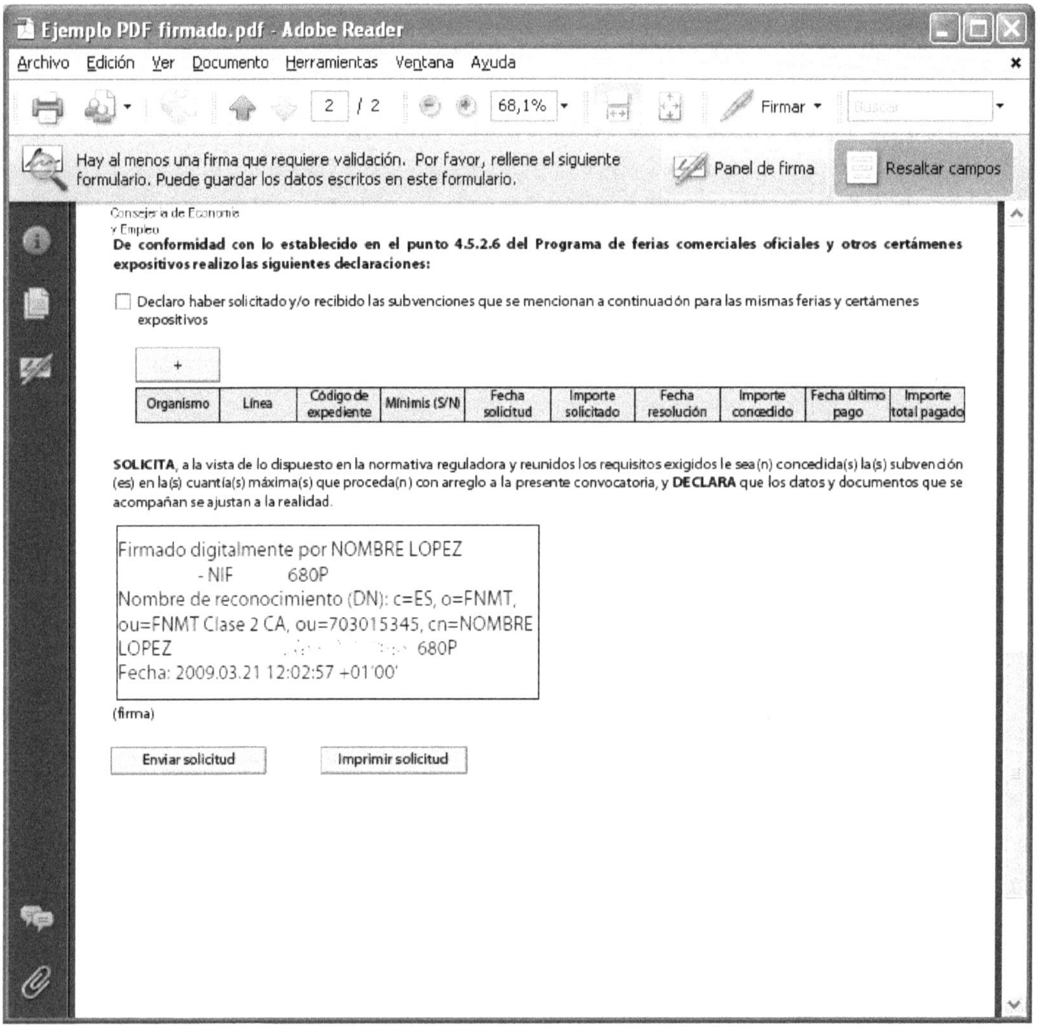

Ejemplo PDF firmado.pdf - Adobe Reader

Archivo Edición Ver Documento Herramientas Ventana Ayuda

2 / 2 68,1% Firmar

Hay al menos una firma que requiere validación. Por favor, rellene el siguiente formulario. Puede guardar los datos escritos en este formulario. Panel de firma Resaltar campos

Consejería de Economía y Empleo

De conformidad con lo establecido en el punto 4.5.2.6 del Programa de ferias comerciales oficiales y otros certámenes expositivos realizo las siguientes declaraciones:

☐ Declaro haber solicitado y/o recibido las subvenciones que se mencionan a continuación para las mismas ferias y certámenes expositivos

+

Organismo	Línea	Código de expediente	Mínimis (S/N)	Fecha solicitud	Importe solicitado	Fecha resolución	Importe concedido	Fecha último pago	Importe total pagado

SOLICITA, a la vista de lo dispuesto en la normativa reguladora y reunidos los requisitos exigidos le sea(n) concedida(s) la(s) subvención(es) en la(s) cuantía(s) máxima(s) que proceda(n) con arreglo a la presente convocatoria, y **DECLARA** que los datos y documentos que se acompañan se ajustan a la realidad.

Firmado digitalmente por NOMBRE LOPEZ
- NIF 680P
Nombre de reconocimiento (DN): c=ES, o=FNMT, ou=FNMT Clase 2 CA, ou=703015345, cn=NOMBRE LOPEZ 680P
Fecha: 2009.03.21 12:02:57 +01'00'

(firma)

Enviar solicitud Imprimir solicitud

Ilustración 43 – PDF firmado (se han eliminado los datos personales de la firma). Aparte de la firma digital Acrobat Reader ha insertado un gráfico con los datos del firmante.

[27] Existen muchos otros programas que sí son gratuitos, aunque no disponen de una funcionalidad tan amplia como el Adobe Acrobat original. Algunos ejemplos son **PDFCreator** u **OpenOffice** y las últimas versiones de **Microsoft Office** que pueden guardar sus documentos directamente como ficheros PDF.

[28] http://en.pdfforge.org/

La firma electrónica con este tipo de herramientas es muy sencilla. Además, según el producto en cuestión, pueden ofrecer opciones adicionales. Adobe Acrobat, por ejemplo, ofrece la posibilidad de generar un gráfico configurable, similar a la rúbrica de una firma manuscrita, que permite insertar en el lugar del documento que el usuario quiera.

3.1.4.2 Firmar Formularios PDF

Una alternativa a los formularios Web para generar documentos estructurados son los formularios PDF. En ese sentido los ciudadanos se encontrarán en más de una ocasión Administraciones Públicas que en vez de utilizar formularios Web en sus trámites utilicen este tipo de formularios.

A diferencia de los documentos PDF convencionales que no sean formularios este tipo de formularios pueden ser firmados con la herramienta gratuita Adobe Reader si han sido convenientemente preparados para ello. Naturalmente también es posible utilizar otros lectores de documentos PDF alternativos que soporten el uso de formularios y firma electrónica.

En la **Ilustración 42** y la **Ilustración 43** se puede apreciar el proceso de relleno del formulario y su firma con el lector Adobe Reader y su resultado del proceso. Obsérvese que también en este ejemplo se ha utilizado un gráfico de rúbrica de firma.

3.1.4.3 Firmar otros tipos de Documentos. Ejemplo: Microsoft Word

Antes se pudo ver cómo cuando se inicia algún trámite por la vía electrónica, se completa un formulario y finalmente se firma y envía. En otras ocasiones será necesario firmar documentos directamente en el equipo del usuario. En este caso hay diferentes opciones.

En los formatos más populares (Word, Excel, PDF,...) el mismo editor del documento incorpora el soporte necesario para firmar un documento. No es objeto del manual entrar en las peculiaridades de cada una de las aplicaciones, pero una vez vista la mecánica general de firma es muy sencillo ya que en las opciones de configuración habrá la correspondiente entrada para la firma digital, y a partir de ahí el comportamiento será similar al de una firma en una aplicación Web: se pedirá al usuario el PIN para el uso de la clave privada y la aplicación firmará el documento. Además se guardará el certificado del usuario junto con el documento para que pueda ser consultado por un tercero.

Ilustración 44 – Aspecto de la barra de estado de Word 2003 con un documento firmado digitalmente. Se puede reconocer la firma por el icono rojo con forma de sello.

Un ejemplo popular sería el editor Word, en este caso se puede añadir una firma digital a través del Menú Herramientas/Opciones/Pestaña Seguridad (versión Word 2003, se usa ésta como ejemplo por ser la más extendida en este momento). Una vez ahí pulsando el botón de "Firmas digitales..." aparece el cuadro de diálogo de la **Ilustración 45**.

Una vez firmado el documento se podrá reconocer por el icono rojo con forma de sello que aparece en la barra de estado en la parte inferior de la ventana de Word, **Ilustración 44**. Lo que es muy importante a tener en cuenta es que Word, con cualquier edición del documento volverá a eliminar la firma digital (previa advertencia al usuario), ya que al modificar el documento la firma digital deja de ser válida (se ha violado la integridad del documento firmado).

Ilustración 45 – Cuadro de diálogo que muestra Word 2003 para insertar una firma digital en el documento. Se puede apreciar que el documento ya cuenta con una firma que fue creada anteriormente.

3.1.4.4 Firmar con formato XML Signature/XAdES

Por las razones ya comentadas en el apartado sobre validación de firmas electrónica y certificados hoy por hoy sería raro que un usuario final se vea ante la necesidad de realizar una firma en formato XML-DSig y/o XAdES.

Sin embargo, la herramienta **IntecoFirma,** que ya fue presentada anteriormente, no solamente permite validar documentos con este formato de firma, sino realizar firmas electrónicas con este formato.

Esta opción es menos cómoda que la gestión de la firma desde el propio editor del documento, pero tiene la ventaja de ser totalmente independiente de un producto concreto como Microsoft Word o Acrobat y utilizar estándares de firma digital de modo que los ficheros de firma creados serán intercambiables entre diferentes aplicaciones.

Por otra parte, sin embargo, cabe esperar que el uso de XAdES se extienda más hacia los usuarios finales a medida de que los editores y lectores de documentos electrónicos soporten este estándar. Así, para **Office 2010**, por ejemplo, ya se ha anunciado la integración de XAdES para firma electrónica[29]. De modo que a medio plazo quizás adquiera un nivel de uso similar o incluso superior a los documentos PDF con firma electrónica en los usuarios finales.

3.1.4.5 Firmar con formato PKCS#7/CMS/CAdES

El caso de tener que firmar un documento electrónico con un formato de firma PKCS#7, CMS o CAdES en la práctica será también una auténtica rareza y, a diferencia de lo que ocurre con XAdES, no cabe pensar que esta situación cambie a medio plazo. En este caso existen algunas herramientas que permiten realizar una firma con este tipo de formato.

Un ejemplo de una herramienta instalable en el ordenador es **Dfirma Desktop** de **Camerfirma**[30]. También existen herramientas online como lo es, por ejemplo, la herramienta Web de **Xólido**[31].

 **Práctica: firmar varios tipos de documentos**

Firmar un .PDF preparado para su firma.

Firmar un documento .doc, una vez firmado ver qué ocurre si se modifica el documento.

Firmar y recuperar documentos con IntecoFirma, utilizar certificados convencionales y el DNIe, probar la validación online del certificado del DNIe vía OCSP.

3.1.4.6 Enviar un correo electrónico con firma

Igual que ocurre para otros usos de la firma y el cifrado no hay una manera única de enviar un mensaje de correo firmado electrónicamente, sin embargo, los fundamentos técnicos que se han ido repasando en este manual son los mismos. Por tanto, una vez bien asentados y con un poco de práctica, debería ser razonablemente fácil hacerse con el manejo de cualquier programa de correo electrónico que permita el uso de firmas digitales. Por su gran extensión, se repasará un ejemplo concreto del uso de la firma electrónica en **Outlook 2003**[32].

En primer lugar hay que asignar el certificado a su cuenta de E-mail:

1. Con Microsoft Outlook abierto escoja del menú Herramientas, Opciones. Sale el cuadro de diálogo *"Opciones"* que se puede apreciar en la **Ilustración 46**.

---

[29] http://inza.wordpress.com/2009/12/29/firmas-xades-en-office-2010

[30] http://www.camerfirma.es

[31] http://www.xolido.com/lang/productosyservicios/firmademo/prueba.shtml

[32] En este ejemplo sólo se discuten firmas digitales basadas en el uso de certificados X.509, existen sistemas alternativos como PGP, pero que en la Administración prácticamente no se usan, y que por tanto no son de gran interés para este manual.

2. En la ventana de Opciones que se abre a continuación, presione sobre la pestaña Seguridad. Cerciórese ahora de que el contenido del cuadro es el que aparece en la **Ilustración 46**.

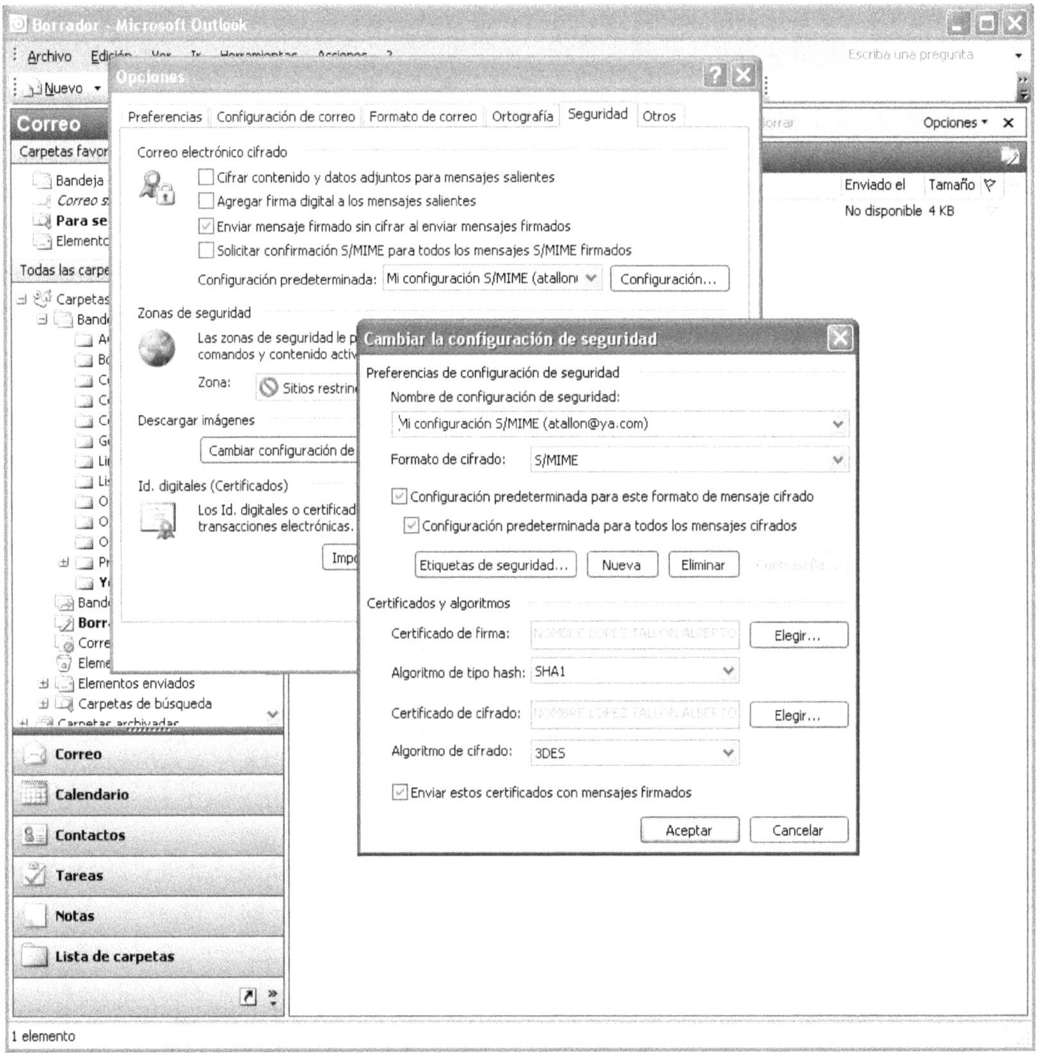

Ilustración 46 – Configuración de firma digital y cifrado en Outlook 2003.

3. Pulse el botón de *"Configuración..."*. Aparece el cuadro de diálogo hijo del anterior rotulado *"Cambiar la configuración de seguridad"* que se aprecia en la ilustración. Pulse primero el botón *"Elegir..."* que está al lado del campo *"Certificado de firma"*, y en la ventana que se abre escoja el certificado personal que quiera utilizar de la lista que se despliega[33]. Luego haga lo mismo con el campo *"Preferencias de cifrado"*.
4. Pulse el botón de *"Aceptar"*. En el cuadro de diálogo *"Opciones"*, coloque una marca sobre *"Agregar firma digital a los mensajes salientes"* y pulse el botón de Aceptar.

Para firmar un mensaje de correo electrónico y permitir que su identidad sea verificable, solo tiene que enviarlo de la manera habitual, Microsoft Outlook firmará sus mensajes automáticamente. De todos modos, en la barra de herramientas de la ventana de edición del mensaje encontrará los botones siguientes:

Si se han marcado las opción de firma comentada, el botón de la izquierda se encontrará pulsado por defecto, si para un mensaje concreto no quiere firma basta con pulsarlo para deshabilitar esta opción.

3.1.4.7 Enviar un correo electrónico cifrado

Al cifrar un mensaje de correo electrónico el remitente se asegura de que sólo el destinatario del mismo pueda ver y leer su contenido, incluyendo los archivos adjuntos. Para cifrar un mensaje correo electrónico debe disponer de la clave pública del destinatario del mensaje.

Para ello hay diferentes posibilidades, una es recibir la clave pública llave pública de un emisor en particular cuando éste le envía un mensaje de correo electrónico digitalmente. Otra es dar de alta el fichero del certificado en los contactos de Outlook (o lector de correo correspondiente) si se dispone del mismo.

En general si se quiere cifrar, por defecto se puede proceder a marcar la opción de cifrar el contenido en las opciones generales vista en el apartado de firma de un mensaje. No obstante, si bien esta opción puede ser conveniente para la firma electrónica será raro que la mayoría de los mensajes se envíen cifrados, por tanto, en este caso conviene por lo general dejar esta opción deshabilitada y habilitar la opción de cifrado de manera individual por cada mensaje.

Para ello se siguen los pasos siguientes:

1. Cree el mensaje de correo electrónico y adjunte los archivos que desee como de costumbre.

---

[33] Importante: Outlook utiliza el almacén de certificados de Windows, por tanto no se reconocerán los certificados que no se encuentren el mismo. Por otra parte, si quiere utilizar el certificado del DNIe, acuérdese de que el mismo debe estar insertado en el lector. Si lo ha insertado después de iniciar Outlook puede ser necesario cerrar y abrir de nuevo Outlook para que reconozca los certificados del DNIe.

2. Presione sobre el botón *"Opciones..."* y en la ventana que se abre a continuación presione sobre el botón *"Configuración de seguridad..."*. Habilite la opción "Cifrar el contenido del mensaje y los datos adjuntos".
3. Presione el botón de Aceptar y luego sobre el botón de Cerrar.
4. Presione sobre el botón de Enviar.

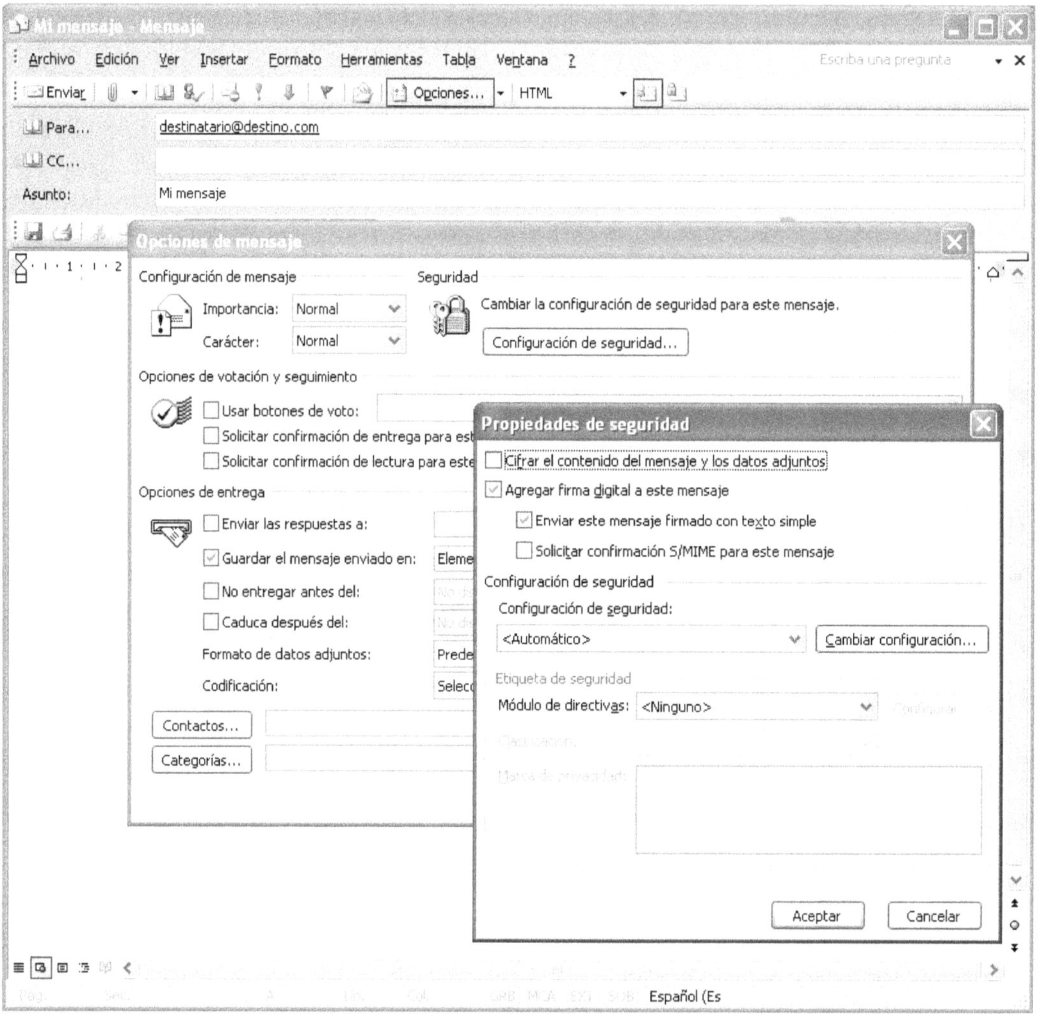

Ilustración 47 – Configuración individual de un mensaje de correo electrónico en Outlook 2003 para enviar como cifrado (hay que habilitar la opción de "Cifrar el contenido del mensaje y los datos adjuntos", en la imagen está aún deshabilitada).

3.1.5 Trabajar con la Firma Electrónica en Formularios Web

Sin duda, una de los aspectos más útiles y productivos de la administración electrónica para el ciudadano es la posibilidad de poder iniciar y completar trámites completamente online ahorrando así desplazamientos engorrosos, paciencia y ausencias en el trabajo.

Para ello es necesario rellenar un formulario inicial como el de la **Ilustración 48** con los datos del usuario en cuestión, algunas veces incluso pide adjuntar información, y una vez completado todo se firma y se envía.

3.1.5.1 Adjuntar ficheros

Los ficheros se adjuntan como en cualquier otra aplicación, pero tienen su problemática peculiar desde un punto de vista legal, ya que en algunos casos se pueden requerir documentos adjuntos (certificados, etc.) que deban estar firmados.

Para poder usarse, estos documentos deberán ser emitidos como documentos electrónicos y constar de una firma electrónica válida según las condiciones que se especifiquen en la sede del órgano al que el ciudadano se está dirigiendo, es decir, normalmente una firma avanzada basada en un **certificado X.509**

Otra vía puede ser el concepto de **copia electrónica** que introduce la **Ley 11/2007** y que permite también efectuar **compulsas electrónicas**. Pero en este caso ya se rompe la comodidad de cadena electrónica completa y sería necesario un desplazamiento a una oficina física para realizar la copia en cuyo caso ya se pierde en gran medida el beneficio de la vía telemática[34].

En cualquier caso, en la mayoría de los casos no se producirá esta situación y aquellos en los que se produce irán disminuyendo en el tiempo conforme se avanza en la implantación de la administración electrónica.

En la **Ilustración 48** se puede apreciar como un usuario ficticio ha rellenado algunos de los campos obligatorios, otros aún quedan por rellenar. Generalmente los formularios marcan de manera gráfica los campos obligatorios (en este caso están marcados con un asterisco, que es una manera habitual de señalarlos) y comprueban antes del envío que el usuario los ha rellenado correctamente.

---

[34] Se puede pensar en soluciones como una fase previa de preparación de un expediente que se le ofrece al ciudadano para que este prepare toda la documentación necesaria desde su casa u oficina, sin llegar a iniciar aún el procedimiento, según el caso concreto esto puede ayudar a mejorar, al menos, algo la comodidad para el ciudadano. Los documentos para los cuales haya que efectuar copias (compulsas) electrónicas a partir del papel se podrán completar en una oficina física de la Administración, y firmar y enviar a continuación desde ahí la solicitud directamente o bien desde casa u oficina del trabajo.

Esto puede ser un alivio especialmente cuando en un futuro haya una fuerte interconexión de registros entre las Administración, así un ciudadano aún en caso de tener que utilizar documentos en papel podría beneficiarse de la mayor cercanía de las oficinas de su ayuntamiento para completar un trámite del Estado en ellas, por ejemplo. En cualquier caso, aún queda camino por recorrer para llegar a estas soluciones.

Ministerio de Sanidad y Consumo. Instituto de salud Carlos III - Mozilla Firefox

Archivo Editar Ver Historial Marcadores Herramientas Ayuda

MINISTERIO DE SANIDAD Y CONSUMO

Instituto de Salud Carlos III

Reclamaciones previas a la vía judicial laboral

(*) Campos de cumplimentación obligatoria

1.- DATOS DEL INTERESADO

Nombre: PEPITO (*)

Primer Apellido: LOPEZ (*)

Segundo Apellido: LOPEZ

DNI/NIF/Pasaporte: 11111111P (*)

2.- DATOS DEL REPRESENTANTE

A rellenar en caso de representación del interesado. Adjuntar poder electrónico de representación como fichero anexo.

Nombre Representante:

DNI/NIF/Pasaporte:

3.- LUGAR O MEDIO A EFECTOS DE NOTIFICACIÓN

Indicar su preferencia a efectos de notificación:

Preferencia de notificación: **Dirección Postal** **Correo Electrónico** **Fax**

País: España (*)

Provincia: - selecciona - (*)

Municipio: (*)

Calle: (*)

Código Postal: (*)

Teléfono: (*)

Correo Electrónico: (*)

Fax: (*)

4.- ACTO OBJETO DE REVISIÓN

Acto a Revisar: Resolución XXX (*)

Expone: Mi exposición... (*)

Solicita: Mi solicitud... (*)

Órgano al que se dirige:

5.- FICHEROS ANEXOS

Plan Curso eAdmin.odt

Añadir Eliminar

Examinar...

Firmar y enviar

Terminado registroelectronico.isciii.es [ningún diccionario activo]

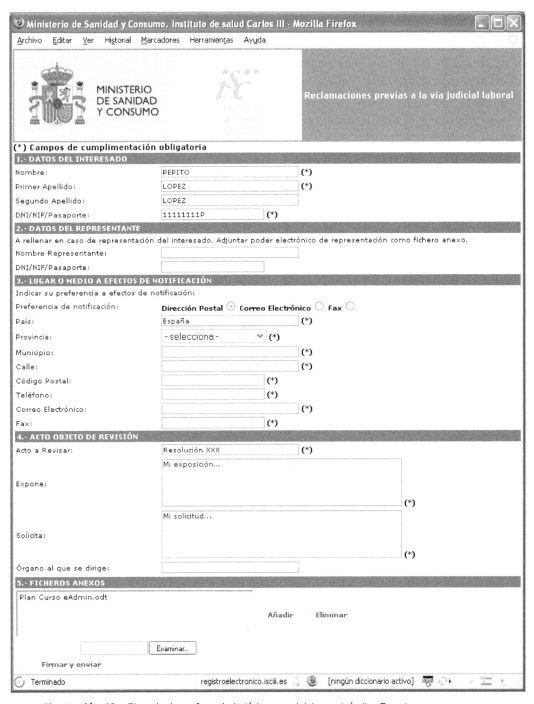

Ilustración 48 – Ejemplo de un formulario típico para iniciar un trámite. En este caso un recurso.

Se puede apreciar además que el usuario ha adjuntado un fichero como documento anexo, en este caso el trámite en cuestión no requiere expresamente que los documentos adjuntos estén firmados, sino que se ofrece simplemente de una manera abierta que el usuario adjunte documentación que crea relevante para el recurso, algunos de estos documentos pueden estar firmados.

En otros escenarios puede ser que la documentación adjunta haya de ir firmada electrónicamente. Por ejemplo: si se está recurriendo una denegación de una solicitud fuera de plazo se podría requerir al interesado adjuntar el acuse de recibo electrónico emitido originalmente por el registro en el caso de haber cursado la solicitud por la vía telemática.

3.1.5.2 Firmar un formulario

Una vez completados los datos del formulario, el usuario ha de firmarlo y enviarlo. En este momento el navegador presentará la lista de certificados de los que dispone el usuario (si tiene más de uno instalado) y preguntará por el PIN[35] asociado a la clave privada para firmar.

Un caso algo peculiar que hoy por hoy se presenta muy pocas veces, pero que en el futuro conforme más empresas y todo tipo de organizaciones se adhieran a la administración electrónica será más frecuente, es el uso de múltiples firmas. Puede ser el caso, por ejemplo, en solicitudes de ayudas para proyectos de I+D dónde ha de firmar todo el equipo científico del proyecto.

Ilustración 49 – Cuadro de diálogo que visualiza el almacén de certificados de Windows cuando detecta que una aplicación (en este caso el formulario Web) está accediendo a la clave privada del usuario. Ésta ha de introducir de protección de la misma para poder continuar.

[35] Si se han configurado las correspondientes opciones en el almacén de certificados y claves.

Acuse-Solicitud.pdf (PROTEGIDO) - Adobe Reader

Archivo Edición Ver Documento Herramientas Ventana Ayuda

1 / 3 84%

ADMINISTRACIÓN GENERAL DEL ESTADO 060 Inscripción Pruebas Selectivas

Solicitud

DATOS DEL REGISTRO	
Número de Registro	*200889002614*
Fecha	14-04-2008
Hora	21:05:31
Oficina	*89*
Solicitud	
Centro Gestor	*INSTITUTO NACIONAL DE ADMINISTRACIÓN PÚBLICA*
Nº de justificante	*7900013846480*
Ejercicio	*2008*
Identificación	
1. NIF/DNI	
2. Primer apellido	*LOPEZ*
3. Segundo apellido	
4. Nombre	
5. Fec. Nacimiento	*27/01/1971*
6. Sexo	*V*
7. Provincia Nacimiento	
8. Localidad Nacimiento	
9. Teléfono	
10. Domicilio	*C/Cerro*
11. Código Postal	*28035*
12. Domicilio: Municipio	*Fuencarral*
13. Domicilio: Provincia	*MADRID*
14. Domicilio: Nación	*ESPAÑA*
Autoliquidación	
15. Cuerpo, escala, grupo profesional o categoría	*Sup. de Sistemas y Tecn. de la Información Adm. Estado*
16. Especialidad, área o asignatura	
17. Forma de acceso	*L*
18. Ministerio/Órgano/Entidad convocante	*MINISTERIO DE ADMINISTRACIONES PÚBLICAS*
19. Fecha BOE	*04/04/2008*
20. Provincia Examen	*MADRID*
21. Porcentaje de Minusvalía	*0*
22. Reserva para discapacitados	*NO*
23. En caso de minusvalía o discapacidad, adaptación	

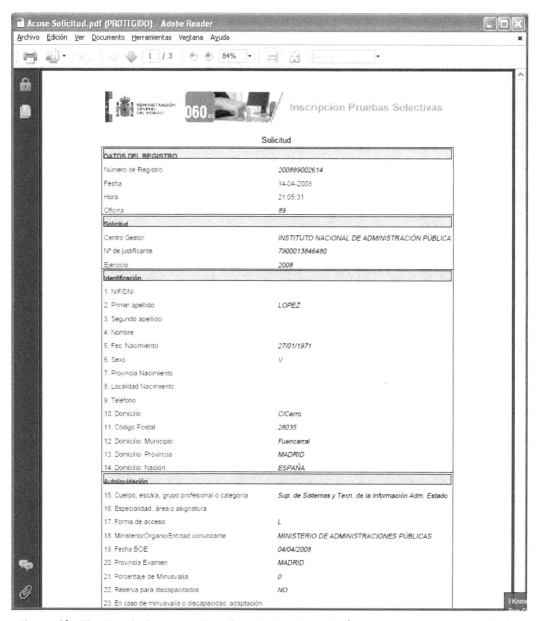

Ilustración 50 – Ejemplo de un acuse de recibo emitido en la inscripción un proceso selectivo de empleados públicos. Se han eliminado algunos de los datos personales originalmente presentes en la imagen.

En este caso no basta con simples formularios que se rellenan y envían a continuación sin más, sino que las aplicaciones han de prever mecanismos más sofisticados como, por ejemplo, una carpeta o presolicitud para los solicitantes donde cada uno de ellos pueda realizar su firma en diferentes momentos antes del envío definitivo, ya que si se trata de muchas personas, en la práctica será inviable reunirlos todos para firmar en el mismo momento, aparte de ser impracticable hacerlo sobre el mismo formulario y en la misma máquina (todos tendrían que tener instalado su certificado en la máquina en cuestión).

También es peculiar la problemática para los directivos tanto públicos como del sector privado. Estas personas tienen muy poco tiempo disponible y han de firmar a veces decenas de documentos que otra persona les ha preparado previamente en un portafirmas.

En este sentido actualmente ya se están usando **portafirmas electrónicos** para la gestión de expedientes electrónicos. Así, este tipo de personas no tienen que entrar en cada uno de los expedientes y/o aplicaciones de gestión correspondientes, sino que disponen de una aplicación Web aparte que actúa como un portafirmas convencional, es decir, presenta una lista con todos los documentos a firmar que posiblemente otra persona haya preparado previamente. De este modo se traslada la comodidad y efectividad del portafirmas tradicional también al mundo de la administración electrónica.

3.1.5.3 Acuse de Recibo

Siempre que se envía un formulario, al igual que en un trámite en papel, entrará en un registro electrónico y éste ha de expedir un acuse de recibo. Según el **artículo 25** de la **Ley 11/2007** este acuse recibo debe consistir en una copia autenticada del escrito, solicitud o comunicación de que se trate, incluyendo la fecha y hora de presentación y el número de entrada de registro.

En la **Ilustración 50** se puede ver un ejemplo de un acuse de recibo real emitido en la inscripción en las oposiciones para el ingreso en el Cuerpo Superior de Sistemas y Tecnologías de la Información de la Administración del Estado del Ministerio de Presidencia.

3.1.6 Trabajar con Documentos confidenciales

3.1.6.1 Cifrar documentos

A veces es necesario mantener la confidencialidad de un documento o fichero por contener información sensible, independientemente de que este fichero se encuentre o no firmado electrónicamente.

Un ejemplo muy común puede ser un fichero con diferentes claves de acceso personales, para acceder a determinados sitios Web, aplicaciones en la oficina del trabajo, etc. Este tipo de información lamentablemente se encuentra a veces anotada en algún lugar accesible a todo el mundo, típicamente en Post-it pegado en la misma pantalla del mismo ordenador del trabajador...

Con el cifrado se "tritura" esta información (el contenido del fichero que la contiene) mediante un determinado algoritmo y clave secreta de modo que solamente quien sepa cuál ha sido el algoritmo utilizado y la clave puede recomponer la información original. Para cualquier otra persona la información cifrada no será más que "basura" ininteligible.

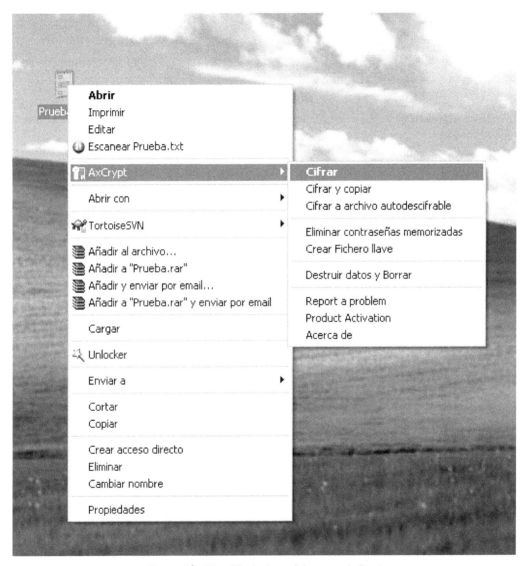

Ilustración 51 – Cifrado de un fichero con AxCrypt.

En el capítulo *Fundamentos técnicos de la Seguridad en la Administración Electrónicas* se expondrán en profundidad diferentes técnicas como la **criptografía simétrica** y la **asimétrica**. En la casuística aquí descrita se trata de información que normalmente sólo será manipulada por una misma persona, o un grupo muy reducido de personas. Por tanto encaja mejor la criptografía simétrica (cuya propiedad más característica es que usa sola clave[36]).

El estándar de criptografía más importante en este sentido es **AES** (**Advanced Encryption Standard**) basado en el algoritmo de cifrado **Rijndael**. Es el sucesor al mítico **DES** (**Data Encryption Standard**), ambos fueron adoptados como estándares federales por el Gobierno de **EEUU** y se convirtieron a partir de ahí en los estándares de referencia en todo el mundo.

Afortunadamente existen muchas herramientas de buena calidad, **libres** y **open source** para el cifrado con AES, muy útiles para cualquier usuario, profesional o doméstico.

Una de ellas, con un enfoque general, es **AxCrypt** (véase el anexo para más detalles), tiene como ventaja particular que al integrarse con el explorador de Windows resulta especialmente cómoda y rápida de usar. Así con hacer "click" con el botón derecho del ratón sobre el fichero a cifrar sale el menú contextual que se puede apreciar en la **Ilustración 51**.

A partir de aquí la herramienta pedirá una clave que usará para en el algoritmo de cifrado AES del fichero de manera que la información sensible del usuario ya queda perfectamente protegida. El fichero en cuestión se podrá descifrar de manera similar con otro "clic" del botón derecho del ratón de manera que se desprotege fácilmente cuando así se desee.

Por otra parte, existen aplicaciones más especializadas como **KeePass** que en este caso implementa una caja fuerte para mantener todo tipo de claves de acceso e información en un único sitio y bien protegida mediante una clave maestra para acceder este almacén.

El uso de este tipo de herramientas no es solamente algo muy conveniente, sino que en muchos casos será una cuestión sensible, incluso muy sensible desde un punto de vista jurídico cuando haya normas que así lo requieran. Serán por tanto de especial interés para los funcionarios que en su trabajo diario manejen información sensible en soportes informáticos.

3.2 Problemas típicos

En el acceso a los servicios de administración electrónica y a sitios que usen certificados en general se pueden presentar diversos problemas, algunos se pueden confundir además entre sí. Desgranaremos aquí algunos de los patrones de problemas más importantes.

[36] La criptografía asimétrica se usa, por ejemplo, en la firma digital e implica usar más de una clave (en este caso. pública y privada)

3.2.1 Al entrar en una Página que usa Certificados aparecen Mensajes desconcertantes

Uno de los grandes problemas que aún persisten actualmente en la administración electrónica y en el uso de la firma digital desde un navegador Web es que no existe una funcionalidad estandarizada en los navegadores para poder realizar las firmas electrónicas.

Ilustración 52 – Mensaje que pide permiso para la instalación de un componente de firma digital en el navegador del usuario.

Como esta funcionalidad no existe por defecto en el navegador ha de ser implementada por el sitio Web. La manera habitual de hacerlo es mediante un componente de firma digital que el navegador descarga del sitio y esto resulta ser bastantes veces una fuente de problemas y desconcierto para los usuarios ya que, por motivos relacionados con la seguridad del usuario, los navegadores, según el producto concreto y la configuración del usuario, suelen poner sus pegas a este proceso de descarga e instalación del componente de firma.

Por si esto fuera poco, existen además dos tecnologías diferentes para la implementación de estos componentes, cada una con sus requisitos específicos: los **Applets** implementados en el lenguaje de programación **Java**, un estándar abierto, y los componentes **ActiveX**, una tecnología propietaria de **Microsoft**. Estos componentes son en definitiva pequeños programas que se instalan en el navegador y pueden realizar todo tipo de funciones que complementan la funcionalidad de las páginas Web, como lo es precisamente firmar electrónicamente documentos.

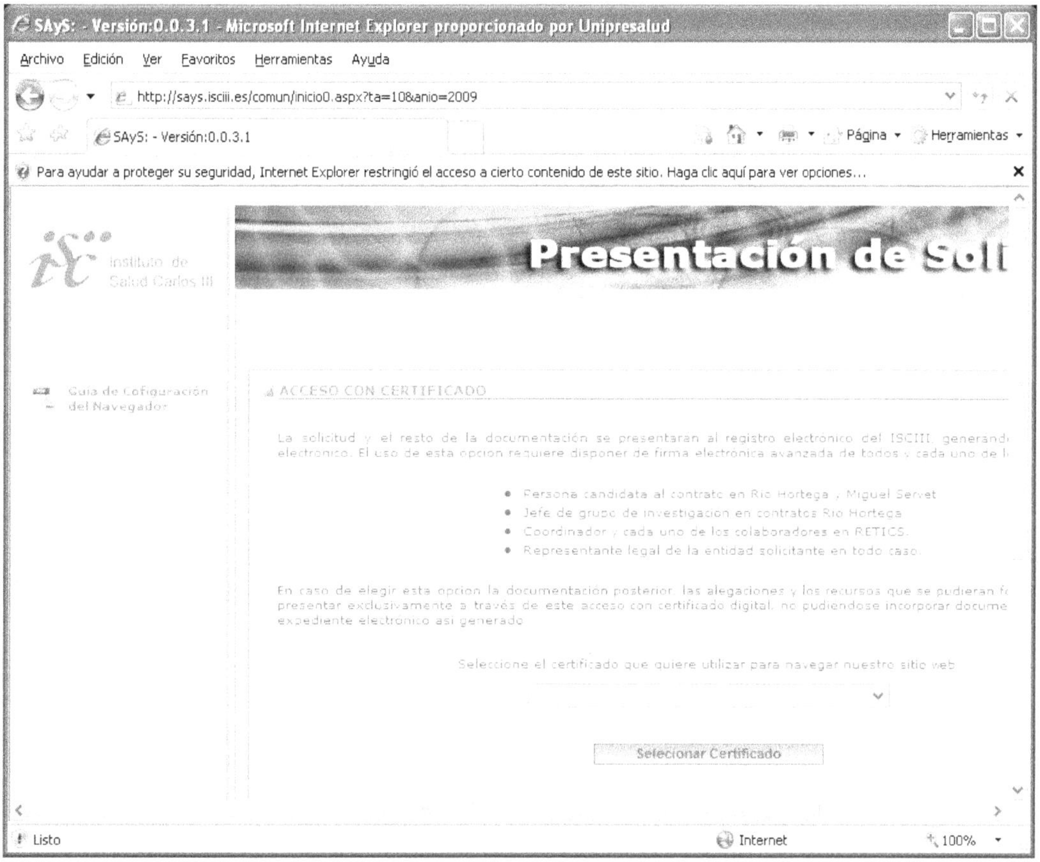

Ilustración 53 – Ejemplo de un sitio Web que usa un componente de firma ActiveX con Internet Explorer, nótese como el navegador visualiza en la parte superior de la página una barra de color amarillo que ha bloqueado la página hasta que el usuario confirme expresamente su permiso para la instalación del componente. Para poder continuar el usuario ha de situar el ratón sobre la barra, hacer clic y en el menú desplegado elegir la opción de instalación del componente.

Los requisitos que exigen estos componentes son en el caso de los componentes ActiveX disponer de un sistema Windows y utilizar Internet Explorer como navegador, aunque existen utilidades que permiten su ejecución en otros navegadores como Firefox[37], aunque no gozan de soporte oficial de Microsoft.

En el caso de los Applets el requisito fundamental es disponer una máquina virtual Java instalada. Según el caso, en algunas ocasiones el sitio Web detecta que el usuario no dispone de ella y permite su instalación sobre la marcha y en otros se remite al usuario a su descarga e instalación manual[38].

[37] http://code.google.com/p/ff-activex-host/

[38] Descarga de la máquina virtual Java e instrucciones para su instalación: http://java.com/es/download/

La gran ventaja de Java es que se trata de una tecnología multiplataforma que funciona con prácticamente todos los navegadores y todos los sistemas operativos.

Superado este escollo de los requisitos para poder ejecutar este tipo de componentes según el sistema del concreto del usuario y su configuración particular su navegador pondrá más o menos pegas a la instalación de los componentes de firma. En la **Ilustración 52** y la **Ilustración 53** se pueden apreciar ejemplos de mensajes y ventanas que pueden aparecer típicamente al usuario en este proceso.

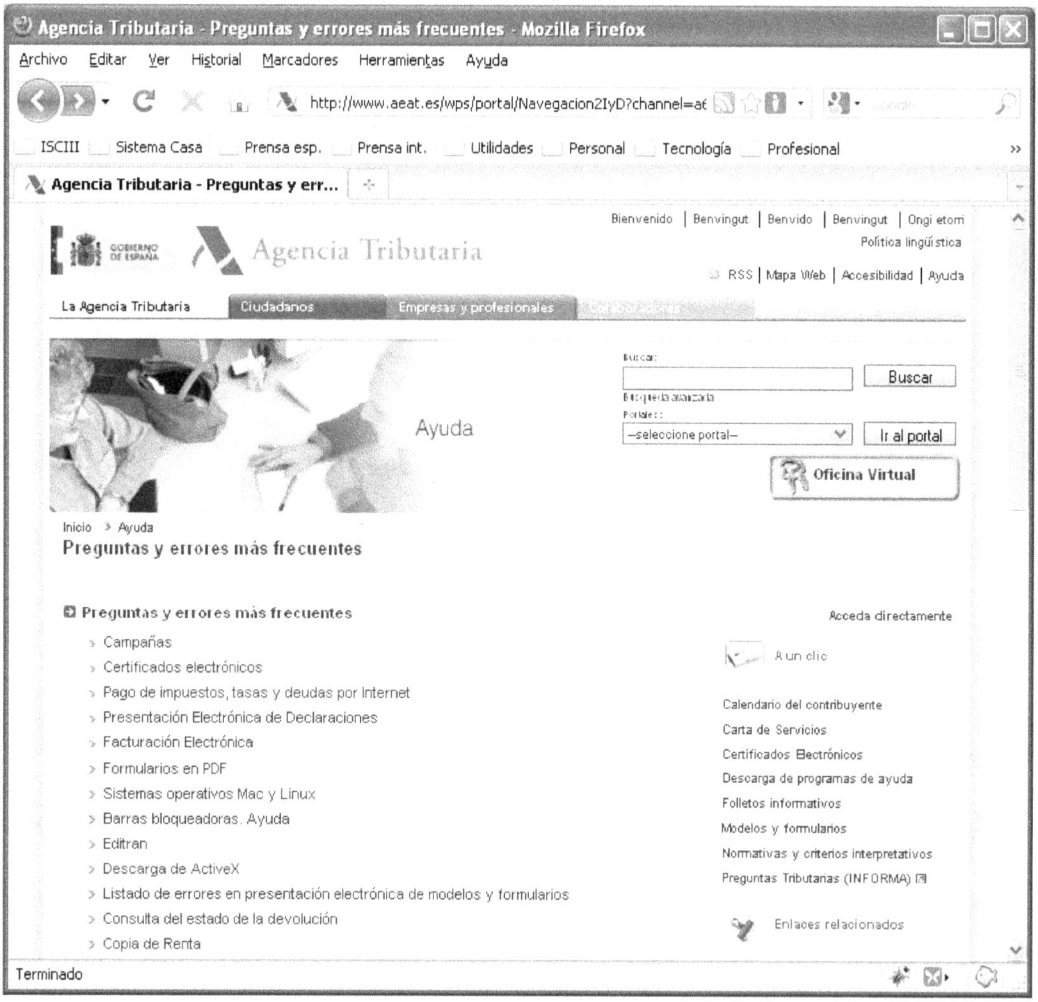

Ilustración 54 – Página de preguntas y errores frecuentes de la AEAT que atiende, entre otras cosas, los problemas con la descarga de los componentes de firma electrónica.

Desafortunadamente el abanico de posibles casuísticas según sistema operativo, navegador y componente de firma concreto es tan amplio que es imposible abarcarlo en este manual. Sin embargo, es una práctica habitual que los sitios Web que usan aplicaciones con firma electrónica adjunten una ayuda online o un manual que explica los detalles de la sede electrónica concreta[39], por tanto se remite desde aquí a la lectura de esta documentación en caso de problemas.

3.2.2 Estamos usando un Certificado que ha caducado

Este es un problema que se puede dar muy fácilmente, ya que la **Ley 59/2003 de firma electrónica** limita la vigencia de un certificado electrónico a un máximo de 4 años, de modo que después de este periodo el usuario ha de renovar el certificado para poder continuar usándolo tanto para los servicios de administración electrónica como para servicios en el sector privado.

Por lo tanto, no es extraño que a un usuario se le pase la renovación aunque el proveedor de servicios de certificación (o 'prestador' como lo llama la **Ley 59/2003**) suele avisar por correo electrónico u otros medios con bastante antelación a los usuarios.

En este caso generalmente el sitio Web al que estamos accediendo deberá estar preparado para diagnosticar este problema y reportarlo correctamente al usuario. El mensaje y comportamiento concreto depende del sitio Web en cuestión, por tanto, debería avisar al usuario con un mensaje que especifique claramente que éste ha intentado acceder con un certificado caducado. Pero si la Web accedida no se ha implementado con cuidado puede mostrar mensajes de errores genéricos con el certificado, confundiendo con ello al usuario diciendo, por ejemplo, que éste no posee un certificado válido o que no se reconoce su certificado, cuando en realidad el problema es que éste, a pesar de ser perfectamente válido, simplemente ya no está en fecha.

Por otra parte, para complicar aún un poquito más las cosas, el comportamiento concreto depende también del almacén de certificados. Así, por ejemplo, una vez más hay diferencias entre el almacén de Windows (que usan las aplicaciones de Windows como Internet Explorer, Word, Outlook, etc.) y el almacén de Firefox.

El almacén de Firefox permite utilizar certificados caducados y será por tanto el sitio quien detectará (o deberá detectar) que el certificado del usuario ha expirado. Sin embargo, el almacén de Windows, aunque puede albergar certificados caducados, incluso importarlos, no permite utilizarlos si encuentra que ha expirado su periodo de validez.

Queda por tanto como conclusión que ante cualquier anomalía con respecto al certificado de usuario que ocurra al intentar acceder a una Web que lo requiera, se compruebe que éste se encuentra en el almacén que corresponde y que sigue estando en fecha.

[39] Ejemplos de manuales de configuración navegadores Web: http://www.aeat.es/aeat/aeat.jsp?pg=ayuda/faq/es_ES, http://says.isciii.es/DocGuia/GuiaConfigNavegador.pdf, https://www.redtrabaja.es/es/portaltrabaja/resources/pdf/informacion/manualConfiguracion.pdf

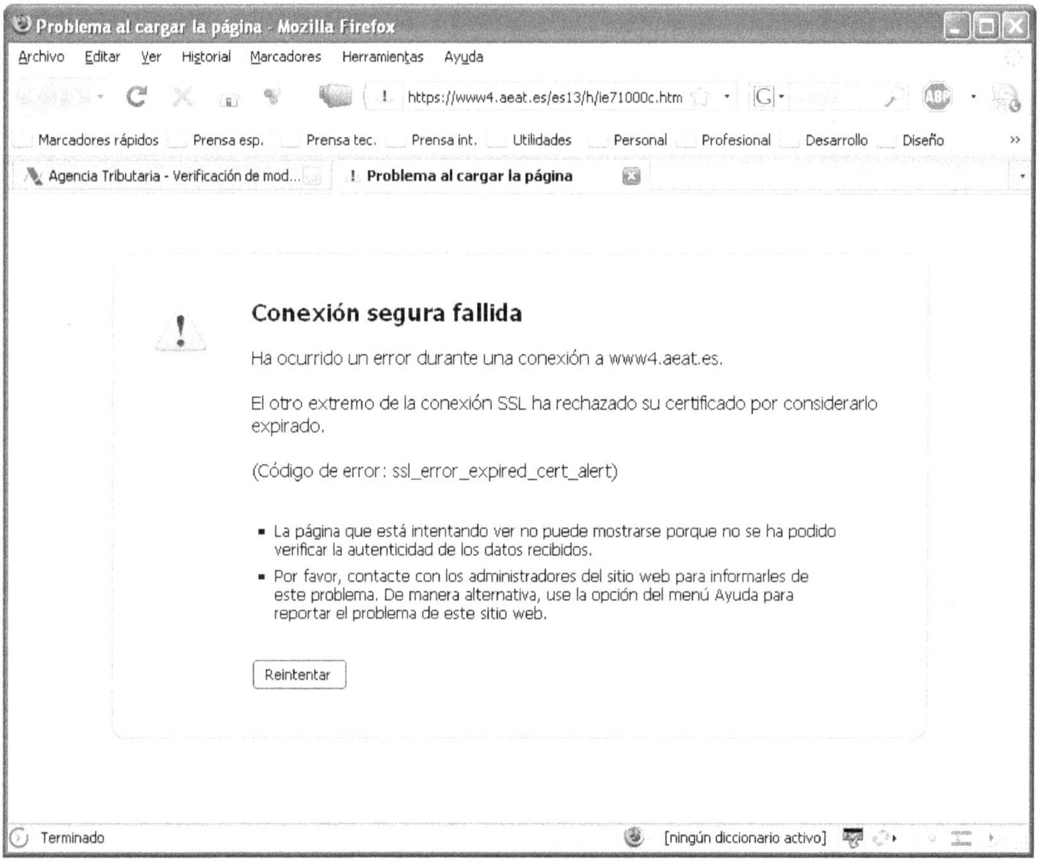

Problema al cargar la página - Mozilla Firefox

Archivo Editar Ver Historial Marcadores Herramientas Ayuda

https://www4.aeat.es/es13/h/ie71000c.htm

Marcadores rápidos Prensa esp. Prensa tec. Prensa int. Utilidades Personal Profesional Desarrollo Diseño

Agencia Tributaria - Verificación de mod... Problema al cargar la página

Conexión segura fallida

Ha ocurrido un error durante una conexión a www4.aeat.es.

El otro extremo de la conexión SSL ha rechazado su certificado por considerarlo expirado.

(Código de error: ssl_error_expired_cert_alert)

- La página que está intentando ver no puede mostrarse porque no se ha podido verificar la autenticidad de los datos recibidos.
- Por favor, contacte con los administradores del sitio web para informarles de este problema. De manera alternativa, use la opción del menú Ayuda para reportar el problema de este sitio web.

Reintentar

Terminado [ningún diccionario activo]

Ilustración 55 – Intento de acceso a la oficina virtual de la AEAT con un certificado caducado con Firefox 3.1. El mismo intento con Internet Explorer provocaría un comportamiento diferente: la Web reaccionaria como si el usuario no dispusiera de un certificado.

3.2.3 El Sitio Web (sede electrónica) del Organismo usa un Certificado que nuestro Navegador no reconoce

Algunas veces puede suceder que al acceder a algún sitio Web éste sitio utilice un certificado que el navegador no reconoce. Que ocurra esto depende fundamentalmente de dos factores: el navegador usado (determina los certificados raíz instalados por defecto) y lo conocido y/o relevante que sea el sitio al que se está accediendo (los sitios con mucho tráfico usarán generalmente certificados raíz muy difundidos que no les den problemas).

Los sitios que usan este tipo de certificados lo hacen fundamentalmente con el propósito de que el usuario pueda confiar en su identidad. Así en el caso de la banca, venta por Internet o la Administración, por ejemplo, el usuario puede estar tranquilo de poder intercambiar de manera segura información sensible o realizar transacciones económicas.

Por otra parte, si el sitio utiliza además una conexión cifrada **HTTPS** sabrá que la información intercambiada, incluso en el caso que un tercero la interceptase, está completamente protegida, ya que al estar convenientemente cifrada al tercero en cuestión le resultaría completamente inservible.

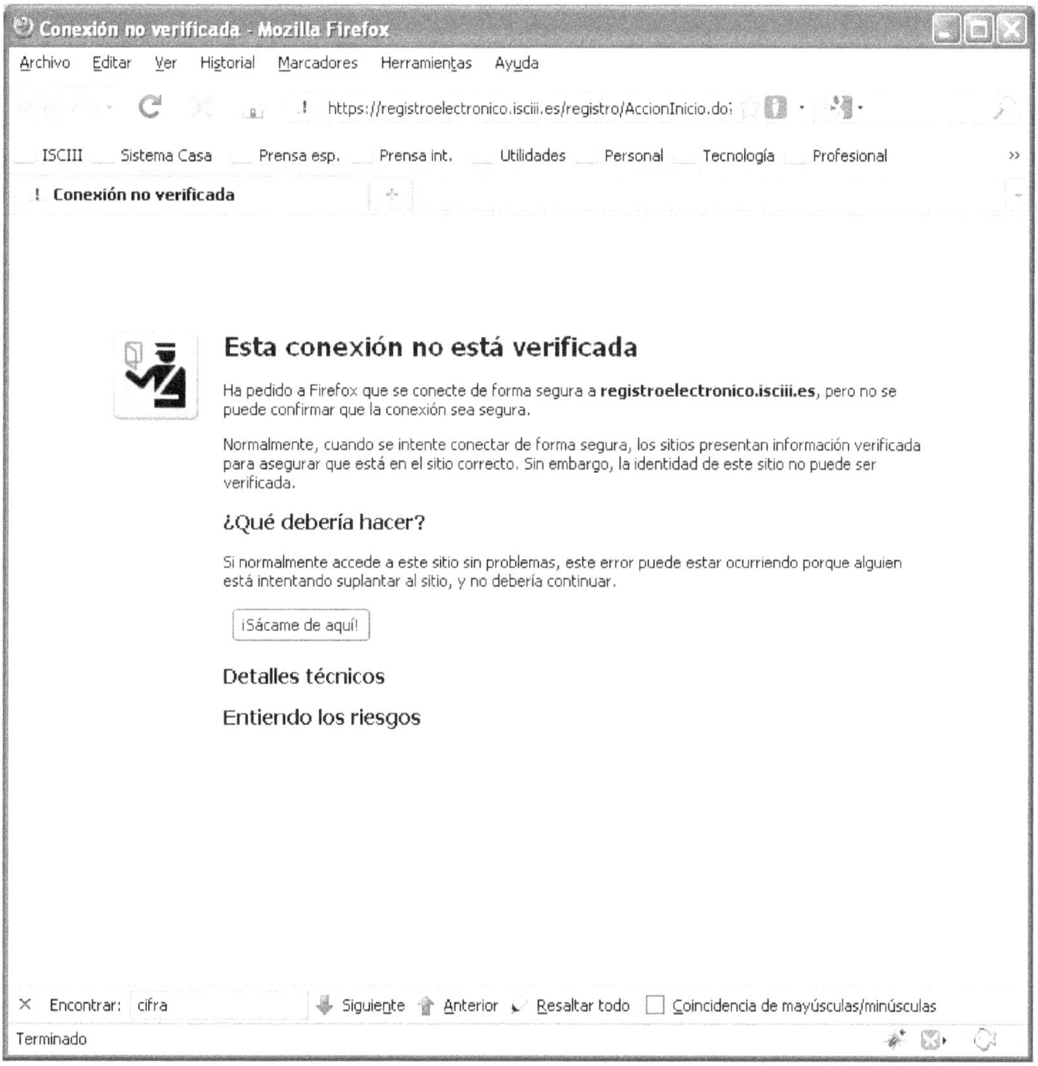

Conexión no verificada - Mozilla Firefox

Archivo Editar Ver Historial Marcadores Herramientas Ayuda

https://registroelectronico.isciii.es/registro/AccionInicio.do

ISCIII Sistema Casa Prensa esp. Prensa int. Utilidades Personal Tecnología Profesional

Conexión no verificada

Esta conexión no está verificada

Ha pedido a Firefox que se conecte de forma segura a **registroelectronico.isciii.es**, pero no se puede confirmar que la conexión sea segura.

Normalmente, cuando se intente conectar de forma segura, los sitios presentan información verificada para asegurar que está en el sitio correcto. Sin embargo, la identidad de este sitio no puede ser verificada.

¿Qué debería hacer?

Si normalmente accede a este sitio sin problemas, este error puede estar ocurriendo porque alguien está intentando suplantar al sitio, y no debería continuar.

¡Sácame de aquí!

Detalles técnicos

Entiendo los riesgos

Encontrar: cifra Siguiente Anterior Resaltar todo Coincidencia de mayúsculas/minúsculas

Terminado

Ilustración 56 – Aviso de Firefox 3.5 al encontrarse con un certificado de servidor que no reconoce, por su diseño y al usar frases como *"¡Sácame de aquí!"* es fácil que llegue a asustar al usuario sin razón alguna.

Cuando se produce por alguno de estos motivos un error de validación del certificado de la Web en cuestión el navegador avisará de ello y algunas veces incluso aconseja no entrar en el sitio[40]. Según el fabricante, los navegadores pueden ofrecer también mecanismos específicos de tratar el problema de los sitios cuyo certificado no se reconoce.

La creciente concienciación sobre la importancia de la seguridad en Internet ha hecho que los fabricantes hayan hecho las versiones recientes de sus navegadores muy sensibles a estos casos. Así las últimas versiones suelen dar mensajes con un aspecto bastante alarmante como en la **Ilustración 56** dónde antes ni siquiera avisaban asustando incluso en bastantes ocasiones al usuario cuando en realidad el problema detectado en realidad no es tan crítico.

Ilustración 57 – Firefox muestra este diálogo si se hace clic sobre el enlace "Entiendo los riesgos" y a continuación "Añadir una excepción" de la Ilustración 56. De este modo el navegador guarda el certificado del sitio para confiar en él en futuras ocasiones. ¡Ojo!, nótese que esto es distinto a incorporar el certificado raíz de la CA de ese certificado en el almacén de certificados.

[40] Siempre y cuando se trata de una versión razonablemente actual del navegador, las versiones muy antiguas no suelen avisar por defecto de esta situación.

En estos casos, simplemente no se asuste, deténgase y lea con tranquilidad las diferentes opciones que el navegador ofrece para escoger la adecuada en ese momento.

En el caso de Firefox, por ejemplo, existe la posibilidad de dar de alta una "excepción de seguridad" que consiste en dar de alta el certificado presentado por el sitio Web en una "lista blanca" de certificados tolerados aunque se desconozca su CA.

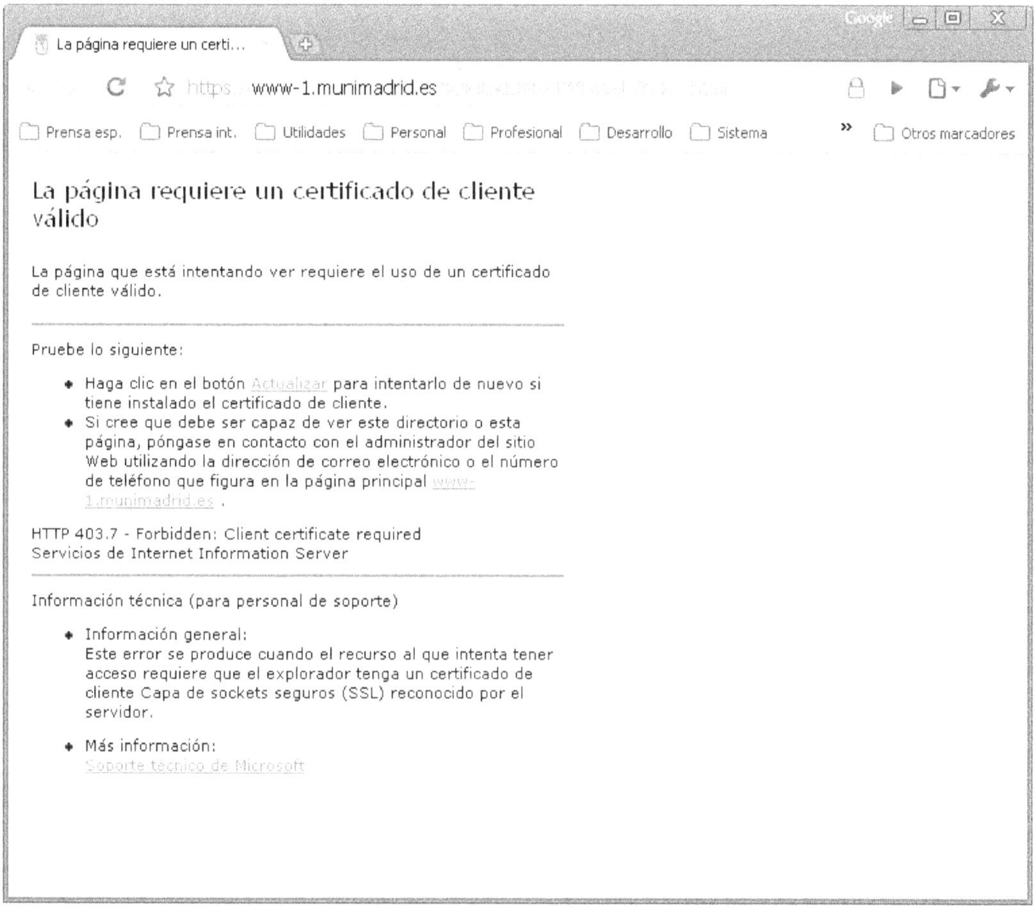

La página requiere un certi...

https://www-1.munimadrid.es

Prensa esp. Prensa int. Utilidades Personal Profesional Desarrollo Sistema » Otros marcadores

La página requiere un certificado de cliente válido

La página que está intentando ver requiere el uso de un certificado de cliente válido.

Pruebe lo siguiente:

- Haga clic en el botón Actualizar para intentarlo de nuevo si tiene instalado el certificado de cliente.
- Si cree que debe ser capaz de ver este directorio o esta página, póngase en contacto con el administrador del sitio Web utilizando la dirección de correo electrónico o el número de teléfono que figura en la página principal www-1.munimadrid.es .

HTTP 403.7 - Forbidden: Client certificate required
Servicios de Internet Information Server

Información técnica (para personal de soporte)

- Información general:
  Este error se produce cuando el recurso al que intenta tener acceso requiere que el explorador tenga un certificado de cliente Capa de sockets seguros (SSL) reconocido por el servidor.
- Más información:
  Soporte técnico de Microsoft

Ilustración 58 – Pantalla que muestra Google Chrome al acceder a un sitio que solicita un certificado de usuario cuando éste no dispone de ninguno.

En cualquier caso esta práctica entraña riesgos, puede ser tentadora por su comodidad, pero por esa misma razón puede inclinar al usuario a bajar la guardia y confiar en sitios que no son seguros. Sólo se debe emplear cuando se está 100% seguro de saber a dónde se está accediendo, y mejor aún es no usarla nunca. En este sitio, en el caso de la Administración del Estado, ha sido muy útil la implementación de sedes electrónicas ya que obligatoriamente deben tener una dirección Web con un dominio del tipo "gob.es" de modo que el usuario puede reconocer fácilmente que se encuentra efectivamente en la Web de un órgano del Estado y no en una Web cualquiera.

Se puede concluir que si se da el caso y se trata de un sitio al que se prevé acceder con cierta frecuencia merece la pena descargarse su certificado e instalarlo. En general, estos sitios ofrecerán sus certificados para su descarga en su Web. En cualquier caso hay que asegurarse de tener la absoluta certeza de que se está accediendo al sitio que es (que su URL, la dirección que aparece en el navegador) es la correcta.

De lo contrario hay que actuar teniendo en cuenta que se trata de un sitio cuya identidad se desconoce, es decir, no se puede confiar en él y por tanto no se debe intercambiar información sensible con él.

Los mecanismos como las excepciones de seguridad de Firefox pueden ser útiles, pero hay que utilizarlos con cuidado y con la seguridad de saber lo que se está haciendo, ya que invitan a la práctica imprudente de darlos de alta sin mayores garantías y la próxima vez el usuario (u otro usuario) percibirá al sitio como uno seguro cuando quizás no lo sea y no se da cuenta, por ejemplo, de que no debe intercambiar información sensible con él.

3.2.4 El Usuario no dispone de un Certificado Digital

Este caso es relativamente fácil de identificar, ya que al usuario se le mostrará el aviso pertinente. No obstante, como ya fue mencionado, puede ser que en realidad sí dispone de un certificado, pero que este haya caducado.

3.2.5 El Usuario no tiene instalada una Máquina Virtual Java

Con muchas aplicaciones Web en general y las aplicaciones que utilizan firmas electrónicas en particular, es frecuente que se utilicen unos pequeños programas que se descargan con la propia página y se encargan de la interacción con el almacén de certificados y la realización de la firma electrónica.

Una opción tecnológica muy frecuente para implementar estos programas es utilizar el lenguaje de programación Java en cuyo caso se habla de "Applets Java". Para poder ejecutar estos Applets en el navegador es necesario tener instalada la así llamada máquina virtual Java que en se ofrece gratis por Oracle y por otros fabricantes (Oracle adquirió en el año 2010 a Sun Microsystems, la empresa inventora de esta tecnología).

Si el usuario no tiene instalada una máquina virtual de este tipo no podrá ejecutar los Applets en aquellos sitios que los utilicen. Son tantos que lo hacen que para un usuario de administración electrónica la máquina virtual Java es prácticamente imprescindible.

Lo primero es comprobar si el equipo cuenta con una máquina virtual Java, esto se puede hacer fácilmente desde la lista de aplicaciones instaladas del sistema operativo o la línea de comandos, tal como lo muestra la **Ilustración 59**.

```
Símbolo del sistema
Microsoft Windows [Versión 6.1.7600]
Copyright (c) 2009 Microsoft Corporation. Reservados todos los derechos.

C:\Users\Alberto>java -version
java version "1.6.0_20"
Java(TM) SE Runtime Environment (build 1.6.0_20-b02)
Java HotSpot(TM) Client VM (build 16.3-b01, mixed mode, sharing)

C:\Users\Alberto>_
```

Ilustración 59 – Comprobación de la instalación de la máquina virtual Java en la línea de comandos de Windows. Con el comando "java –version" se puede ver si está instalada y la versión de la misma. Se puede ver que en este caso efectivamente se ha encontrado una instalación de la misma en el equipo.

Es muy recomendable que la versión sea como mínimo la 1.5 o superior ya que en la versión 1.5 se han introducido unas nuevas funciones que hacen que los programas que las utilizan no se puedan ejecutar con versiones inferiores.

En caso de no tener instalada la máquina virtual el usuario se la puede descargar para su instalación desde http://java.com/es

Por otra parte, según el navegador utilizado, el sitio Web y la versión concreta del navegador podrá ser necesario realizar alguna configuración en el navegador para poder ejecutar los Applets. En estos casos el sitio debe ofrecer una guía de configuración al usuario con las instrucciones concretas.

3.2.6 El Navegador del Usuario no soporta ActiveX

La misma idea que implementa la tecnología de los Applets la ha implementado Microsoft con una tecnología propia: la tecnología ActiveX. Pero a diferencia de la tecnología de Applet que es multiplaforma y funciona por tanto en prácticamente cualquier sistema operativo y cualquier navegador, los ActiveX son programas que requieren en principio tecnología Microsoft, es decir: un sistema operativo Windows y el navegador Internet Explorer.

Pero a cambio de este gran inconveniente, comparado con los Applets, no requieren la instalación de una máquina virtual, sino que se pueden ejecutar directamente en un sistema Windows con Internet Explorer aunque, igual que en el caso de los Applets, pueden requerir una configuración concreta del navegador.

El principal problema para el usuario será que estará limitado a los productos de Microsoft, de modo que si accede a un sitio que use ActiveX para firma electrónica mediante un navegador Firefox se encontrará que no será compatible.

Existen soluciones (complementos que se instalan en el navegador y habilitan la ejecución de ActiveX), pero estas soluciones no dejan de ser parches no tienen las garantías de fiabilidad de la ejecución de un ActiveX en su entorno natural que son los productos de Microsoft.

En cualquier caso, con la Ley 11/2007 el uso de ActiveX se está convirtiendo en residual ya que su uso va en contra del principio de neutralidad tecnológica de esta ley al obligar al usuario a unos productos de un fabricante concreto para relacionarse con la Administración por medios electrónicos.

3.2.7 Problemas de Compatibilidad Tecnológica. Las Limitaciones del Principio de Neutralidad Tecnológica

A pesar de que el **principio de neutralidad tecnológica** se ha convertido con el **artículo 4.i** de la **Ley 11/2007** en un precepto legal *"garantizando la independencia en la elección de las alternativas tecnológicas por los ciudadanos"*, en la práctica este principio no llega tan lejos como sería deseable.

Sus límites se manifiestan en la práctica principalmente con aquellos usuarios que utilizan los navegadores Web y sistemas operativos más "exóticos". Es decir, usuarios que usen navegadores como **Google Chrome**, **Opera**, **Safari** de Apple, o **Konqueror** o **Epiphany** en Linux.

Según las estadísticas sobre sistemas operativos utilizados por los internautas de la empresa **Net Applications**[41], una fuente frecuentemente citada en la materia, a nivel global en enero del año 2010 el parque de usuarios se reparte en un **93,1%** de sistemas **Windows**, le siguen **Mac OS** con un **4,9%** y **Linux** con un **1%**. El resto de los porcentajes se reparte entre otros sistemas (**Java ME**, **iPhone**, **Symbian**, ...).

En navegadores, según la misma empresa, en enero del 2010 un **66,9%** corresponde a **Internet Explorer**, un **23,3%** a **Mozilla Firefox**, un **4%** a **Safari**, un **2,6%** a **Chrome** y un **2,2%** a **Opera**. Apenas un **1%** se reparte entre los demás productos.

[41] http://marketshare.hitslink.com/

El grado de soporte que la administración electrónica debe dar al principio de neutralidad tecnológica y el que da realmente en la práctica ha sido un tema de debate y un blanco tentador para la crítica. No cabe duda de que se trata de un principio coherente y justificado, sin embargo, en la práctica se trata también de un principio muy difícil de cumplir en toda su extensión ya que existen muchos factores que a día de hoy limitan su viabilidad y disparan su coste de implementación.

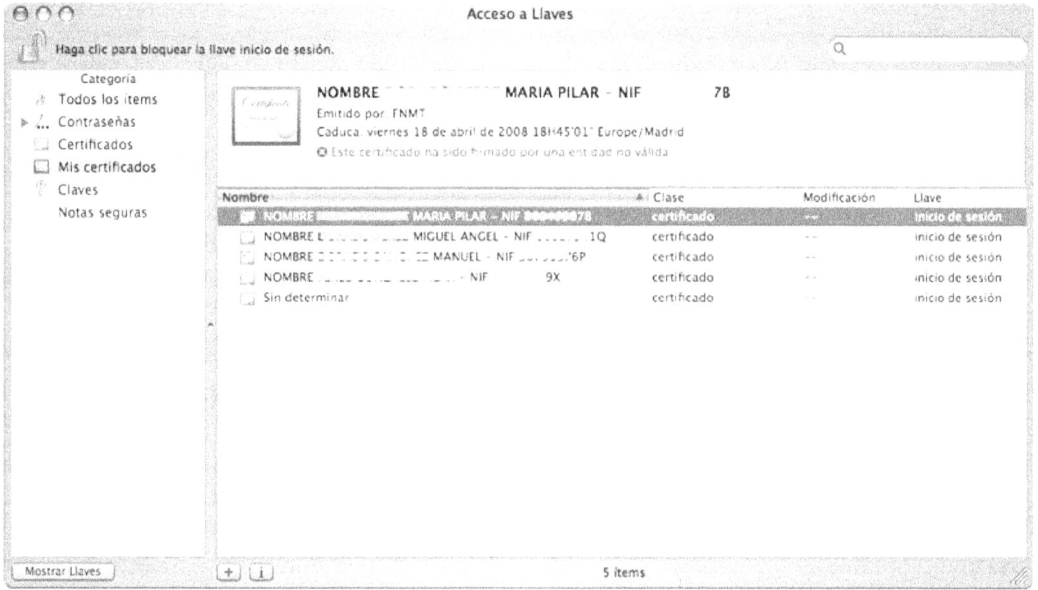

Ilustración 60 – El "llavero" de Mac OS.

Por una parte, hay que tener en cuenta la enorme variedad de productos y la falta de un soporte nativo estandarizado en los propios navegadores al trabajo con certificados electrónicos y firma electrónica.

Esto se traduce en que, según el navegador y sistema operativo, haya que trabajar de una manera u otra, con el consiguiente aumento de posibilidades de errores y sobreesfuerzo en el desarrollo y depuración de las aplicaciones de servicios electrónicos. Todo ello plantea cuestiones de coste/beneficio difíciles de calibrar, más en una situación presupuestaria delicada como lo es la situación actual. ¿Hasta dónde se justificaría un sobrecoste de presupuesto para invertirlo en cumplir con este principio lo mejor posible? ¿Hasta un **5%**? ¿...un **10%**? ¿...un **25%**?

Por otra parte, no todos los productos soportan los certificados electrónicos y la firma electrónica todo lo bien que sería deseable. Por poner un ejemplo conocido, se pueden citar las dificultades[42] del navegador **Safari** de Apple, que es el que viene integrado en **Mac OS**, y el almacén de certificados electrónicos de este sistema operativo (conocido como el **llavero**).

El gran número de configuraciones diferentes a las que dan lugar las combinaciones de las diferentes versiones de navegadores y sistemas operativos, la falta de una manera estándar de acceder a los certificados del usuario y firmar electrónicamente, las diferencias entre los certificados según la CA, etc. hacen en definitiva que la casuística técnica a resolver sea enorme e incremente de una manera desproporcionada dificultades y costes. Poco a poco se va progresando, pero aún se dan con cierta frecuencia este tipo de problemas para usuarios que no usen la combinación más típica de **Windows + Internet Explorer o Firefox**.

Y aunque no deba servir de excusa para la Administración, es conveniente comprender el grado de dificultad técnica que alcanza el problema. A día de hoy, llevar el principio de neutralidad tecnológica hasta sus últimas consecuencias implicaría un aumento del gasto público desproporcionado, con lo cual parece que el enfoque más razonable que mejor cumple con el interés general es llegar hasta compromisos aceptables.

Desde el punto de vista del usuario, una buena manera de evitar complicaciones con los servicios de la administración electrónica y con sitios Web que usen firma electrónica en general cuando no se utiliza el sistema operativo **Windows** es utilizar un navegador **multiplataforma** de amplio uso en vez del navegador Web nativo del sistema operativo en particular. El producto mejor soportado en las aplicaciones de administración electrónica, aparte de Internet Explorer, es hoy por hoy **Firefox**, disponible también para **Mac OS** y prácticamente todas las variantes de **Linux**, de modo que por esta vía se ofrece una alternativa operativa a prácticamente todos los usuarios. Esta opción se suele considerar por tanto comúnmente un compromiso razonable entre costes y el derecho del ciudadano al cumplimiento del principio de neutralidad.

Desafortunadamente aun así existen casos de sitios con problemas con este navegador, estos casos en la actualidad ya se consideran injustificables y deberían ser subsanados cuanto antes por la Administración responsable.

---

42 Ejemplos de los problemas del uso de certificados con Safari: http://bitacorasigloxxi.wordpress.com/2008/04/28/certificado-digital-fnmt-en-mac-os-x/, http://calejero.blogsome.com/2008/08/19/49/

Segunda Parte: Servicios y Soluciones de Administración Electrónica

4 Los Servicios horizontales e Instituciones de Administración Electrónica

4.1 El Portal del Ciudadano 060

La **Red 060** es una iniciativa del **Ministerio de Administraciones Públicas** (**MAP**)[43] que permite a los ciudadanos y a las empresas acceder a los servicios públicos de cualquiera de las tres administraciones con las que tienen que relacionarse (Administración General del Estado, autonómica y local).

Pretende facilitar la vida a ciudadanos y empresas, de manera que puedan acceder a los servicios sin necesidad de conocer la estructura interna de todas las administraciones o lugares físicos o virtuales donde se ubican.

En este sentido el portal de la Red 060 actúa como la referencia en el ámbito público para la atención al ciudadano y concentrador de las relaciones, interacciones y transacciones entre ciudadanos y Administraciones Públicas.

4.1.1 Servicios de la Red 060

El gran objetivo de la Red 060 es integrar servicios de todas las Administraciones (estatal, regional y local) para mejorar la atención ciudadana:

- Mediante la construcción de un **sistema integral de atención al ciudadano**, de forma coordinada entre las tres administraciones.
- Que ofrezca múltiples canales y servicios avanzados e interactivos basados en la integración de los procesos administrativos de información y gestión.
- Que fomente la **participación del ciudadano** mediante herramientas como **foros en Internet** y la **transparencia** y **accesibilidad** de la actividad pública.

4.1.2 Canales disponibles

- Oficinas locales de atención presencial. De esta red de oficinas ya forman parte más de 1600 ayuntamientos y 13 comunidades autónomas. Se permite realizar desde ellas los trámites.
- El teléfono 060 donde se facilita información sobre los servicios ofrecidos por todas las administraciones.
- Portal de Internet www.060.es donde se recopilan todos los servicios electrónicos ofrecidos por todas las administraciones.

[43] Ahora la Red 060 es ahora gestionada por el Ministerio de la Presidencia.

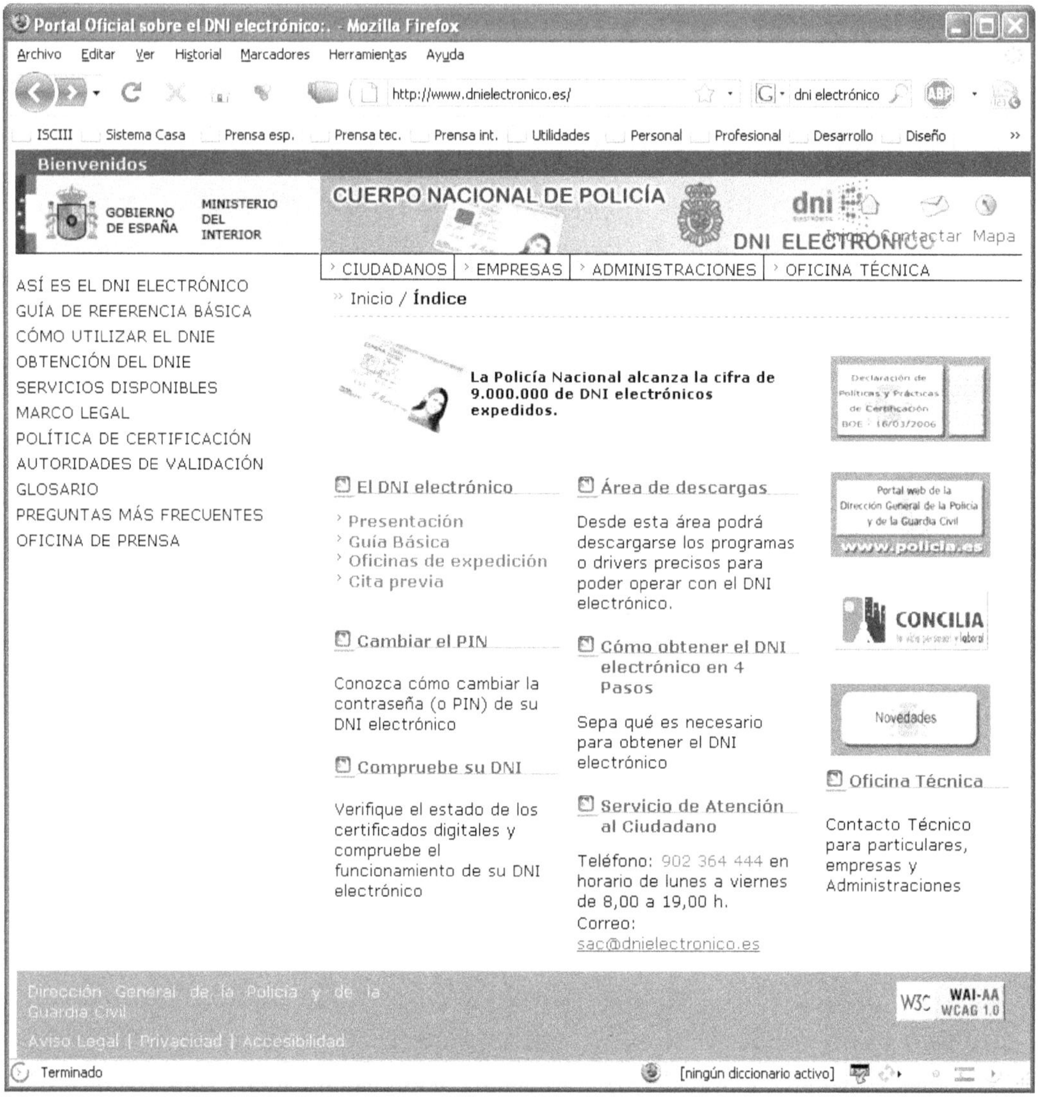

Portal Oficial sobre el DNI electrónico:. - Mozilla Firefox

Archivo Editar Ver Historial Marcadores Herramientas Ayuda

http://www.dnielectronico.es/

ISCIII Sistema Casa Prensa esp. Prensa tec. Prensa int. Utilidades Personal Profesional Desarrollo Diseño

Bienvenidos

GOBIERNO DE ESPAÑA MINISTERIO DEL INTERIOR

CUERPO NACIONAL DE POLICÍA

DNI ELECTRÓNICO

Inicio Contactar Mapa

CIUDADANOS | EMPRESAS | ADMINISTRACIONES | OFICINA TÉCNICA

ASÍ ES EL DNI ELECTRÓNICO
GUÍA DE REFERENCIA BÁSICA
CÓMO UTILIZAR EL DNIE
OBTENCIÓN DEL DNIE
SERVICIOS DISPONIBLES
MARCO LEGAL
POLÍTICA DE CERTIFICACIÓN
AUTORIDADES DE VALIDACIÓN
GLOSARIO
PREGUNTAS MÁS FRECUENTES
OFICINA DE PRENSA

Inicio / **Índice**

La Policía Nacional alcanza la cifra de 9.000.000 de DNI electrónicos expedidos.

El DNI electrónico
- Presentación
- Guía Básica
- Oficinas de expedición
- Cita previa

Cambiar el PIN

Conozca cómo cambiar la contraseña (o PIN) de su DNI electrónico

Compruebe su DNI

Verifique el estado de los certificados digitales y compruebe el funcionamiento de su DNI electrónico

Área de descargas

Desde esta área podrá descargarse los programas o drivers precisos para poder operar con el DNI electrónico.

Cómo obtener el DNI electrónico en 4 Pasos

Sepa qué es necesario para obtener el DNI electrónico

Servicio de Atención al Ciudadano

Teléfono: 902 364 444 en horario de lunes a viernes de 8,00 a 19,00 h.
Correo: sac@dnielectronico.es

Declaración de Políticas y Prácticas de Certificación BOE - 18/03/2006

Portal web de la Dirección General de la Policía y de la Guardia Civil www.policia.es

CONCILIA

Novedades

Oficina Técnica

Contacto Técnico para particulares, empresas y Administraciones

Dirección General de la Policía y de la Guardia Civil

Aviso Legal | Privacidad | Accesibilidad

WAI-AA WCAG 1.0

Terminado [ningún diccionario activo]

Ilustración 61 – Portal del DNI electrónico.

4.1.3 Servicios de la Red 060

Los ciudadanos pueden obtener información sobre trámites y servicios o realizar determinadas gestiones. Algunos ejemplos de estos servicios son:

- Pedir cita médica.
- Hacer la declaración de la renta.
- Alquilar una vivienda.
- Pedir cita para renovar el DNI.

4.2 El Portal del DNIe

En España el **DNIe** se expide desde marzo del año 2006. El nacimiento del DNI electrónico responde a la necesidad de otorgar identidad personal a los ciudadanos para su uso en la nueva **Sociedad de la Información**, en particular en sus relaciones con las Administraciones Públicas, además de servir de impulsor de la misma.

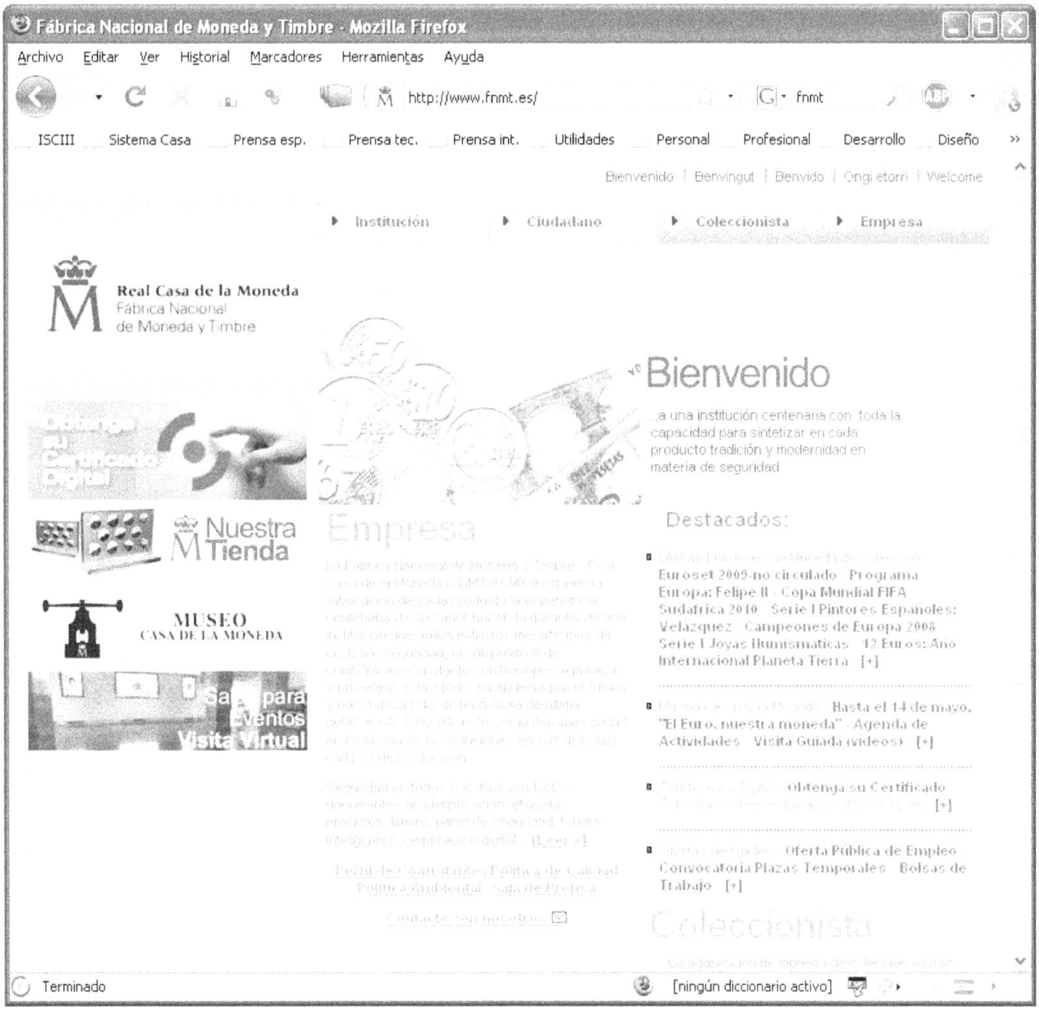

Ilustración 62 – Página principal de la FNMT.

De hecho se espera que el DNIe sea el elemento clave para conseguir un acceso masivo a los servicios electrónicos de la Administración, derivado de ello se espera además que actúe como efecto arrastre impulsando así una mayor inmersión de los usuarios y las empresas en los servicios de la sociedad de la información en general, tanto en el sector público como privado.

Ese valor estratégico que se otorga en este sentido al DNIe dentro de las políticas públicas actuales se ha visto reflejado, entre otras cosas, en la creación de un portal que aglutina toda la información relevante, herramientas y diversos documentos y guías para facilitar a los ciudadanos su uso.

El portal se encuentra en: http://www.dnielectronico.es/

No obstante, hoy por hoy, aunque en agosto del 2010 ya son 15 millones de personas las que poseen el DNIe, desafortunadamente la tasa de uso como medio de identificación y firma electrónica no ha sido la deseada[44].

4.3 La Fábrica Nacional de Moneda y Timbre

Actualmente la **FNMT** es uno de los protagonistas más importantes dentro del ámbito de la administración electrónica.

A pesar de que en España ya existen decenas de prestadores de servicios de servicios de certificación, la posición de la Fábrica Nacional de Moneda y Timbre es tal que se puede considerar casi un monopolio de facto en la expedición de certificados electrónicos, si dejamos al margen el caso particular del DNIe. Esto se debe fundamentalmente al tiempo que lleva prestando el servicio y la expedición gratuita de certificados para personas físicas.

4.4 La Red SARA

El **artículo 43** de la **Ley 11/2007** establece la obligación de crear una red de comunicaciones que interconecte las Administraciones Públicas españolas entre sí, con otras redes de las Instituciones Europeas y de otros Estados miembros, para el intercambio de información y servicios entre ellas.

La Red SARA permite la interconexión de las Administraciones Públicas, facilitando el intercambio de información y servicios entre ellas. A través de la Red SARA los Ministerios, las Comunidades Autónomas, los Entes Locales y otros organismos públicos pueden interconectar sus redes de una manera fiable, segura, con buenas prestaciones y flexible.

[44] Artículo que analiza más a fondo este problema: http://www.microlopez.org/2010/01/05/carta-a-los-reyes-magos-que-se-use-el-dni-electronico/

Con esta interconexión se pretende por una parte la prestación de servicios horizontales para todas las administraciones tales como, por ejemplo, los servicios de validación de firma electrónica que ofrece @Firma o servicios como el Registro Electrónico Común, de modo que los diversos organismos de las tres administraciones ya no se tienen que preocupar de implementarlos por su cuenta, sino que pueden apoyarse en los servicios que se ofrecen desde esta red.

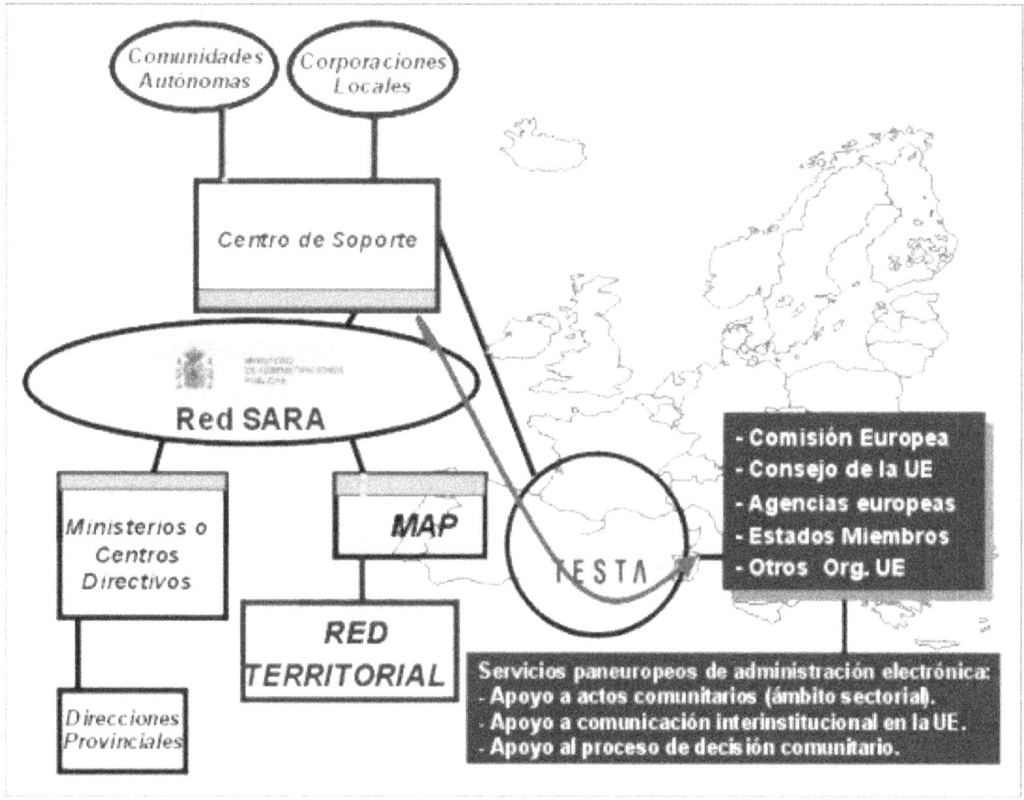

Ilustración 63 – Estructura de la red SARA.

Por otra parte, se pretende facilitar con esta interconexión la implementación de servicios interadministrativos. Es decir, que requieren interacción entre administraciones o diferentes órganos de una misma Administración, de modo que se puedan ofrecer servicios electrónicos sencillos al ciudadano, aunque en su implementación requieran una interacción compleja entre diferentes instituciones. El ejemplo por excelencia de un servicio de este tipo sería el cambio de domicilio, ya que implica trámites en las tres administraciones estatal, autonómica y local, y sin embargo por la vía electrónica se convierte de cara al ciudadano en un solo acto.

Además, a través del enlace de la Red SARA con la red transeuropea **sTESTA** las Administraciones Públicas españolas se pueden interconectar con redes de instituciones europeas y de administraciones de otros Estados miembros de la UE, para el despliegue y acceso a los servicios paneuropeos de administración electrónica.

4.5 El Consejo Superior de Administración Electrónica

El **Consejo Superior de Administración Electrónica** es el órgano colegiado adscrito al **Ministerio de la Presidencia**, encargado de la preparación, la elaboración, el desarrollo y la aplicación de la política y estrategia del Gobierno en materia de tecnologías de la información, así como del impulso e implantación de la administración electrónica en la Administración General del Estado. Actuará en pleno y en comisión permanente y dependen funcionalmente de él las **Comisiones Ministeriales de Administración Electrónica**, los **Comités Técnicos** y grupos de trabajo o ponencias especiales creadas para desarrollar sus funciones.

Está regulado por el **Real Decreto 589/2005**, de 20 de mayo, por el que se reestructuran los órganos colegiados responsables de la administración electrónica. Según el **artículo 3.1**, desde la entrada en vigor de dicho Real Decreto, el Consejo Superior de Informática y para el Impulso de la Administración Electrónica pasará a denominarse **Consejo Superior de Administración Electrónica**.

4.6 El Centro de Transferencia de Tecnología

El **Centro de Transferencia de Tecnología (CTT)** es un portal que ofrece un **directorio general de aplicaciones** y cuyo objetivo es favorecer la **reutilización** de soluciones por todas las Administraciones Públicas. Es la respuesta al mandato de **La Ley 11/2007** en su **artículo 46** sobre la necesidad de contar con un **directorio general de aplicaciones para su reutilización**.

Sus principales objetivos son:

- Crear un **repositorio común de software** para su **reutilización** en las Administraciones Públicas.
- Crear una **base de conocimiento común** de información sobre las diversas soluciones técnicas (normativas, servicios, infraestructura, desarrollos, etc.). en el ámbito de la administración electrónica.
- Ofrecer espacios dedicados e independientes en los que cualquier administración pueda publicar su proyecto TIC e incluso gestionar la evolución de dicho proyecto.
- Crear un espacio donde se puedan **compartir experiencias** y **cooperar** en el ámbito de administración electrónica entre las Administraciones.

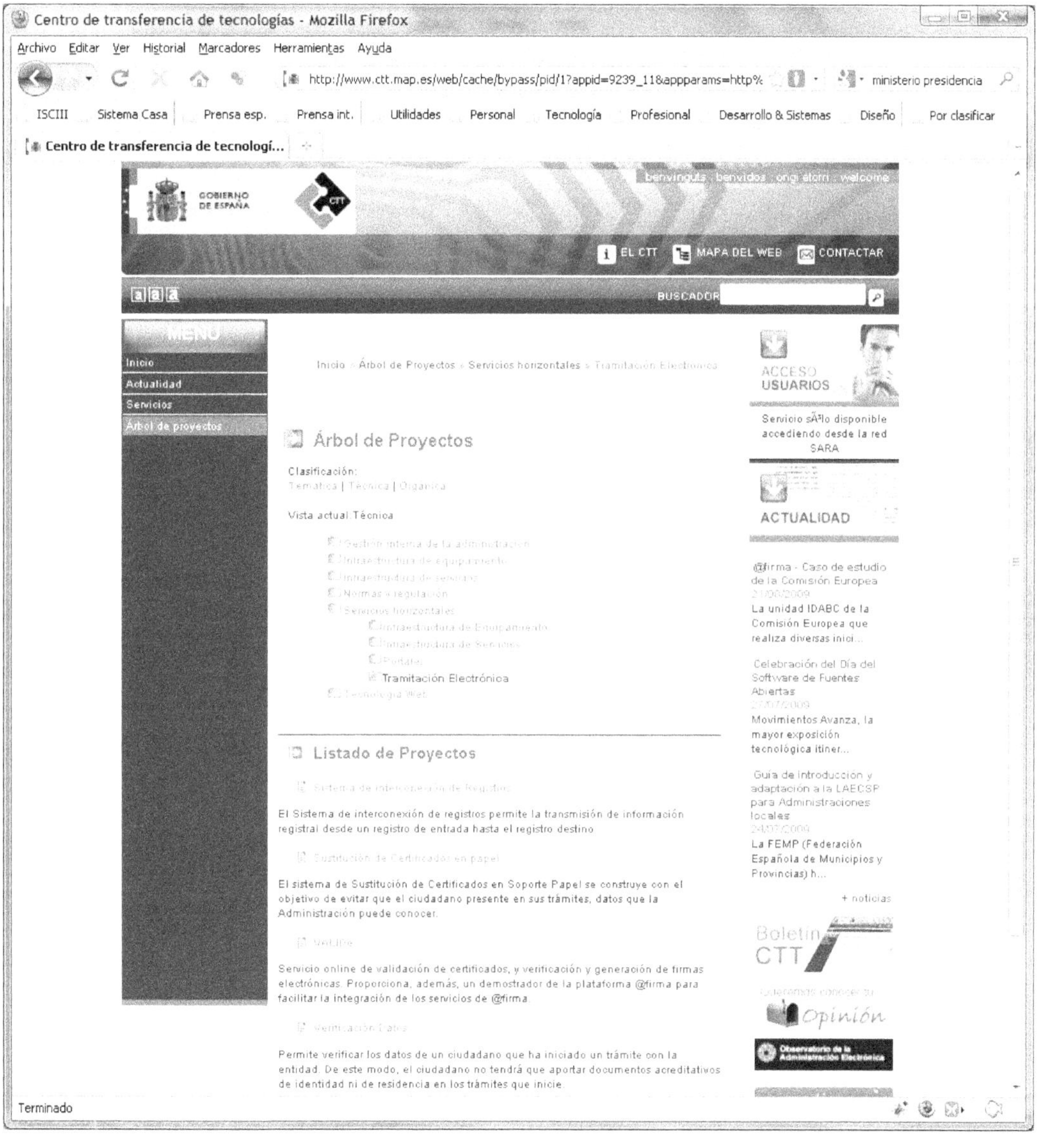

Centro de transferencia de tecnologías - Mozilla Firefox

Archivo Editar Ver Historial Marcadores Herramientas Ayuda

http://www.ctt.map.es/web/cache/bypass/pid/1?appid=9239_11&appparams=http%

ministerio presidencia

ISCIII Sistema Casa Prensa esp. Prensa int. Utilidades Personal Tecnología Profesional Desarrollo & Sistemas Diseño Por clasificar

Centro de transferencia de tecnologí...

GOBIERNO DE ESPAÑA

benvinguts : benvidos : ongi etorri : welcome

EL CTT MAPA DEL WEB CONTACTAR

BUSCADOR

MENU

Inicio

Actualidad

Servicios

Árbol de proyectos

Inicio > Árbol de Proyectos > Servicios horizontales > Tramitación Electrónica

Árbol de Proyectos

Clasificación:

Temática | Técnica | Orgánica

Vista actual: Técnica

Tramitación Electrónica

Listado de Proyectos

El Sistema de interconexión de registros permite la transmisión de información registral desde un registro de entrada hasta el registro destino.

El sistema de Sustitución de Certificados en Soporte Papel se construye con el objetivo de evitar que el ciudadano presente en sus trámites, datos que la Administración puede conocer.

Servicio online de validación de certificados, y verificación y generación de firmas electrónicas. Proporciona, además, un demostrador de la plataforma @firma para facilitar la integración de los servicios de @firma.

Permite verificar los datos de un ciudadano que ha iniciado un trámite con la entidad. De este modo, el ciudadano no tendrá que aportar documentos acreditativos de identidad ni de residencia en los trámites que inicie.

ACCESO USUARIOS

Servicio sÃ³lo disponible accediendo desde la red SARA

ACTUALIDAD

@firma - Caso de estudio de la Comisión Europea

La unidad IDABC de la Comisión Europea que realiza diversas inici...

Celebración del Día del Software de Fuentes Abiertas

Movimientos Avanza, la mayor exposición tecnológica itiner...

Guía de introducción y adaptación a la LAECSP para Administraciones locales

La FEMP (Federación Española de Municipios y Provincias) h...

+ noticias

Boletín CTT

Opinión

Observatorio de la Administración Electrónica

Terminado

Ilustración 64 – Página del CTT en la que se puede ver un listado de algunos de los proyectos de tramitación electrónica.

Se trata de una iniciativa aún joven con la idea de optimizar los recursos a través de una adecuada reutilización tanto de conocimiento como de software ya que la falta de reutilización de las aplicaciones en el ámbito de las Administraciones Públicas ha sido un problema que tradicionalmente ha sido difícil de solventar por la propia naturaleza descentralizada de la Administración Pública.

Por otra parte, el otro extremo, la centralización de las decisiones en TIC imponiendo las aplicaciones comunes a todos los organismos, aparte de imposible, legalmente tampoco es la solución adecuada al problema dada la diversidad de situaciones y requisitos específicos que se plantean en los diferentes organismos.

En la práctica esto llevó a una situación híbrida con un conjunto aplicaciones como **Nedaes** (nóminas), **Badarral** (personal) o **Sorolla** (gestión económica) que debido a su elevada difusión se pueden considerar un éxito como aplicaciones estándar de la Administración Pública puestas a disposición de los organismos interesados, pero en otros casos ha sido más difícil detectar sinergias.

Con Internet se puede dar una vuelta de tuerca más a la idea de intercambiar soluciones, ya que un portal como el del CTT es una manera muy eficaz y sencilla para averiguar si ya existen las soluciones para una necesidad determinada, y en su caso hacerse con ellas. Por otra parte, es un centro de ideas y conocimiento, y si no existe ya una solución que se ajuste al 100% con el tiempo será cada vez más probable encontrar soluciones parecidas que se pueden adaptar o en el peor de los casos estudiar para desarrollar una solución propia.

Con el tiempo, si los organismos muestran el suficiente interés y proactividad, el CTT quizás pueda llegar a evolucionar a una autentica comunidad colaborativa de desarrollo conjunto de las soluciones, al más puro estilo de las grandes organizaciones open source como la **Apache Software Foundation** o **GNU/Linux**[45].

4.7 Servicios horizontales destacados

Una plataforma TIC para el desarrollo de los servicios públicos electrónicos de un organismo tiene un considerable grado de complejidad, pero por otra parte existen diversos componentes en una plataforma de este tipo que son comunes a cualquier servicio que se desarrolle.

En ese sentido el Ministerio de la Presidencia ofrece a través de la **Red SARA** un conjunto de **servicios horizontales**[46], utilizables por cualquier Administración, que ayudan a acelerar el proceso de implantación de la administración electrónica.

4.7.1 Plataforma de Firma Electrónica @firma

Con la Plataforma de servicios de validación y firma electrónica multi-PKI **@firma**, las Administraciones Públicas disponen de los instrumentos necesarios para implementar la autenticación y firma electrónica avanzada de una forma rápida y efectiva.

---

45 Esto es una simplemente opinión personal del autor, no se basa en ningún tipo de información sobre planes concretos del Ministerio de la Presidencia.

46 Lista actualizada de los servicios disponibles: http://www.ctt.map.es/web/cache/offonce/servicios-map

Con esta plataforma se resuelve el problema de tener que conectar con diferentes autoridades de certificación para la validación de los certificados emitidos cada uno de ellas. @firma hace de puente con todas ellas ofreciendo un único punto de acceso para las administraciones sin tener que preocuparse de la CA a la que pertenece un certificado concreto a validar. Por otra parte, el mantenimiento para los organismos es prácticamente nulo ya que la incorporación de nuevas CAs se convierte en transparente para ellos.

La importancia de @firma la avalan sus cifras: según los últimos datos del CTT, @firma alcanzó en marzo del 2010 2,5 millones de operaciones. Por su parte la autoridad de sellado de tiempo de @firma, **TS@**, también ha experimentado una rápida evolución en el número de sellados de tiempo superando ya los dos millones de sellados de tiempo mensuales.

Este servicio está teniendo también un papel destacado dentro de las iniciativas de **eGovernment** de la Unión Europea dentro del marco del programa **IDABC** (Interoperable Delivery of European eGovernment Services to public Administrations, Businesses and Citizens) llevando a cabo diversos estudios sobre la creación de servicios federados de validación de certificados y firmas electrónicas.

4.7.2 VALIDe

Las Administraciones Públicas ofrecen a los ciudadanos servicios públicos electrónicos en los que se necesita firma electrónica y métodos avanzados de identificación o autenticación basados en certificados digitales. Debido a los múltiples certificados que pueden utilizarse para la identificación y la firma, implantar sistemas que soporten todas las funcionalidades y relaciones con las CA puede resultar complejo y costoso.

VALIDe es un sistema que determina la validez y vigencia de los certificados digitales que se indiquen, a través del servicio ofrecido por de la plataforma de validación y firma electrónica **@firma**. Esto permite validar los certificados de múltiples infraestructuras de clave pública (**PKI**), entre ellas la del **DNI electrónico**.

Además, dispone de múltiples utilidades de valor añadido, entre las que se encuentran la generación y validación de firmas electrónicas en múltiples formatos.

Este servicio funciona como un servicio no intrusivo o cerrado, que puede ser utilizado por todos los interesados de las distintas Administraciones Públicas, tanto estatal, como autonómica o local.

Los servicios ofrecidos a los organismos se pueden catalogar en cuatro bloques:

1. **Validar Certificados**: permite validar el estado de un certificado digital emitido por cualquier entidad de servicio de certificación reconocida, tanto en autenticidad, vigencia y estado de no revocación.
2. **Validar Sedes electrónicas**: permite comprobar las URLs de sedes electrónicas, verificando la validez del certificado que contienen.

3. **Validar Firmas**: permite consultar la validez de un documento firmado electrónicamente con múltiples formatos y tipos de certificados, como facturas electrónicas, contratos, etc.
4. **Realizar Firmas**: permite firmar electrónicamente un documento con cualquier certificado reconocido con las máximas garantías de integridad y autenticidad.
5. **Demostrador de servicios de @firma**: proporciona un demostrador del funcionamiento de los servicios Web para las Administraciones que deseen integrar los servicios de validación y firma de la Plataforma @firma en sus servicios electrónicos, para evaluar todos los servicios y realizar las pruebas funcionales necesarias.

4.7.3 Supresión de Certificados en Soporte Papel (SCSP)

El derecho del ciudadano a ***"no presentar documentos [...], que ya se encuentren en poder de la Administración actuante"*** está reconocido en la **Ley 30/1992**, de Régimen Jurídico de las Administraciones Públicas y del Procedimiento Administrativo Común.

Por otra parte, la **Ley 11/2007**, de 22 de Junio, de Acceso Electrónico de los ciudadanos a los Servicios Públicos, **LAECSP**, amplia este derecho del ciudadano al reconocerle además el derecho ***"a no aportar los datos y documentos que obren en poder de las Administraciones Públicas*** (la Ley 30/1992 se refería a la Administración "actuante")***, las cuales utilizarán medios electrónicos para recabar dicha información siempre que, en el caso de datos de carácter personal, se cuente con el consentimiento de los interesados"***.

Para facilitar el ejercicio de este derecho se ha creado un sistema de intercambio de datos entre administraciones, basado en el **artículo 15** del **Real Decreto 263/1996**[47], modificado por **Real Decreto 209/2003**, que permite la sustitución de los certificados administrativos en soporte papel por el envío, a través de medios telemáticos y con los requisitos de seguridad previstos, de aquellos datos que sean necesarios para el ejercicio, por un organismo, de sus competencias en el marco de un procedimiento administrativo.

La finalidad del servicio es evitar que el ciudadano tenga que aportar, en sus trámites, certificados o documentos acreditando información que tenga la administración actuante. Algunos organismos ofrecen en formato digital la información contenida en los certificados en papel, diferenciándose dos casos:

- Los llamados comúnmente **"certificados"**, que deben cumplir las condiciones de certificado telemático (ahora certificado electrónico) descritas en el **artículo 14** del **Real Decreto 263/1996** modificado por **Real Decreto 209/2003**, esto es, estar firmado digitalmente por la autoridad competente para expedirlos, y llevar código de verificación para poder comprobar su veracidad en caso de ser impreso.

[47] Derogado por el **Real Decreto 1671/2009**

- La **información intercambiada** entre organismos de la AGE u otras administraciones, que debe reunir las condiciones del **artículo 15**. Los organismos que más utilizan esta vía son la AEAT y la Tesorería General de la Seguridad Social, utilizando formatos diferentes de intercambio.

4.7.4 Verificación de Datos de Identidad (SVDI) y Datos de Residencia (SVDR)

A pesar de los derechos ya reconocidos al ciudadano en su momento en la Ley 30/1992 en los procedimientos administrativos, ha sido habitual la petición de documentos acreditativos de identidad y del lugar de residencia a efectos de verificar estos datos personales. Con el **Real Decreto 522/2006**, y **Real Decreto 523/2006**, de 28 de abril, se suprime la necesidad de aportar estos documentos en todos los procedimientos de la AGE y de sus organismos públicos vinculados o dependientes. No obstante, la **verificación** de estos datos, sigue siendo esencial para la tramitación de los procedimientos.

El servicio de verificación de datos de identidad y datos de residencia permite que cualquier organismo de la Administración pueda verificar dichos datos, sin necesidad de solicitar la aportación de los correspondientes documentos acreditativos, permitiendo así hacer efectiva esta supresión.

Las consultas a los servicios de verificación de datos, se pueden realizar de dos maneras:

- De forma automatizada desde una aplicación de gestión de un trámite, adaptadas para invocar los servicios Web proporcionados a través de la Red SARA.
- O bien por un empleado público autorizado mediante un cliente Web.

4.7.5 Notificaciones Telemáticas Seguras (SNTS)

Tal y como se recoge en la **Ley 30/1992** y en **Ley 11/2007**, los ciudadanos tienen el derecho a elegir el lugar de notificación, por tanto podrán decidir que se le notifique en su **Dirección Electrónica Única**[48] (**DEU**). Por tanto, los Departamentos y organismos de la Administración están obligados a facilitar este derecho.

El objetivo del servicio es facilitar las relaciones entre el ciudadano y la Administración, facilitando un buzón seguro y confidencial en el que pueda recibir todas las notificaciones de la AGE y en particular:

- Agilizar la recepción de las notificaciones que la Administración practica a los ciudadanos y empresas, mediante un sistema de notificación a través de medios telemáticos y con las mismas garantías que aquellas recibidas por vía postal.
- Reducir la burocracia y reducir costes a la Administración.

[48] Más información y alta: http://notificaciones.060.es/

- Ofrecer una dirección electrónica única con carácter gratuito a todos los ciudadanos y empresas que lo soliciten, en la cual recibir notificaciones telemáticas seguras. También, si ha facilitado una dirección de correo electrónico, recibirá en esa dirección un preaviso de notificación.
- Disponer de un sistema, de uso general para cualquier organismo público, a través del cual se notifiquen vía Internet a los ciudadanos cualquier comunicación asociada a la tramitación de sus expedientes administrativos.
- Mejorar la imagen que tienen los ciudadanos de la Administración.

4.7.6 Sistema de Interconexión de Registros (SIR)

El Sistema de interconexión de registros permite la implantación del concepto de ventanilla única telemática. Permite la transmisión de información registral desde un registro a otro, de forma que se pueda tener conocimiento en tiempo real de la información del asiento registral, en el registro destino, aunque la entrada se haya producido en cualquier registro del sistema, obteniendo una imagen del documento presentado.

La obligación de la AGE de interconectar sus oficinas de registro se recoge en el artículo 24.4 la ley 11/2007, de 22 de Junio, de Acceso Electrónico de los Ciudadanos a los Servicios Públicos.

El proyecto se inicia en enero de 2007 realizándose el primer piloto en noviembre de 2008. El sistema permite la interconexión de las oficinas de registro para permitir el acceso a los asientos registrales de las comunicaciones a ellas dirigidas a través de cualquier otro punto, así como la consulta de imágenes de los documentos correspondientes. Abarca el ámbito AGE de Comunidades Autónomas y Entidades Locales.

Para ello, con carácter previo, se ha definido el formato de los documentos electrónicos y los servicios electrónicos necesarios para el intercambio de información entre Registros.

El sistema de intercambio de asientos registrales usa como base el sistema de Mensajería Electrónica de Registros ya existente. Adicionalmente se ha implantado un Centro de Control global de todas las transacciones efectuadas, para el control y seguimiento de cualquier transmisión de información efectuada.

4.7.7 Pasarela de Pagos

La pasarela de pagos pretende mejorar la disposición de la Administración del Estado para adoptar el pago telemático en sus trámites.

Permite al organismo prestar al ciudadano un servicio de pago electrónico de tasas a través de Internet. Con esto se le facilita la gestión que debe realizar ya que, unido al trámite electrónico, puede realizar el pago correspondiente de manera sencilla y sin tener que desplazarse a la entidad correspondiente.

Como resultado se consigue:

- Evitar desplazamientos del ciudadano para realizar autoliquidaciones de tasas.

- Hacer posible el pago electrónico en los organismos de la AGE que lo soliciten.
- Un servicio homogéneo de "pago electrónico" en la Administración.
- Una elevada seguridad en las transacciones económicas, basado en el uso de certificados electrónicos y de firma electrónica.

Como consecuencia de la integración de Pasarela de Pagos en los organismos, el ciudadano podrá utilizar un entorno de pago integrado con el trámite a realizar, disponible en la Web del propio organismo o a través de "Mis pagos" en la Red 060.

4.7.8 Servicio de Georeferenciación en la Administración General del Estado

El proyecto de Georeferenciación ofrece un Servicio de Guía Urbana que permitirá a los ciudadanos localizar las oficinas o servicios públicos con facilidad. El ciudadano consulta a través de Internet, de una manera visual y muy sencilla, cualquier oficina de la Administración General del Estado o la oficina más cercana a su domicilio o cómo llegar a ella.

Para los mapas callejeros se cuenta con la base cartográfica de guía urbana del **Instituto Geográfico Nacional** (Servicio **CARTOCIUDAD**), sobre la que se añaden las capas de información de interés específico para cada Ministerio.

Los ciudadanos pueden:

- **Localizar una oficina**: ofrece la lista de oficinas del tipo deseado y la ubicación geográfica en un mapa callejero con la posibilidad de desplazarse en el mismo para obtener una mayor información sobre la localización del mismo
- **Localizar la oficina más cercana al lugar donde se encuentre** con la opción "Cerca de usted"
- **Visualizar el itinerario recomendado** desde un lugar de origen a uno de destino con la opción "Calcular el itinerario"

Los Organismos disponen de una potente herramienta con la que diseñar la información que deseen facilitar a los ciudadanos: puntos de interés, oficinas propias o relacionadas que consideren de utilidad para otros organismos, etc.

5 Soluciones y Componentes de Administración Electrónica

En la misma línea que los servicios horizontales van las soluciones de administración electrónica desarrolladas por las administraciones públicas y que se ofrecen de manera gratuita a cualquier entidad interesada para la implementación de servicios electrónicos.

Se ofrecen, por una parte, soluciones integrales como lo es el sistema **SIGEM** y, por otra parte, componentes y librerías de desarrollo que ofrecen funcionalidad en torno a las necesidades comunes de los servicios electrónicos como la firma digital o el tratamiento de facturas electrónicas con el formato **Facturae**.

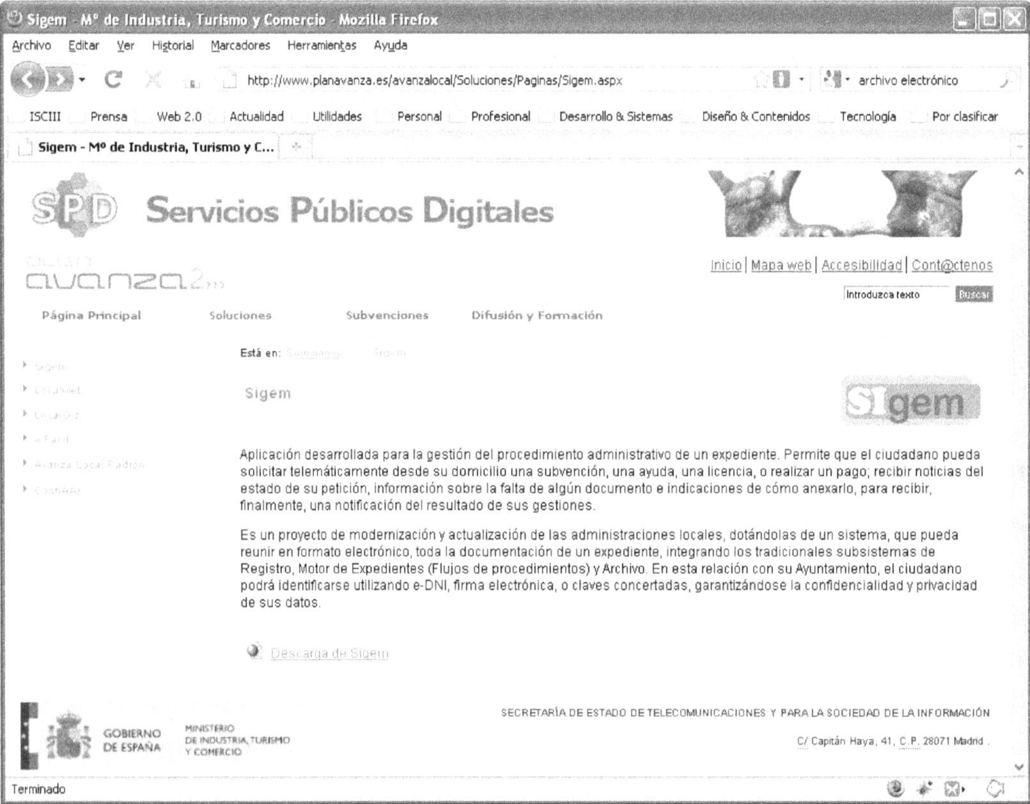

Ilustración 65 – Apartado de soluciones del portal del Plan Avanza2.

5.1 SIGEM (Sistema Integrado de Gestión Municipal)

El Sistema Integrado de Gestión Municipal[49] fue concebido en el marco del **Plan Avanza Local**[50]y ofrece para su descarga y uso gratuito por el **Ministerio de Industria, Turismo y Comercio**. Se trata de una aplicación desarrollada principalmente para la gestión integral del procedimiento administrativo de un expediente.

[49] http://www.planavanza.es/avanzalocal/Soluciones/Paginas/Sigem.aspx

[50] http://www.planavanza.es/avanzalocal/Soluciones/Paginas/Plataforma.aspx

Ha sido desarrollado originalmente como un proyecto de modernización y actualización de las administraciones locales, dotándolas de un sistema, que pueda reunir en formato electrónico, toda la documentación de un expediente, integrando los tradicionales subsistemas de **registro**, **notificaciones electrónicas**, **pago electrónico**, **motor de expedientes** (flujos de procedimientos) y **archivo electrónico**. Esto se completa además con funcionalidades como **implementaciones por defecto de una serie procedimientos administrativos** locales o un servicio de **consulta del estado de tramitación del expediente** para el ciudadano. En esta relación con su Administración, el ciudadano podrá identificarse utilizando e-DNI, firma electrónica, o claves concertadas, garantizándose la confidencialidad y privacidad de sus datos.

Se trata en definitiva de una solución que pretende hacer posible la rápida, fácil y económica implantación de servicios electrónicos que permitan a las entidades locales cumplir con las exigencias de la **Ley 11/2007** y el **Real Decreto 1671/2009**.

No obstante, los módulos de esta solución como el módulo de registro (electrónico y presencial) o el módulo de tramitación de expedientes son los suficientemente abiertas y potentes como para poder ser una solución igualmente adecuada para las necesidades de otras administraciones, ya sean regionales u organismos de la Administración del Estado.

La orientación hacia la Administración local hace, sin embargo, que tenga algunas ventajas específicas para estas administraciones como, por ejemplo, el hecho de disponer ya de implementaciones completas de algunos de los procedimientos administrativos locales más típicos.

Sus **principales ventajas** radican en ofrecer una solución integral que cubre una parte importante de las tareas a realizar para **cumplir con las obligaciones legales** en materia de administración electrónica, la reducción de los **plazos** de implantación de servicios electrónicos, su naturaleza de **fuentes abiertas** que se suministran junto con la solución, la **ausencia de costes de licencias** y las disponibilidad de un **soporte profesional** por diferentes proveedores.

5.2 Cliente de Firma electrónica de @firma

El cliente de firma es un **componente de firma digital** desde un navegador Web. Este cliente de firma permite la realización de las siguientes operaciones:

- Firma Formularios Web (con y sin adjuntos)
- Firma Ficheros binarios
- Firma Masiva ficheros binarios
- Firma Multiformato: **CMS**, **XMLDsig**, **XAdES**, **CAdES**
- Co-firma (CoSign) o Multifirma al mismo nivel.
- Contra-Firma (CounterSign) o Multifirma en cascada.
- Cifrado de datos y realización de sobre digital.

El cliente consta de un cliente básico y plugin XAdES que se descarga en el navegador del usuario (**Internet Explorer** y **Mozilla Firefox**) y se encarga de realizar la firma utilizando uno de los certificados dados de alta en dicho navegador. Este componente sólo se descarga una vez desde un servidor y se autoinstala en la máquina del usuario. Cualquier actualización se realizará sobre lo instalado.

5.3 Soluciones y Componentes para la Facturación Electrónica

Con el marco legal actual el año 2010 es el año del impulso definitivo a la facturación electrónica, ya que a partir del 1 de noviembre de este año es obligatoria la emisión de facturas electrónicas a todas las entidades del sector público estatal.

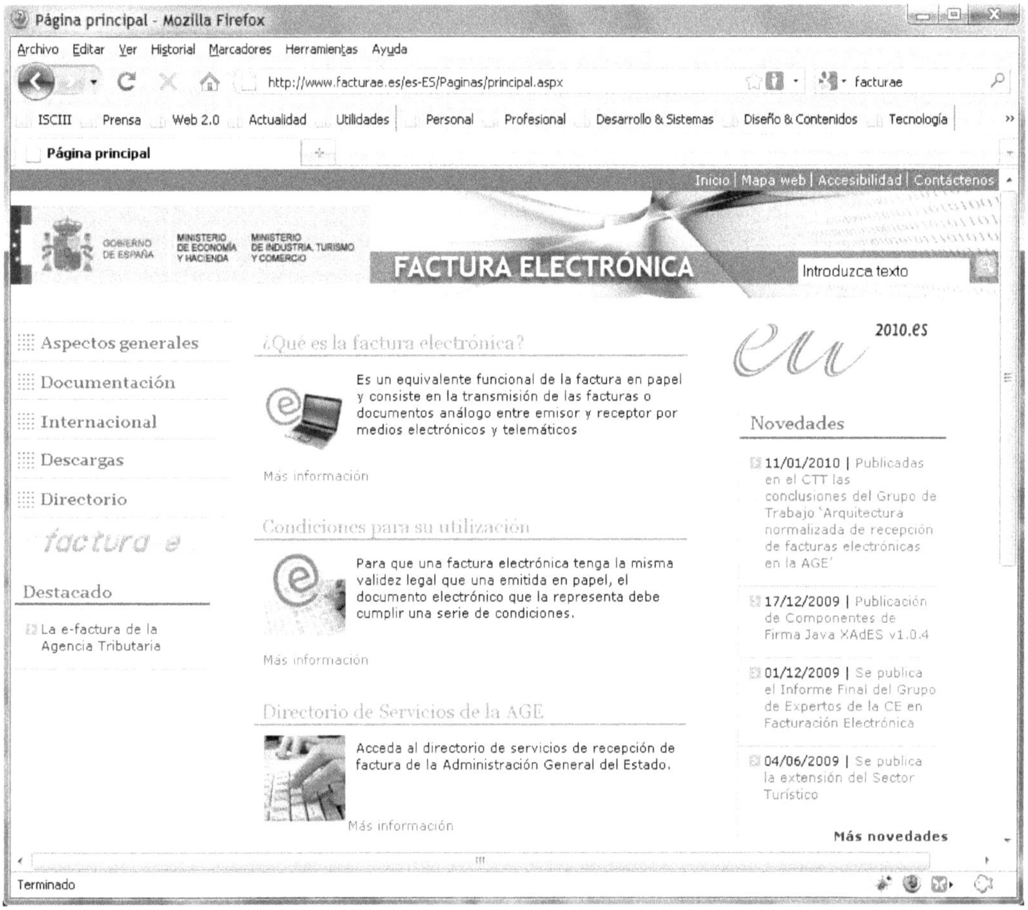

Ilustración 66 – Portal sobre la factura electrónica y el formato Facturae.

Para proveer un lugar central con **información** y **facilitar la adopción de la factura electrónica**, tanto por el sector público como privado, el **Ministerio de Industria, Turismo y Comercio** ha puesto en marcha un **portal sobre la factura electrónica**[51]. Aquí se proporcionan utilidades, aplicaciones y diversos componentes para el desarrollo de aplicaciones relacionadas con la factura electrónica y la integración en aplicaciones existentes.

Aquí se proveen **utilidades de validación y visualización** de facturas generadas con el formato Facturae. Además se provee la **aplicación de Gestión de Facturación Electrónica** que permite la generación de facturas electrónicas con formato **Facturae** (**Orden PRE/2971/2007**) de una manera cómoda y sencilla. Realizado con software abierto, se trata de un programa especialmente dirigido a PYMEs, microPYMEs y trabajadores autónomos, a los que proporciona una solución a los problemas derivados del almacenamiento de facturas en papel.

Finalmente cabe destacar que con objeto de facilitar la incorporación del formato Facturae en las aplicaciones de facturación electrónica ya existentes o en desarrollo, se pone a disposición de los usuarios interesados un **API** desarrollado en Java que implementa la funcionalidad necesaria para gestionar facturas con formato Facturae.

[51] http://www.facturae.es

Tercera Parte: Aspectos Jurídicos

6 El Marco Legal de la Administración Electrónica

Como no podía ser de otra forma, la administración electrónica cuenta con su propio marco legal dentro del cual destaca la **Ley 11/2007, de acceso electrónico de los ciudadanos a los Servicios Públicos** (**LAECSP**).

Pero el marco legal completo de la administración electrónica va mucho allá de esta ley, hay muchas cuestiones concretas, como la protección de los datos personales o la legislación en torno al uso de firmas electrónicas, que es imprescindible conocer bien si se quieren concebir nuevos servicios electrónicos.

Dada la envergadura y complejidad de la suma de estas cuestiones es imposible abarcarlas en este manual, pero sí se pretende esbozar, al menos, un pequeño mapa básico de las normas legales más importantes que sirva al lector interesado en la materia como punto de orientación inicial a partir del cual hacerse una idea global que le permita adquirir una primera base de conocimiento útil para poder profundizar por su cuenta en los temas concretos que necesite.

Para ello se repasan de manera somera los principales textos legales a lo largo de este capítulo, con especial hincapié en la **Ley 11/2007**. Al resto de normas que forman parte del marco jurídico de la administración electrónica se hace referencia a lo largo del resto del manual conforme procede en cada ocasión. El lector interesado podrá encontrar en el índice alfabético de este manual una referencia bastante completa de todas las normas relevantes en torno a la administración electrónica.

6.1 La Ley 11/2007, de Acceso Electrónico de los Ciudadanos a los Servicios Públicos

La **Ley 11/2007** es la primera norma legal con rango de ley que se centra enteramente en la problemática propia de la administración electrónica, es por tanto la norma legal de referencia en esta materia y establece un marco homogéneo para las tres administraciones en la materia.

Su principal objetivo es reconocer y garantizar el derecho del ciudadano a relacionarse por medios electrónicos con las Administraciones Públicas. Por otra parte se pretende impulsar el uso de los servicios electrónicos en la Administración creando las condiciones necesarias, y de manera indirecta ejercer con ello un efecto arrastre sobre la sociedad de la información en general.

Las Administraciones Públicas tienen la obligación de posibilitar el acceso a todos sus servicios electrónicos, incluyendo registros, pago, notificaciones y la consulta del estado de tramitación de sus procedimientos desde el 31 de diciembre del 2009[52].

[52] Este plazo es obligatorio para la Administración del Estado, pero en el caso de las Comunidades Autónomas y Entidades Locales condiciona en la **disposición final tercera** su obligatoriedad a sus disponibilidades presupuestarias.

6.1.1 Principales Contenidos

La ley se estructura en **5 títulos** que se resumen brevemente a continuación:

Título Preliminar. Ámbito de Aplicación y los Principios Generales

Este título aborda los objetivos ya mencionados y expone los **fines** de la ley tales como **facilitar el ejercicio de derechos y cumplimiento de deberes** por medios electrónicos, el **acceso a información** y a **los procedimientos**, y la creación de las **condiciones de confianza** (léase seguridad, con especial énfasis en la seguridad de los datos personales) necesaria para que se usen. Esto debe contribuir a una mayor **proximidad con el ciudadano** y la **transparencia administrativa**.

Por otra parte, debe mejorarse el funcionamiento interno **incrementando la eficiencia y eficacia** con el uso de las **TIC**, a la vez que **simplificar los procedimientos**, y promover una **mayor participación y transparencia** de los mismos para los ciudadanos.

También se declaran una larga serie de principios como el **principio de igualdad** (entendido como no discriminación de aquellas personas que no disponen de un acceso fácil a medios electrónicos), el respeto a la **Ley Orgánica 15/1999**, de Protección de Datos personales, la **accesibilidad** y un especial cuidado en los **aspectos de seguridad tanto a nivel jurídico como de la tecnología**.

Se pueden destacar también el **principio de neutralidad tecnológica** y **uso de estándares abiertos** en el uso de las TIC, lo cual ha sido uno de los motivos de incluir en esta edición del manual el capítulo ***"Estándares Abiertos, Software Libre y Código Abierto en la Administración*** **Electrónica"**.

Finalmente es interesante la referencia al **anexo de definiciones** que se hace en este título, ya que esta ley tiene que tratar por su particular naturaleza con términos técnicos y conceptos que hoy por hoy se salen de la terminología habitual del lenguaje jurídico. En ese sentido aquellos lectores no muy expertos en el terreno de las tecnologías agradecerán seguramente su inclusión.

Título I. Derecho de los Ciudadanos a relacionarse con las Administraciones Públicas por Medios Electrónicos

Si hubiera que resumir el espíritu de este título de alguna manera, seguramente sería adecuado citar la exposición de motivos de esta misma ley cuando dice que **la ley pretende dar el paso del *"podrán"* al *"deberán"***.

Esto incluye, por una parte, a nivel general el **ejercicio por medios electrónicos de los derechos previstos el artículo 35** de la **Ley 30/1992**[53] y, por otra parte, una serie de **derechos nuevos** como el **pago electrónico**, la **notificación electrónica**, las **copias electrónicas de documentos**, **elección del canal** a utilizar (al menos: **sede electrónica**[54], **teléfono**, **presencial**), la **obtención de los medios de identificación electrónica** necesarios, el **derecho a utilizar el DNIe en cualquier trámite electrónico**, la **calidad** de los servicios electrónicos prestados o el **derecho a elegir las aplicaciones o sistemas**[55] **para relacionarse con las AAPP**, siempre y cuando estén basadas en **estándares abiertos**. La especial importancia de la protección de los derechos de los ciudadanos se refleja también en la introducción la nueva figura del **Defensor del usuario de la administración electrónica**.

Título II. Régimen Jurídico de la Administración Electrónica

En este capítulo se abordan cuatro grandes cuestiones, las cuales se reflejan en sus correspondientes capítulos: el nuevo concepto de **sede electrónica**, las garantías en torno a la **identificación y la autenticación**, los **registros, comunicaciones y notificaciones electrónicas**, y finalmente los **documentos y archivos electrónicos**.

La **sede electrónica** es, como dice el **artículo 10**, *"aquella **dirección electrónica** disponible **para los ciudadanos** a través de **redes de telecomunicaciones** cuya **titularidad, gestión y administración corresponde a una Administración Pública**, órgano o entidad administrativa en el **ejercicio de sus competencias**."*

Hasta aquí no sería nada nuevo, es decir, aparentemente la Web institucional de toda la vida, de no ser porque al concepto de sede la ley le asocia expresamente ciertas características. Fundamentalmente la **responsabilidad del titular respecto de la integridad, veracidad y actualización de la información y los servicios**, el hecho de que la **publicación de diarios o boletines oficiales** reviste los mismos efectos que la publicación impresa y que puede actuar como sustituta o complemento al **tablón de anuncios o edictos**. Además, han de tenerse en cuenta las condiciones que han de cumplir las sedes electrónicas de la Administración General del Estado en el marco del **Real Decreto 1671/2009**.

---

[53] Acceder a los registros y archivos de las AAPP, conocer el estado del procedimiento y obtener copias de sus documentos, formular alegaciones y aportar documentos, no presentar documentos que ya obren en poder de la Administración, identificar autoridades y personal del procedimiento, uso de la lengua co-oficial, etc.

[54] Es decir, la Web del organismo en cuestión.

[55] Este principio es difícil de delimitar en casos muy concretos, pero un ejemplo sencillo para ilustrar su filosofía es la libertad para uso de diferentes navegadores reconocidos que cumplan los estándares Web para acceder a un servicio público electrónico frente a la limitación a un producto de un fabricante concreto.

En cuanto a la **identificación y autenticación** cabe destacar por una parte que el **DNIe** se establece como medio universal que debe ser aceptado por todas las administraciones para la **identificación**, **autenticación** y **firma electrónica** de los ciudadanos. Se admite el uso de la **firma electrónica avanzada** como medio seguro de firma de documentos y **se regula la admisión de otras alternativas** como lo pueden ser **combinaciones usuario/clave**, con la única limitación de que la Administración en cuestión puede decidir la relación concreta de los correspondientes **tipos de certificados** admitidos.

Del lado de la Administración se detalla el concepto de **sello electrónico** (firma electrónica de la Administración, órgano, etc. que corresponda) diferenciando así este tipo de firma electrónica institucional de la firma electrónica de los empleados públicos. Por otra parte, es muy importante la regulación del **código seguro de verificación**, ya que permitirá cosas como disponer de un sello automatizado válido y verificable en una copia impresa del documento. Este código se podrá consultar en el órgano administrativo correspondiente para comprobar la veracidad del documento emitido por una Administración, conservando así plenas garantías jurídicas también desde una copia impresa de un documento electrónico, lo cual a su vez permite facilitar en gran medida la necesaria convivencia entre el mundo electrónico y el papel hasta que algún día el papel realmente deje de ser necesario.

En la última sección del capítulo se aborda el problema de la **interoperabilidad** y la **necesidad del mutuo reconocimiento de la identificación, autenticación y firma** basada en certificados electrónicos. En esa línea se establece la obligación para la Administración General del Estado de disponer de una **plataforma de verificación del estado de revocación de certificados electrónicos** que actualmente se encuentra implementada con el servicio horizontal **@Firma** de la **Red SARA**.

Hay que mencionar especialmente la **identificación y autenticación de los ciudadanos por funcionario público**. Ésta es también una cuestión que anteriormente no se encontraba prevista y que añade una importante mejora de flexibilidad al marco legal que había hasta la fecha en materia de administración electrónica, ya que permite evitar en gran medida el uso de la vía del papel para aquellas personas que no dispongan de medios o conocimientos para realizar un trámite por la vía electrónica, siempre que lo consienten, aunque el hecho de disponer de la ayuda de un funcionario debería ser en muchos casos un buen motivo para ello.

Los dos siguientes (y últimos) capítulos de este título merecen una mención aparte, ya que tratan de lo que se pueden considerar los pilares sobre los cuales se sustenta cualquier procedimiento administrativo que se implemente de forma electrónica. De hecho, por este mismo se tratan en profundidad en el capítulo ***"Elementos de Administración Electrónica"*** de este manual.

Por una parte se abordan los **registros**, **las comunicaciones** y las **notificaciones electrónicas**.

Se tocan cuestiones como los **tipos de documentos admitidos**, admitiéndose prácticamente cualquiera, tanto estructurados (formularios Web de la página del trámite) o bien libres (un simple documento Word, por ejemplo), **requisitos para los acuses de recibo** devueltos al ciudadano, la **disponibilidad 24x7** de los registros, requisitos de **seguridad en las comunicaciones electrónicas** con las AAPP, necesidad del **consentimiento del ciudadano** para las comunicaciones electrónicas, **posibilidad de reglamentar el uso obligatorio de la vía electrónica** para personas jurídicas o colectivos de personas físicas, práctica de la **notificación por medios electrónicos**, **requisitos y efectos** de ello, **plazos**, etc.

Por otra parte en el último capítulo se aborda la problemática del **documento electrónico** y los **archivos electrónicos**.

Se define el concepto de **documento electrónico administrativo**, junto con la **copia electrónica** de documentos, incluyendo **documentos digitalizados** que originalmente se encontraban en papel, algo que facilitará en gran medida el periodo de transición entre la Administración basada en el papel y la electrónica y que sienta las bases para el concepto de la compulsa electrónica, aunque este término no es utilizado por la ley.

El concepto de expediente administrativo se lleva al mundo de la administración electrónica con el **expediente electrónico**, al cual se trasladan en aras de las garantías de integridad del mismo incluso conceptos que se asocian propiamente al mundo del papel como lo es el **foliado** del expediente.

Título III. De la Gestión electrónica de los Procedimientos

Este título se centra en los aspectos a tener en cuenta en la gestión de los procedimientos administrativos cuando se utilizan medios electrónicos para ello. Se trata, en definitiva, de asegurar que el uso de los medios electrónicos **no socave las garantías jurídicas** propias de los procedimientos, y más allá de ello, de aprovechar las oportunidades de **mejora y simplificación** que ofrece para la gestión de los mismos.

En este sentido se recalcan aspectos como que la gestión electrónica debe respetar la **titularidad** y el **ejercicio de la competencia** por la Administración, órgano o entidad que la tenga atribuida o la necesidad de la **formación** adecuada del personal que utilice los medios electrónicos. Por otra parte el **artículo 34** dispone el precepto general de que la aplicación de medios electrónicos a la gestión de los procedimientos, procesos y servicios irá siempre precedida de la realización de un **análisis de rediseño funcional y simplificación del procedimiento, proceso o servicio**.

En lo que resta del título se abordan diversos detalles sobre las fases de iniciación, instrucción y terminación del procedimiento, detalles como la posibilidad de poder **aportar copias digitalizadas de documentos al expediente** o la posibilidad de poder **consultar por vía electrónica el estado de tramitación** del expediente.

Título IV. Cooperación entre Administraciones para el Impulso de la Administración Electrónica

En este título se trata la problemática inherente a nuestro modelo de Estado descentralizado en la medida que afecta a las cuestiones propias de la administración electrónica tratándola a tres niveles.

En primer lugar, se trata desde la **perspectiva organizativa e institucional** con la creación del **Comité Sectorial de Administración Electrónica** dependiente de la **Conferencia Sectorial de Administración Electrónica** que se establece como el **órgano técnico de cooperación** entre las tres Administraciones en esta materia. Sus principales responsabilidades son velar por la **compatibilidad** e **interoperabilidad** de las aplicaciones y sistemas, y la coordinación de **programas conjuntos de actuación**.

Otra perspectiva es la **interoperabilidad** en sí misma. Las TIC se deben utilizar en las relaciones entre las propias administraciones y con los ciudadanos, aplicando medidas informáticas, tecnológicas, organizativas, y de seguridad, que garanticen un adecuado nivel de **interoperabilidad técnica**, **semántica** y **organizativa**, y **eviten discriminación** a los ciudadanos por razón de su elección tecnológica.

Para conseguir este objetivo se definen varias medidas: la creación del **Esquema Nacional de Interoperabilidad**[56]y del **Esquema Nacional de Seguridad**[57], la **Red SARA** (Red de comunicaciones de las Administraciones Públicas españolas) y la **Red 060** (Red Integrada de atención al Ciudadano).

El tercer nivel de cooperación que se aborda es la cooperación mediante el **intercambio y reutilización de los sistemas y aplicaciones** desarrolladas, y la **transferencia de tecnología y de conocimiento** entre Administraciones. Aquí se consagra también la idea de un **directorio general de aplicaciones** para su reutilización que en el plano real se ha encarnado en el **Centro de Transferencia de Tecnologías (CTT)**[58].

6.1.2 El Reglamento de Desarrollo de la Ley 11/2007, Real Decreto 1671/2009

El **Real Decreto 1671/2009, por el que se desarrolla parcialmente la Ley 11/2007** pretende ser el complemento necesario en la **Administración General del Estado** para facilitar la efectiva realización de los derechos reconocidos en la **Ley 11/2007**.

En este sentido es de esperar que las diversas Administraciones desarrollen sus correspondientes textos legales y que en gran medida se basen en este Real Decreto. Tal como explica en su exposición de motivos, este texto se ha construido sobre la base de los siguientes principios estratégicos:

56 Más información: http://www.csae.map.es/csi/pg5e41.htm

57 Más información: http://www.csae.map.es/csi/pg5e42.htm

58 Más información: http://www.ctt.map.es/

*En primer lugar, procurar **la más plena realización de los derechos reconocidos en la Ley 11/2007**, de 22 de junio, **facilitándolos** en la medida que lo permite el estado de la técnica, y la **garantía de que no resultan afectados otros bienes constitucionalmente protegidos**, como pueden ser la **protección de datos**, los **derechos de acceso a la información administrativa** o la **preservación de intereses de terceros**.*

*En segundo lugar, establecer un **marco lo más flexible posible en la implantación de los medios de comunicación**, cuidando los niveles de **seguridad y protección de derechos e intereses** previstos tanto en la propia Ley 11/2007, de 22 de junio, como en la legislación administrativa en general. Con ello se persigue un **triple objetivo**: en primer lugar, **evitar** que la nueva regulación **imponga una renovación** tal en las soluciones de comunicación con los ciudadanos que impida la **pervivencia** de técnicas existentes y de gran arraigo; en segundo lugar, **facilitar** la actividad de **implantación y adaptación** a las distintas organizaciones, funciones y procedimientos a los que es de aplicación el real decreto; y en tercer lugar, **impedir** que la opción rígida por determinadas soluciones **dificulte** para el futuro la incorporación de nuevas soluciones y servicios.*

El Real Decreto empieza por concretar la manera de realizar el **derecho de no aportación de datos y documentos que ya obren en poder de la Administración** y especifica las pautas de actuación concretas necesarias para su implementación en la práctica administrativa.

A continuación se abordan en profundidad el concepto de **sede electrónica**[59], detalles relativos a la **creación y operativa** de las mismas, y el **punto de acceso general de la Administración General del Estado** que actualmente se encarna en la **Red 060**. Se abordan igualmente detalles sobre los **certificados electrónicos** a usar por las sedes electrónicas y la **identificación** de las mismas tales como la obligación, en un plazo de **4 meses** a partir de la entrada en vigor del Real Decreto, de utilizar **nombres de dominio** del tipo "**gob.es**" en todas las sedes electrónicas de la Administración General del Estado, obligación que entró en vigor en marzo del año 2010.

Se regulan asimismo detalles acerca de los **sellos electrónicos** emitidos por la AGE y sus organismos, los **códigos seguros de verificación** (necesidad de una Orden Ministerial o resolución de titular de organismo público para su aplicación, procedimiento directo y gratuito para los interesados, posibilidad de utilizar el código seguro de verificación también como modalidad de firma del personal de la AGE), y los demás medios de autenticación y firma del personal. Se **prohíbe** expresamente la aplicación de los **certificados de sede electrónica** para la **firma electrónica de documentos y trámites**.

Se crea también el concepto de **certificado electrónico de empleado público**, un certificado electrónico **vinculado a un puesto de trabajo** que identifica a su titular y se especifican los contenidos mínimos con los que ha de contar.

59 Sinopsis de **Félix Serrano**: http://efuncionario.com/2009/11/20/el-reglamento-de-la-laecsp-las-sedes-electronicas/

Por otra parte, se establece el régimen de **habilitaciones generales y específicas** de personas físicas o jurídicas autorizadas para la presentación electrónica de documentos en **representación de los interesados**, se detallan algunos aspectos de la **identificación y autenticación de ciudadanos por funcionario público** y se crea el **registro electrónico de apoderamientos** de la Administración General del Estado.

En cuanto a los servicios relacionados con el uso de certificados electrónicos se aborda el **sistema nacional de verificación** (que hoy por hoy se encarna en el servicio **@Firma** de la **Red SARA**) y la integración de otras **plataformas de verificación** como lo pueden ser plataformas de validación de las Comunidades Autónomas.

Como no podía ser de otra forma, una de las cuestiones más importantes es todo lo relativo a los **registros electrónicos**, a los cuales se les dedica un título entero: el **Título IV**. Ahí se abordan detalles sobre la **creación y operativa** de los mismos y se crea el concepto un tanto **controvertido**[60] del **Registro Electrónico Común** al cual se pueden presentar todas aquellas solicitudes, escritos y comunicaciones dirigidos a la AGE o sus Organismos los cuales no estén contempladas un registro electrónico específico.

En cuanto a las comunicaciones electrónicas, se regula la posibilidad de establecer la **obligatoriedad de comunicarse por medios electrónicos** con determinados órganos de la AGE en los supuestos del **artículo 27.6** de la **Ley 11/2007** y mediante Orden Ministerial.

A continuación se tratan las **notificaciones electrónicas** y se abordan las formas de notificación, especialmente la posibilidad de usar **correo electrónico con acuse de recibo** *"siempre que se genere automáticamente y con independencia de la voluntad del destinatario un acuse de recibo que deje constancia de su recepción y que se origine en el momento del acceso al contenido de la notificación"*.

Por otra parte se define el concepto de **notificación por comparecencia electrónica** y sus características operativas, este tipo de notificación consiste en un acceso especial a un apartado específico de la sede electrónica con el cual se entiende practicada la notificación.

También ocupan un lugar destacado con su propio título, el **Título VI**, el **documento electrónico** y sus **copias**. Aquí se tratan detalles sobre las **características de los documentos electrónicos y sus metadatos** como el disponer de información identificativa suficiente para permitir su individualización, detalles sobre las **copias electrónicas** como que incluyan su carácter de copia entre sus metadatos, detalles sobre la **destrucción de documentos en papel** como la necesidad de una **resolución** del órgano responsable del procedimiento y la **prohibición** de la destrucción de documentos con valor **histórico**, **artístico** u otro **carácter relevante**.

[60] Artículo de **Montaña Merchán** que analiza el acierto de este concepto: http://vozyvoto.es/2009/11/09/desarrollo-de-la-laecsp, sinopsis de **Félix Serrano**: http://efuncionario.com/2009/11/24/el-reglamento-de-la-laecsp-los-registros-electronicos/

Se explicita además cómo se han de entender los conceptos de **marca de tiempo** y **sello de tiempo** en los documentos administrativos electrónicos, siendo la diferencia básicamente que el primero consiste en una simple referencia temporal electrónica en el documento y el segundo en una marca similar, pero con intervención de un tercero de confianza que es el **prestador de servicios** de sellado de tiempo.

Registro Electrónico Común 060 - Mozilla Firefox

Archivo Editar Ver Historial Marcadores Herramientas Ayuda

https://tramita.060.es/

ISCIII Prensa Web 2.0 Actualidad Utilidades Personal Profesional Desarrollo & Sistemas Diseño & Contenidos Tecnología

Registro Electrónico Común 060

Inicio | Mapa Web | FAQ's | Navegación | Contactar

GOBIERNO DE ESPAÑA

060.es

Normativa | Tramite con la Administración | Consulte el Registro Electrónico Común

Bienvenido

Bienvenido a la plataforma de tramitación del 060.

A través de estas páginas podrá acceder a los trámites de los diferentes Ministerios y Organismos Públicos de la Administración General del Estado, así como a sus formularios de propósito general (incluido el Registro Electrónico Común) para realizar la presentación de cualquier tipo de solicitud, escrito o comunicación.

Para más información sobre nuestra plataforma y su funcionamiento, puede consultar las instrucciones de navegación, o acceder a la sección de preguntas más frecuentes.

Asimismo dispone de atención telefónica en el teléfono **060**.

Encontrar: sede ele Siguiente Anterior Resaltar todo Coincidencia de mayúsculas/minúsculas

Terminado

Ilustración 67 – Pantalla de bienvenida al Registro Electrónico Común, se puede acceder a él a través de la Red 060.

El **expediente electrónico**, **archivo electrónico** y **conservación** de los documentos electrónicos se tratan en los últimos capítulos de este mismo título. Aquí se tratan cuestiones como, por ejemplo, las reglas para determinar los plazos mínimos de conservación de los documentos electrónicos.

Se explicita la idea de **compulsa electrónica** en el **artículo 50** (la Ley 11/2007 no llega a utilizar el término de compulsa como tal aunque su contenido ya establece implícitamente esta posibilidad), que consiste en la obtención de copias electrónicas digitalizadas a efectos de compulsa, además se detallan cuestiones como que los **periodos mínimos de conservación** de los documentos electrónicos de un procedimiento se determinan por cada órgano responsable y que los documentos electrónicos incorporados al expediente electrónico han de utilizar **formatos de larga duración**.

El Reglamento termina con una larga serie de disposiciones en las cuales, entre otras cosas se establecen los plazos de **6 meses** para la creación del **directorio de sedes electrónicas**, **4 meses** para la **adaptación de las sedes electrónicas** y **6 meses** para **adaptación de los registros electrónicos**. Además se **deroga** el **Real Decreto 263/1996**, por el que se regula la utilización de técnicas electrónicas, informáticas y telemáticas por la Administración General del Estado.

6.2 El Esquema Nacional de Seguridad, Real Decreto 3/2010

Siguiendo las previsiones del **artículo 42** de la **Ley 11/2007**, en enero del 2010 han sido publicados el **Esquema Nacional de Seguridad (ENS)** y el **Esquema Nacional de Interoperabilidad (ENI)**.

El **Real Decreto 3/2010, de 8 de enero, por el que se regula el Esquema Nacional de Seguridad en el ámbito de la administración electrónica**, tiene como objeto establecer la política de seguridad en la utilización de medios electrónicos y está constituido por **principios básicos** y **requisitos mínimos** que permitan una protección adecuada de la información.

Tal como se comenta en la exposición de motivos de esta norma, cuenta con una serie de precedentes que han inspirado su contenido, documentos de la Administración en materia de seguridad electrónica, tales como los **Criterios SNC**, las **Guías CCN-STIC** del **Centro Criptológico Nacional**, la Metodología de análisis y gestión de riesgos **MAGERIT** o el **Esquema Nacional de Interoperabilidad**.

Tiene en cuenta las recomendaciones de la **Unión Europea**, la situación tecnológica de las diferentes Administraciones Públicas, así como los servicios electrónicos ya existentes y la utilización de estándares abiertos así como, en su caso y de forma complementaria, estándares que sean de uso generalizado por los ciudadanos.

El ENS empieza por definir sus **principios básicos** que son la **seguridad integral**, la **gestión de riesgos**, la **prevención**, **reacción y recuperación**, las **líneas de defensa**, la **reevaluación periódica**, y la **función diferenciada** por la cual se entiende que en los sistemas de información se diferenciará el **responsable de la información**, el **responsable del servicio** y el **responsable de la seguridad**. Cabe destacar aquí además que el ENS incluye en las **dimensiones de seguridad** a tener en cuenta a la **trazabilidad** de los **datos**, **informaciones** y **servicios** utilizados en medios electrónicos que gestionen en el ejercicio de sus competencias, un aspecto de seguridad al que la **Ley 11/2007** no aludía de una manera explícita.

En el siguiente capítulo se tratan los **requisitos mínimos**, se establece que **todos los órganos superiores de las Administraciones públicas** deberán disponer **formalmente** de su **política de seguridad**, esta política de seguridad debe incluir un número importante de requisitos mínimos. Dada la importancia de este punto se enumera a continuación la lista completa de los mismos del **artículo 11**, junto con algunos de los detalles que se especifican en los artículos siguientes:

- **Organización** e **implantación** del **proceso de seguridad**, que deberá comprometer a todos los miembros de la organización.
- **Análisis y gestión de los riesgos**.
- **Gestión de personal**, donde destaca el hecho que **todo** el personal relacionado con la información y los sistemas deberá ser formado e informado de sus deberes y obligaciones en materia de seguridad.
- **Profesionalidad**.
- **Autorización y control de los accesos**.
- **Protección** de las **instalaciones**.
- **Adquisición de productos** en la que se valorarán positivamente los productos certificados.
- **Seguridad por defecto**, es decir, los sistemas deben diseñarse y configurarse de forma que garanticen, al menos, unos mínimos de seguridad por defecto.
- **Integridad** y **actualización** del sistema.
- **Protección** de la **información almacenada y en tránsito** donde se presta especial atención a los así considerados **entornos inseguros** que son los **equipos portátiles**, **PDAs**, **dispositivos periféricos**, **soportes** de información y **comunicaciones sobre redes abiertas** o con **cifrado débil**.
- **Prevención ante otros sistemas** de información interconectados, se ha de proteger el perímetro, en particular, si se conecta a redes públicas como Internet.
- **Registro de actividad**. Este requisito está orientado sobre todo a garantizar la protección de los derechos relacionados con la protección de datos personales.
- **Incidentes** de seguridad.
- **Continuidad** de la actividad, que se logra fundamentalmente mediante unas políticas adecuadas de copias de seguridad y de respaldo.
- **Mejora continua** del proceso de seguridad.

En los artículos siguientes se recomienda el uso de las **infraestructuras y servicios comunes** como lo son la **Red Sara** y sus **servicios horizontales** como manera de mejorar la seguridad de los sistemas propios. Por otra parte, se establece al **Centro Criptológico Nacional (CNN)** como responsable de la elaboración y difusión de guías[61] en materia de seguridad en el ámbito de las TIC y se definen las condiciones bajo las cuales las Administraciones públicas podrán declarar determinados sistemas como **excluidos** de la aplicación de este Real Decreto.

En los restantes artículos (**artículos 31 a 44**) se abordan cuestiones muy concretas, cuestiones como las condiciones técnicas de seguridad en las **comunicaciones electrónicas**, requerimientos de seguridad en las **notificaciones**, **publicaciones electrónicas** y **firma electrónica**, detalles relativos a la realización de **auditorías de seguridad** o los **informes del estado de seguridad** y se explicita que los **registros electrónicos** y las **sedes electrónicos** se encuentran sujetas a las previsiones de este Real Decreto.

Hay que destacar especialmente, por una parte, la **respuesta ante incidentes de seguridad** en la cual se establece el **CNN-CERT** como **equipo técnico de apoyo y coordinación** a las Administraciones públicas en los incidentes que pudieran sufrir y se establecen las **guías CNN-STIC** como documentación de referencia en la materia.

Por otra parte, ocupa un lugar especial el concepto de la **categoría de un sistema de información** en materia de seguridad, que según el **artículo 43**, *"modulará el **equilibrio** entre la **importancia de la información** que maneja, los **servicios que presta** y el **esfuerzo de seguridad requerido**, en función de los **riesgos** a los que está expuesto, bajo el criterio del **principio de proporcionalidad**."*

Para la determinación de la categoría se especifica en el **Anexo I** un **procedimiento** detallado para la **valoración** del **impacto** que tendría un **incidente de seguridad** en las diferentes **dimensiones de seguridad**, un procedimiento que no puede negar sus orígenes inspirados en la metodología **MAGERIT**.

El Real Decreto concluye con una serie de disposiciones y anexos como el mencionado. Las disposiciones abordan asuntos como la creación del **Comité de Seguridad de la Información de las Administraciones Públicas** o el establecimiento de un plazo inmediato de adecuación de los sistemas nuevos al ENS y la adecuación de los existentes en un plazo inicial de **12 meses** que, solo si las circunstancias lo justifican, puede llegar al máximo de **48 meses**.

Los **5 anexos** son de carácter fundamentalmente técnico. El primero especifica el procedimiento de determinación de la categoría de un sistema arriba mencionado, el segundo y tercero especifican respectivamente un procedimiento apoyado en el anterior para la determinación **medidas de seguridad** a aplicar y las directrices bajo las cuales han de ejecutarse las **auditorias de seguridad**.

---

[61] Series CCN-STIC, guías de seguridad del Centro Criptológico Nacional: https://www.ccn-cert.cni.es/index.php?option=com_content&task=view&id=1459&Itemid=104

En los dos anexos restantes se aporta un **glosario de términos** y acrónimos utilizados en el ENS, junto con un **modelo de cláusula administrativa particular** que debe servir como plantilla en los contratos a través de la cual se le exige al licitador una especificación precisa de la **certificación** de sus productos en el ámbito de la seguridad, en su defecto, la justificación debida de su idoneidad para la contratación.

6.3 El Esquema Nacional de Interoperabilidad, Real Decreto 4/2010

El **Real Decreto 4/2010, de 8 de enero, por el que se regula el Esquema Nacional de Interoperabilidad en el ámbito de la administración electrónica**, persigue la creación de las condiciones necesarias para garantizar el adecuado nivel de **interoperabilidad técnica**, **semántica** y **organizativa** de los sistemas y aplicaciones empleados por las Administraciones Públicas, que permita el **ejercicio de derechos** y el **cumplimiento de deberes** a través del acceso electrónico a los servicios públicos, a la vez que redunda en beneficio de la **eficacia** y la **eficiencia**.

Al igual que ocurre en el ENS, se han tenido en cuenta antecedentes como los **Criterios SNC** y las recomendaciones de la **Unión Europea** como lo es el **Marco Europeo de Interoperabilidad** elaborado por el programa **IDABC**, así como a otros instrumentos y actuaciones elaborados por este programa y que inciden en alguno de los múltiples aspectos de la interoperabilidad, tales como el **Centro Europeo de Interoperabilidad Semántica**, el **Observatorio y Repositorio de Software de Fuentes Abiertas** y la **Licencia Pública de la Unión Europea**. También se atiende a la **Decisión 922/2009** del Parlamento Europeo y del Consejo, de 16 de septiembre de 2009, relativa a las **soluciones de interoperabilidad para las administraciones públicas europeas**.

Después de definir el objeto y ámbito de aplicación de la norma (que incluye a todas las administraciones), el ENI comienza enumerando sus principios básicos que son la **interoperabilidad como cualidad integral**, el **carácter multidimensional** de la interoperabilidad (es decir, interoperabilidad técnica, semántica y organizativa) y el **enfoque de soluciones multilaterales**.

A continuación se abordan con mayor detalle las dimensiones técnicas, semánticas y organizativas de la interoperabilidad. En la parte técnica se desarrolla el **principio de neutralidad tecnológica** de la **Ley 11/2007** en aspectos concretos como los **documentos electrónicos** emitidos por las Administraciones Públicas y se reitera su importancia haciendo hincapié en el uso de estándares abiertos a todos los niveles considerando su aplicación particularmente **inexcusable** en la relación con los ciudadanos. Se introduce además el criterio de ***coste que no suponga una dificultad de acceso*** para la selección de estos estándares y se provee una definición de ***uso generalizado por los ciudadanos***.

En cuanto a la interoperabilidad semántica, ésta se centra fundamentalmente en la creación y publicación, en su momento, a través del **Centro de Interoperabilidad Semántica de la Administración** de unos **modelos de datos de intercambio** que serán de preferente aplicación para el intercambio de información entre las Administraciones públicas.

La parte organizativa se centra, por un lado, en la **obligación** de las administraciones de la **especificación y publicación de los requisitos técnicos** de los **servicios, datos y documentos electrónicos puestos a disposición de otras administraciones** y, por el otro lado, prevé la creación de **inventarios de información administrativa** a través de los cuales las administraciones han de publicar sus procedimiento administrativos y servicios.

En los siguientes dos capítulos se abordan con relativa brevedad cuestiones como la conectividad a la **Red Sara** y el uso de **servicios horizontales** prestados por la Administración General del Estado (como lo puede ser **@Firma**) como medio para facilitar la interoperabilidad. Además se establece que la sincronización de la fecha y la hora se realizarán con el **Real Instituto y Observatorio de la Armada**.

A continuación se aborda la **reutilización** y **transferencia de tecnología** que promueve la libre disposición de las aplicaciones desarrolladas por una Administración a las demás y las condiciones necesarias para ello inspirándose para su articulación claramente en el modelo de licencia del **software libre**. Por otra parte, se establece el compromiso de la Administración General del Estado de mantener a través del **CTT** un **directorio de aplicaciones libremente reutilizables** y se describen mecanismos de integración con directorios europeos similares que deben seguir los directorios propios de cada Administración.

El capítulo siguiente trata de la interoperabilidad de la **firma electrónica y los certificados**. La interoperabilidad se articula en torno a la **política de firma electrónica y de certificados** que se desarrollará como parte del futuro desarrollo del propio previsto en la **disposición adicional primera** y que las aplicaciones de las Administraciones públicas deberán respetar.

Esta política tratará, entre otras cuestiones recogidas en su definición en el **anexo I**, las relacionadas con la interoperabilidad: **formatos de firma**, los **algoritmos** a utilizar y **longitudes mínimas de las claves**, las **reglas de creación y validación de la firma electrónica**, la **gestión de las políticas de firma**, el **uso de las referencias temporales** y de **sellos de tiempo**, así como la **normalización de la representación de la firma electrónica en pantalla y en papel** para el ciudadano y en las relaciones entre Administraciones públicas.

Por otra parte se tratan los **aspectos de interoperabilidad relativos a los prestadores de servicios de certificación** en su vertiente organizativa, semántica y técnica. Se abordan cuestiones como la obligación de publicar en su **Declaración de Prácticas de Certificación** cuestiones como los **usos de sus certificados** y sus posibles **límites**, los **niveles de acuerdo de servicio**, la indicación expresa de aquellos campos de los certificados que por su unicidad puedan ser usados para la **identificación** o la obligatoriedad de la incorporación, dentro de los certificados, de **información relativa a las direcciones de Internet** donde se ofrecen servicios de validación por parte de los prestadores de servicios de certificación.

Por último se tratan las **obligaciones de las plataformas de validación de certificados electrónicos y de firma electrónica** como lo es, por ejemplo, la incorporación de **listas de confianza** de los certificados interoperables entre las distintas Administraciones públicas nacionales y europeas.

El capítulo siguiente trata otro tema clave como lo es la **recuperación y conservación del documento electrónico**. En primer lugar, se establecen las **condiciones** para la recuperación y conservación del documento electrónico que prevén, entre otras, cosas como la **definición de una política de gestión de documentos** por parte de las Administraciones públicas, la **identificación única e inequívoca de cada documento** o la **clasificación** de acuerdo con un **plan de clasificación**.

A continuación se establecen **medidas de seguridad** para asegurar la **conservación** de los documentos electrónicos, se reitera la obligación de la adecuada **protección de los datos personales** y se prevé el uso de formatos de **firma longeva** y otros mecanismos como **metadatos de gestión de documentos** que permitan la **conservación a largo plazo** de los documentos electrónicos.

Por otra parte, se aborda la cuestión del **formato de los documentos electrónicos**. Se prevén cosas como el uso preferentemente de formatos basados en **estándares abiertos** y la elección de **formatos de documento electrónico normalizados y perdurables** que aseguren la **independencia de los datos de sus soportes**. Incluso se prevé la posibilidad de **copiado autentico de los documentos** ante un posible riesgo de **obsolescencia del formato**.

Por último se trata la **digitalización de documentos en soporte papel** indicando que ésta se deberá ajustar a la **norma técnica de interoperabilidad** correspondiente a los aspectos del **formato estándar utilizado**, el **nivel de resolución**, la **garantía de imagen fiel e íntegra** y los **metadatos asociados al proceso de digitalización**.

El capítulo siguiente, el **Capítulo XI**, establece básicamente la obligación de la **conformidad de las sedes electrónicas** y el **ciclo de vida de los sistemas y servicios** con el ENI, junto con la obligación para los órganos y entidades de derecho público de establecer los oportunos **mecanismos de control** y publicar su **declaración de conformidad** con el ENI. El último capítulo del ENI es el más corto y más simple ya que se compone únicamente de un único artículo que establece la obligación de **mantener el ENI actualizado de manera permanente**.

El ENI concluye con una serie de **disposiciones** y un anexo con un **glosario de términos** muy útil y completo. Entre las disposiciones se puede destacar especialmente la **disposición adicional primera** que se refiere al **desarrollo del Esquema Nacional de Interoperabilidad**. Este desarrollo se concretará en una serie de **normas técnicas de interoperabilidad** e **instrumentos de interoperabilidad**.

Las normas técnicas se referirán a cuestiones como un **catálogo de estándares** que satisfagan las previsiones del ENI, **metadatos relativos al documento electrónico**, **estructura y formato del expediente electrónico**, la antes mencionada **política de firma electrónica y de certificados de la Administración**, relación de **modelos de datos comunes en la Administración** o una **política de gestión de documentos electrónicos**.

En cuanto a los instrumentos de interoperabilidad estos se compondrán de un **inventario de procedimientos administrativos y servicios prestados**, el **centro de interoperabilidad semántica de la Administración** y el **directorio de aplicaciones para su libre reutilización**.

Entre las disposiciones restantes se pueden destacar especialmente las relativas a los **plazos de adecuación de los sistemas** (ésta ya comentada anteriormente), la relativa al **plazo de adaptación de los medios actualmente admitidos de identificación y firma electrónica** (**24 meses**) y aquellas que se refieren al **papel impulsor en materia de interoperabilidad** que deben ejercer el **CENATIC** y el **INTECO** en sus respectivas áreas de responsabilidad.

6.4 La Ley 59/2003, de Firma Electrónica

La **Ley 59/2003, de Firma Electrónica** incorpora al derecho español la normativa legal europea en materia de firma electrónica, concretamente la **Directiva 1999/93/CE por la que se establece un marco comunitario para la firma electrónica**. La ley regula fundamentalmente las siguientes cuestiones: el concepto de **firma electrónica**, los **certificados electrónicos**, los **prestadores de servicios de certificación** (es decir, que actúan como autoridades de certificación, autoridades de registro, etc.), los **dispositivos de creación de firma** y de **verificación de firma**, el régimen de **supervisión y control**, y el régimen de **infracciones y sanciones**.

La Ley empieza por el régimen de la prestación de los servicios de certificación estableciendo que **no está sujeta a autorización previa** y se realizará en **régimen de libre competencia**. Por otra parte, define los tres tipos de firma electrónica (**firma electrónica**, **firma electrónica avanzada** y **firma electrónica reconocida**) que se detallan a fondo en apartado ***"Firma Electrónica"*** de este mismo manual, y se matizan aspectos importantes del **uso de la firma electrónica en el ámbito de las Administraciones Públicas**. En esta primera parte hay que destacar también especialmente los **artículos 3.5** y **3.8**, introducidos como modificaciones a través de la **Ley 56/2007, de Medidas de Impulso de la Sociedad de la Información** dónde se aclara el concepto de **documento electrónico** y aspectos relevantes respecto de la admisión de datos firmados electrónicamente como **prueba documental en juicio**.

La Ley se dedica a continuación de manera especialmente intensiva a los **certificados electrónicos** y quienes los expiden: los **prestadores de servicios de certificación**. En esta parte tienen especial importancia el concepto de **certificado reconocido** (el que va asociado a la firma electrónica reconocida) y los requisitos para que un certificado electrónico se pueda considerar como tal, dónde destaca la obligación para los prestadores que los expiden de contratar un **seguro de responsabilidad civil** de, al menos, **3.000.000€**. Por otra parte, se estable la **validez universal del DNI electrónico** como medio universal de identificación y firma que cualquier persona física o jurídica ha de reconocer.

El siguiente título se centra en los dispositivos de firma electrónica y los sistemas de certificación de prestadores de servicios de certificación y de dispositivos de firma electrónica. Aquí cabe destacar el hecho de que la certificación de los prestadores se regula sobre una base **voluntaria**, la definición del concepto de **dispositivo seguro de creación de firma**, la certificación de este tipo de dispositivos y la referencia a las condiciones para el **reconocimiento de conformidad** con la Ley de los productos de firma electrónica.

La Ley termina finalmente con los títulos habituales relativos a la **supervisión y control** en la materia, y el régimen de **infracciones y sanciones**.

6.5 La Ley Orgánica 15/1999, de Protección de Datos Personales

La **Ley Orgánica 15/1999, de 13 de diciembre, de Protección de Datos de Carácter Personal**, (LOPD) tiene por objeto garantizar y proteger, en lo que concierne al tratamiento de los datos personales, las **libertades públicas y los derechos fundamentales** de las personas físicas, y especialmente el derecho de las personas a su **honor**, **intimidad** y **privacidad personal** y **familiar**, que es uno de los derechos fundamentales que recoge la **Constitución** española.

Su objetivo principal es regular el tratamiento de los datos y ficheros, de carácter personal, independientemente del soporte en el cual sean tratados, los derechos de los ciudadanos sobre ellos y las obligaciones de aquellos que los crean o tratan.

Los conjuntos de datos protegidos abarcan cualquier tipo de fichero (informático o en papel), solamente con unas pocas **excepciones** como el caso de ficheros creados por personas físicas para su **uso estrictamente personal** o ficheros para la **investigación del terrorismo y de formas graves de delincuencia organizada**. Además se tipifican algunos casos con un **régimen jurídico propio** como lo es el caso de ficheros regulados por la legislación del **régimen electoral** o los propios del **Registro Civil**.

La ley regula derechos como el **derecho de información** en la recogida de los datos, la necesidad de **consentimiento** para su tratamiento o el derecho a su **rectificación** y **cancelación** en cualquier momento. Se define la categoría de **datos especialmente protegidos** (datos sobre **ideología**, **afiliación sindical**, **religión**, **creencias**, **origen racial**, **salud** y **vida sexual**) que gozan de un nivel de protección especialmente reforzado.

Por otra parte, se regula **cesión de los datos** a terceros, tanto a nivel nacional como internacional, donde la regla general es que **la cesión tiene que ser consentida** por el sujeto del tratamiento de datos, y que la cesión internacional a países que no proporcionen un **nivel de protección equiparable** al que presta la presente Ley queda prohibida. Sobre esta base se definen excepciones concretas como que la cesión en cuestión esté regulada por una ley, o en el ámbito internacional que el país en cuestión pertenezca a la **UE** o haya un **tratado** específico con él a ese respecto.

Un título completo (el **Título IV**) se dedica enteramente a **disposiciones sectoriales** para el **sector público y privado**. Se tratan cuestiones como que la creación, modificación o supresión de los ficheros de las Administraciones públicas sólo podrán hacerse por medio de disposición general publicada en el Boletín Oficial del Estado o Diario oficial correspondiente.

En los dos últimos títulos se trata, por una parte, la **Agencia Española de Protección de Datos** y, por otra parte, las **infracciones y sanciones**, pudiendo llegar estas últimas hasta **600.000€** en el caso de incumplimientos graves.

La Agencia se establece como un ente de derecho público, con personalidad jurídica propia y plena capacidad pública y privada, que **actúa con plena independencia** de las Administraciones públicas en el ejercicio de sus funciones. Se definen sus funciones entre las cuales se pueden desatacar la de **Registro de General de Protección de Datos** en el cual ha de inscribirse todo fichero que cae dentro del ámbito de esta ley, su **función consultora**, y su **potestad de inspección** y **potestad sancionadora**.

6.5.1 El Reglamento de Desarrollo de la Ley Orgánica 15/1999, Real Decreto 1720/2007

El **Real Decreto 1720/2007**, que sucede al **Real Decreto 994/1999, de medidas de seguridad de los ficheros automatizados que contengan datos personales**, supone una **revisión enorme** que refleja el peso que esta materia ha ido adquiriendo con el tiempo. **Si el anterior reglamento constaba de 29 artículos, el actual consta de 158**. Por otra parte, hay que destacar también especialmente el importante hecho de que **a diferencia del anterior, regula también medidas aplicables a los ficheros en papel**.

Obviamente, dada la envergadura del reglamento, este apartado no puede ni siquiera arañar la superficie de este texto legal, no obstante se intentará transmitir al lector, al menos, una idea del espíritu del reglamento.

A efectos de este manual la parte del actual reglamento que más nos interesa es aquella dedicada a las **medidas de seguridad aplicables a ficheros y tratamientos de ficheros automatizados**. Se estructura en **medidas de seguridad de nivel básico, medio y alto**. Esta parte abarca desde el **artículo 80** al **artículo 104**.

En primer lugar, el responsable del fichero o tratamiento debe elaborar el **documento de seguridad** que recogerá las medidas de índole técnica y organizativa acordes a la normativa de seguridad vigente que será de obligado cumplimiento para el personal con acceso a los sistemas de información.

Las medidas concretas que el reglamento obliga a cumplir dependen fundamentalmente de la naturaleza de los datos. En ese sentido, las medidas se estructuran a grandes rasgos de la siguiente forma:

- **Medidas de nivel básico**: se aplican a **cualquier fichero** o tratamiento de datos de carácter personal.

- **Medidas de nivel medio**[62]: estas medidas se aplican cuando los datos personales abarcan información sobre **infracciones administrativas o penales**, servicios de **información sobre solvencia patrimonial y crédito**, datos de **gestión tributaria**, servicios **financieros**, de la **Seguridad Social** y **mutuas**, y datos que permiten la elaboración de un **perfil de la personalidad** del sujeto.
- **Medidas de nivel alto**: se aplican fundamentalmente a los **datos especialmente protegidos**[63] (**ideología**, **afiliación sindical**, **religión**, **creencias**, **salud**, **origen racial** o **vida sexual**), a los **datos con fines policiales recogidos sin consentimiento** de las personas afectadas y los datos sobre **violencia de género**.

Según el nivel de seguridad aplicable a los datos, el reglamento define medidas de seguridad concretas que van desde cosas básicas como un **registro de incidencias** y asegurar la correcta **identificación** y **autenticación** de los usuarios que accedan a los datos personales, medidas de nivel medio como **auditorias** y **control de acceso físico** hasta medidas de nivel alto como el **cifrado de las comunicaciones** o un **registro de acceso detallado** que guarda cómo mínimo la identificación del usuario, la fecha y hora en que se realizó, el fichero accedido, el tipo de acceso y si fue autorizado o denegado.

6.6 La Ley 56/2007, de Medidas de Impulso de la Sociedad de la Información

Esta Ley se enmarca en el conjunto de medidas que constituyen el Plan 2006-2010 para el desarrollo de la Sociedad de la Información y de convergencia con Europa y entre Comunidades Autónomas y Ciudades Autónomas, **Plan Avanza**[64], aprobado por el Gobierno en noviembre de 2005.

Los contenidos se centran principalmente en innovaciones normativas en materia de **facturación electrónica** y de refuerzo de los **derechos de los usuarios** y, por otra parte, las modificaciones necesarias en el ordenamiento jurídico para promover el **impulso de la sociedad de la información**.

En este sentido, se introducen una serie de modificaciones tanto de la **Ley 34/2002, de Servicios de la Sociedad de la Información y de Comercio Electrónico**, como de la **Ley 59/2003, de firma electrónica**, que constituyen dos piezas angulares del marco jurídico en el que se desenvuelve el desarrollo de la sociedad de la información.

---

[62] En el caso de operadores de telecomunicaciones, estos deben implementar también las medidas de nivel alto en el registro de accesos. [**revisar**]

[63] Se definen una serie de excepciones para las cuales es admisible la aplicación solamente de medidas de nivel básico para este tipo de datos. Por ejemplo, si los datos se utilizan con la única finalidad de realizar una transferencia dineraria a las entidades de las que los afectados sean asociados o miembro. Otro ejemplo son datos relativos a la salud, referentes exclusivamente al grado de discapacidad o la simple declaración de la condición de discapacidad o invalidez del afectado, con motivo del cumplimiento de deberes públicos.

[64] En la actualidad ha sido sucedido por al **Plan Avanza2 (2009-2012)**, más información: http://www.planavanza.es

En cuanto a la facturación electrónica se prevén diferentes medidas para su impulso como un **plan para la generalización del uso de la factura electrónica** y la elaboración de un formato de factura electrónica que se ha traducido en el formato español **Facturae** (se trata más a fondo en el apartado ***"La Factura Electrónica"***) y la creación de una Web propia sobre la factura electrónica[65].

En cuanto a las medidas de refuerzo de derechos de usuarios y el impulso de la sociedad de la información se establecen medidas como la **obligación de disponer de un medio de interlocución telemática** para la prestación de servicios al público de **especial trascendencia económica** (**telecomunicaciones**, **banca**, **seguros**, **suministro eléctrico**, **gas**, **etc.**), medidas para la extensión de **servicios de banda ancha**, un plan de **mejora de los niveles de seguridad y confianza en Internet**, mejoras en la **planificación de infraestructuras** para las canalizaciones de redes de comunicaciones electrónicas, **difusión de aplicaciones de fuentes abiertas** a través del **CENATIC**[66] a la sociedad y muchas otras medidas concretas.

Esta revisión del ordenamiento jurídico se completa con otras modificaciones menores de la **Ley 32/2003, General de Telecomunicaciones**, de la **Ley 11/1998, General de Telecomunicaciones** y de la **Ley 7/1996, de ordenación del comercio minorista**.

7 Elementos de Administración Electrónica

Para que sea posible una administración electrónica se necesitan una serie de elementos tecnológicos sobre los cuales apoyar sus servicios, a veces se hace referencia a ellos como **elementos habilitantes**.

Por otra parte, el Ministerio de la Presidencia está ofreciendo un gran número de estos elementos como **servicios horizontales** al resto de las Administraciones a través de la **Red SARA**, lo cual les permitirá ofrecer más rápidamente y con menos coste servicios de administración electrónica, especialmente en el caso de pequeños organismos con escasos recursos.

Estos elementos son en definitiva conceptos administrativos "de siempre" que se llevan al terreno de las TIC. Los ejemplos quizá más emblemáticos son la firma electrónica y los registros electrónicos. La **Ley 11/2007** ha dado una vuelta de tuerca más definiendo nuevos elementos como, por ejemplo, el **expediente electrónico** y la **sede electrónica**.

Los usuarios de administración electrónica se encontrarán con estos elementos en sus relaciones con la Administración Pública, y aunque son conceptos relativamente nuevos ya forman parte de la jerga administrativa y conviene por tanto conocerlos bien.

7.1 El Documento Electrónico y la Copia Electrónica

El **anexo de definiciones** de la **Ley 11/2007** define el concepto de **documento electrónico**:

[65] http://www.facturae.es/

[66] Centro Nacional de Referencia de Aplicación de las Tecnologías de Información y Comunicación

***Documento electrónico**: Información de cualquier naturaleza en forma electrónica, archivada en un soporte electrónico según un formato determinado y susceptible de identificación y tratamiento diferenciado.*

Por lo tanto, un documento electrónico sería cualquier tipo de documento informático de los que habituales en el día a día de una oficina, ya sea un documento Word, una hoja Excel, un PDF, o incluso un documento .txt escrito con el Notepad de Windows.

Aunque, por otra parte, como se ha podido ver en el anterior apartado sobre el ENI, éste prevé que se deben utilizar preferentemente formatos abiertos para los documentos electrónicos lo que inclina la elección del mismo más a opciones como el formato PDF.

El **artículo 29** hace referencia al uso de documentos electrónicos en la Administración Pública:

Artículo 29. Documento administrativo electrónico.

1. *Las Administraciones Públicas podrán emitir válidamente por medios electrónicos los documentos administrativos a los que se refiere el **artículo 46** de la **Ley 30/1992**, de Régimen Jurídico de las Administraciones Públicas y del Procedimiento Administrativo Común, siempre que incorporen **una o varias firmas electrónicas** conforme a lo establecido en la Sección III del Capítulo II de la presente Ley.*
2. *Los documentos administrativos incluirán **referencia temporal**, que se garantizará a través de medios electrónicos cuando la naturaleza del documento así lo requiera.*
3. *La Administración General del Estado, en su relación de prestadores de servicios de certificación electrónica, especificará aquellos que con carácter general estén admitidos para prestar **servicios de sellado de tiempo**.*

Por otra parte, según el **artículo 3, apartado 6** de la **Ley 59/2003, de Firma electrónica**:

6. El documento electrónico será soporte de:

*a) **Documentos públicos**, por estar **firmados electrónicamente** por funcionarios que tengan legalmente atribuida la facultad de dar **fe pública, judicial, notarial o administrativa**, siempre que actúen en el ámbito de sus competencias con los requisitos exigidos por la ley en cada caso.*

*b) **Documentos expedidos y firmados electrónicamente por funcionarios o empleados públicos** en el ejercicio de sus funciones públicas, conforme a su legislación específica.*

*c) **Documentos privados**.*

*7. Los documentos a que se refiere el apartado anterior tendrán el valor y la **eficacia jurídica** que corresponda a su respectiva naturaleza, de conformidad con la legislación que les resulte aplicable.*

La **Ley 11/2007** también prevé la posibilidad de realizar copias electrónicas de los documentos electrónicos, lo que no sería muy sorprendente si no fuera porque lo permite además en formatos diferentes al original.

Sin embargo, quizás la novedad legal más importante en relación de las copias es la posibilidad de incorporar documentos en papel digitalizados como copias auténticas, incluso llegando al extremo de poder destruir los originales en papel. Esto abre la puerta a mantener un expediente íntegramente electrónico.

Artículo 30. Copias electrónicas.

1. *Las **copias realizadas por medios electrónicos de documentos electrónicos** emitidos por el propio interesado o por las Administraciones Públicas, **manteniéndose o no el formato original**, tendrán inmediatamente la consideración de **copias auténticas** con la eficacia prevista en el **artículo 46** de la **Ley 30/1992**, de Régimen Jurídico de las Administraciones Públicas y del Procedimiento Administrativo Común, siempre que el documento electrónico original se encuentre en poder de la Administración, y que la información de firma electrónica y, en su caso, de sellado de tiempo permitan comprobar la coincidencia con dicho documento.*

2. *Las copias realizadas por las Administraciones Públicas, utilizando medios electrónicos, de documentos emitidos originalmente por las Administraciones Públicas en* ***soporte papel*** *tendrán la consideración de* ***copias auténticas*** *siempre que se cumplan los requerimientos y actuaciones previstas en el* ***artículo 46*** *de la* ***Ley 30/1992****, de Régimen Jurídico de las Administraciones Públicas y del Procedimiento Administrativo Común.*
3. *Las Administraciones Públicas podrán obtener* ***imágenes electrónicas*** *de los documentos privados aportados por los ciudadanos, con su misma validez y eficacia, a través de procesos de digitalización que garanticen su* ***autenticidad, integridad*** *y la* ***conservación*** *del documento imagen, de lo que se dejará constancia. Esta obtención podrá hacerse de forma automatizada, mediante el correspondiente* ***sello electrónico****.*
4. *En los supuestos de documentos emitidos originalmente en soporte papel de los que se hayan efectuado copias electrónicas de acuerdo con lo dispuesto en este artículo, podrá procederse a la* ***destrucción de los originales*** *en los términos y con las condiciones que por cada Administración Pública se establezcan.*
5. *Las copias realizadas en soporte papel de documentos públicos administrativos emitidos por medios electrónicos y firmados electrónicamente tendrán la consideración de copias auténticas siempre que incluyan la* ***impresión de un código generado electrónicamente*** *u otros* ***sistemas de verificación*** *que permitan contrastar su autenticidad mediante el acceso a los archivos electrónicos de la Administración Pública, órgano o entidad emisora.*

Por otra parte, si el lector ha prestado atención, observará que el artículo 30 consagra el concepto de **compulsa electrónica**, la cual es fundamental soportarla ya que en la práctica los procedimientos no triviales (que exigen aportar documentos de terceros, etc.) difícilmente serán 100% electrónicos puesto que, hoy por hoy, es frecuentemente necesario incorporar documentos emitidos originalmente en papel por terceras partes y que éstas no emiten con firma electrónica en los procedimientos electrónicos.

Un precedente muy importante a la compulsa electrónica de la Ley 11/2007 ha sido la **Orden ITC/1475/2006**, de 11 de mayo, sobre utilización del procedimiento electrónico para la compulsa de documentos en el ámbito del Ministerio de Industria, Turismo y Comercio.

Esta orden desarrolla el concepto de compulsa electrónica más a fondo que la Ley 11/2007, aunque con la limitación obvia de un ámbito legal reducido al Ministerio de Industria, Turismo y Comercio. Como se ha visto antes, con el reglamento de desarrollo de la Ley 11/2007, el **Real Decreto 1671/2009** se han abordado finalmente esta cuestión en el **artículo 50** para toda la Administración General del Estado. Es de esperar que las regulaciones de las demás administraciones sean similares.

A nivel europeo hay que destacar especialmente la norma **MoReq2** (**ISO 15489**). El **Mo**delo de **Req**uisitos para la gestión de documentos electrónicos de archivo incide especialmente en los requisitos funcionales de la gestión de documentos electrónicos de archivo mediante un **sistema de gestión de documentos electrónicos de archivo** (**SGDEA**). La especificación se ha concebido de forma que pueda aplicarse en todas las organizaciones públicas y privadas que deseen, y será es el modelo de referencia a seguir por las Administración de la **Unión Europea** dentro de su iniciativa **IDABC** (Interoperable Delivery of European eGovernment Services to public Administrations, Businesses and Citizens).

Información para responsables de proyectos de Administración Electrónica

Para que un documento electrónico pueda cumplir con los requisitos de la Ley 11/2007 tiene que cumplir una serie de requisitos. Estos requisitos no se especifican como tal expresamente en la ley, pero derivan de las previsiones legales como la **conservación** de los documentos electrónicos o la **neutralidad tecnológica** y uso de **estándares**:

b) El **formato** del documento debe ser **independiente del dispositivo** de manera que el documento pueda ser accedido por cualquier usuario ahora o en el futuro.

c) **No debe depender de cualquier software o dispositivo** cuya evolución futura desconocemos y debe estar basado en estándares. Es fácil imaginar, por ejemplo, un recurso contencioso-administrativo, donde el documento tiene que presentarse ante el juez y éste tiene que poder acceder a él con facilidad.

d) Debe ser un formato **autocontenido** de manera que toda la información necesaria para representar el contenido de documento se encuentre en el propio documento, y no sea preciso acceder a contenidos externos que quizá en el futuro no estén disponibles.

e) **Autodocumentado**. Toda la información para localizar el documento, catalogarlo, etc. Esté contenida en el propio documento, y no almacenada en recursos externos.

f) El **formato** del documento estar publicado para que en un futuro sea posible acceder a él.

g) No debe tener **restricciones** como contraseñas que comprometan su acceso en el futuro.

Esto quiere decir que el documento electrónico no se puede implementar, por ejemplo, mediante registros en una base de datos. Es decir, un formulario de solicitud que firme un ciudadano no puede almacenarse como una estructura de tabla con los campos de los formularios almacenados en los correspondientes campos de la tabla.Una estructura de este tipo ya no sería susceptible de firmarse electrónicamente, pero además, al depender completamente del sistema, se perdería la capacidad de utilizarlo propiamente como un documento.

Un ejemplo de referencia para posibles implementaciones que se puede citar es el nuevo **BOE Electrónico**: En este caso se usa por la facilidad para el usuario el formato **PDF/A-1ª ISO 19005-1**, diseñado expresamente para la conservación a largo plazo de documentos electrónicos. Otros formatos alternativos son **XAdES/CAdES**, aunque tienen el inconveniente de ser más difíciles de usar por los ciudadanos.

No obstante estos últimos suelen ser habituales en el archivo de documentos por parte de la Administración. Es decir, un formulario como el antes mencionado es habitual que se almacene y firme utilizando **XAdES/CAdES**, sin embargo de cara al ciudadano será más deseable emitir documentos en un formato **PDF/A**, por ejemplo.

7.2 Archivo Electrónico (Archivo Legal)

Artículo 31. Archivo electrónico de documentos.

1. *Podrán **almacenarse por medios electrónicos todos los documentos** utilizados en las actuaciones administrativas.*
2. *Los documentos electrónicos que contengan **actos administrativos** que afecten a **derechos** o **intereses** de los particulares deberán conservarse en soportes de esta naturaleza, ya sea en el mismo formato a partir del que se originó el documento o en otro cualquiera que asegure la identidad e integridad de la información necesaria para reproducirlo. Se asegurará en todo caso la posibilidad de trasladar los datos a otros formatos y soportes que garanticen el acceso desde diferentes aplicaciones.*
3. *Los medios o soportes en que se almacenen documentos, deberán contar con medidas de seguridad que garanticen la **integridad**, **autenticidad**, **confidencialidad**, **calidad**, **protección** y **conservación** de los documentos almacenados. En particular, asegurarán la **identificación de los usuarios** y el **control de accesos**, así como el cumplimiento de las garantías previstas en la legislación de **protección de datos**.*

El archivo electrónico de documentos es otro aspecto clave. En este caso hay que destacar especialmente una dificultad a la que el **artículo 31** no se refiere expresamente: la conservación de documentos electrónicos durante periodos de tiempo largos con todas las garantías de autenticidad e integridad.

El problema que se plantea es el siguiente: los certificados asociados a las firmas electrónicas de los documentos que garantizan su autenticidad e integridad, e identifican al firmante tienen una duración limitada en el tiempo (según la **Ley 59/2003** un máximo de 4 años).

¿Qué ocurre por tanto si hay que utilizar un documento de este tipo después de que el certificado del firmante haya expirado y por tanto ya no es válido?

Por otra parte, las tecnologías avanzan continuamente. Las técnicas criptográficas utilizadas actualmente se consideran 100% seguras, de hecho no se conocen casos en las cuales hayan podido ser violadas mediante ataques informáticos.

¿Pero dentro de 30 años, con una tecnología mucho más avanzada, esto seguirá igual?

Se retomarán las respuestas a esta pregunta en el apartado de **Firma Longeva** de Documentos.

7.3 El Expediente Electrónico

El expediente electrónico es uno de los conceptos claves que introduce la **Ley 11/2007**, en el **artículo 32** define su naturaleza:

Artículo 32. Expediente electrónico.

1. *El expediente electrónico es el **conjunto de documentos electrónicos** correspondientes a un procedimiento administrativo, cualquiera que sea el tipo de información que contengan.*
2. *El **foliado** de los expedientes electrónicos se llevará a cabo mediante un **índice electrónico**, firmado por la Administración, órgano o entidad actuante, según proceda. Este índice garantizará la **integridad** del expediente electrónico y permitirá su recuperación siempre que sea preciso, siendo admisible que un mismo documento forme parte de distintos expedientes electrónicos.*
3. *La remisión de expedientes podrá ser sustituida a todos los efectos legales por la puesta a disposición del expediente electrónico, teniendo el interesado derecho a obtener copia del mismo.*

7.4 Firma Electrónica, Sello Electrónico y Sede Electrónica

Recordemos la definición del **artículo 3** de la **Ley 59/2003, de Firma Electrónica**:

Artículo 3. Firma electrónica, y documentos firmados electrónicamente.

1. *La **firma electrónica** es el conjunto de datos en forma electrónica, consignados junto a otros o asociados con ellos, que pueden ser utilizados como medio de **identificación** del firmante.*
2. *La **firma electrónica avanzada** es la firma electrónica que permite **identificar** al firmante y **detectar cualquier cambio ulterior** de los datos firmados, que está vinculada al firmante de manera única y a los datos a que se refiere y que ha sido creada por medios que el firmante puede mantener bajo su **exclusivo control**.*
3. *Se considera **firma electrónica reconocida** la firma electrónica **avanzada** basada en un **certificado reconocido** y generada mediante un **dispositivo seguro de creación de firma**.*
4. *La firma electrónica reconocida tendrá respecto de los datos consignados en forma electrónica el **mismo valor que la firma manuscrita** en relación con los consignados en papel.*
5. *[...]*

El **apartado 8** del **artículo 3** (según redacción modificada por la **Ley 56/2007**) dice que:

*8. El soporte en que se hallen los **datos firmados electrónicamente** será admisible como **prueba documental en juicio**. Si se impugnare la autenticidad de la firma electrónica reconocida con la que se hayan firmado los datos incorporados al documento electrónico se procederá a comprobar que se trata de una **firma electrónica avanzada** basada en un **certificado reconocido**, que cumple todos los requisitos y condiciones establecidos en esta Ley para este tipo de certificados, así como que la firma se ha generado mediante un **dispositivo seguro de creación de firma electrónica**.*

La carga de realizar las citadas comprobaciones corresponderá a quien haya presentado el documento electrónico firmado con firma electrónica reconocida. Si dichas comprobaciones obtienen un resultado positivo, se presumirá la autenticidad de la firma electrónica reconocida con la que se haya firmado dicho documento electrónico siendo las costas, gastos y derechos que origine la comprobación exclusivamente a cargo de quien hubiese formulado la impugnación. Si, a juicio del tribunal, la impugnación hubiese sido temeraria, podrá imponerle, además, una multa de 120 a 600 euros.

Si se impugna la autenticidad de la firma electrónica avanzada, con la que se hayan firmado los datos incorporados al documento electrónico, se estará a lo establecido en el apartado 2 del artículo 326 de la Ley de Enjuiciamiento Civil.

9. No se negarán efectos jurídicos a una firma electrónica que no reúna los requisitos de firma electrónica reconocida en relación a los datos a los que esté asociada por el mero hecho de presentarse en forma electrónica.

10. A los efectos de lo dispuesto en este artículo, cuando una firma electrónica se utilice conforme a las condiciones acordadas por las partes para relacionarse entre sí, se tendrá en cuenta lo estipulado entre ellas.

Por otra parte la **Ley 11/2007** a partir de aquí introduce una serie de conceptos nuevas para el ámbito de la Administración Pública. Cabe destacar en primer lugar el concepto de **sello electrónico**, que no es otra cosa que una firma electrónica institucional que identifica a la institución, o dicho de otra forma: la versión digital del sello de toda la vida.

En segundo lugar hay que destacar especialmente el concepto de **código seguro de verificación**, que ofrece una alternativa de firma electrónica al sello electrónico que puede ser usada alternativa o complementariamente al sello y permite el uso de este tipo de firma electrónica con documentos electrónicos impresos en papel, lo cual supone una vía que facilita en gran medida la integración de este tipo de documentos con la vía en papel.

Artículo 18. Sistemas de firma electrónica para la actuación administrativa automatizada.

1. *Para la **identificación** y la **autenticación** del ejercicio de la **competencia** en la **actuación administrativa automatizada**, cada Administración Pública podrá determinar los supuestos de utilización de los siguientes **sistemas de firma electrónica**:*
   a. ***Sello electrónico** de Administración Pública, órgano o entidad de derecho público, basado en certificado electrónico que reúna los requisitos exigidos por la legislación de firma electrónica.*
   b. ***Código seguro de verificación** vinculado a la Administración Pública, órgano o entidad y, en su caso, a la persona firmante del documento, permitiéndose en todo caso la comprobación de la **integridad** del documento mediante el acceso a la sede electrónica correspondiente.*
2. *Los certificados electrónicos a los que se hace referencia en el apartado 1.a incluirán el **número de identificación fiscal** y la **denominación** correspondiente, pudiendo contener la identidad de la persona titular en el caso de los sellos electrónicos de órganos administrativos.*
3. *La relación de sellos electrónicos utilizados por cada Administración Pública, incluyendo las características de los certificados electrónicos y los prestadores que los expiden, deberá ser pública y accesible por medios electrónicos. Además, cada Administración Pública adoptará las medidas adecuadas para facilitar la verificación de sus sellos electrónicos.*

Artículo 19. Firma electrónica del personal al servicio de las Administraciones Públicas.

1. *Sin perjuicio de lo previsto en los artículos 17 y 18, la **identificación y autenticación** del **ejercicio de la competencia** de la Administración Pública, órgano o entidad actuante, cuando utilice medios electrónicos, se realizará mediante **firma electrónica** del **personal** a su servicio, de acuerdo con lo dispuesto en los siguientes apartados.*
2. *Cada Administración Pública podrá proveer a su personal de sistemas de firma electrónica, los cuales podrán identificar de forma conjunta al titular del puesto de trabajo o cargo y a la Administración u órgano en la que presta sus servicios.*
3. *La firma electrónica basada en el **Documento Nacional de Identidad** podrá utilizarse a los efectos de este artículo*

El **Capítulo I** del **Título II** se dedica enteramente a la **sede electrónica**, la cual se trata también con especial dedicación en el **Reglamento de Desarrollo** de la Ley 11/2007. La sede electrónica no es simplemente un nuevo nombre para la Web institucional de toda la vida, sino que eleva la Web a un medio de comunicación con el ciudadano de gran importancia, con plenos efectos jurídicos y sus obligaciones específicas. Esto se aprecia claramente en la responsabilidad sobre la información y servicios publicados en ella y en otras cuestiones como, por ejemplo, la nueva posibilidad de sustituir el tradicional tablón de anuncios o edictos por la publicación en la sede electrónica.

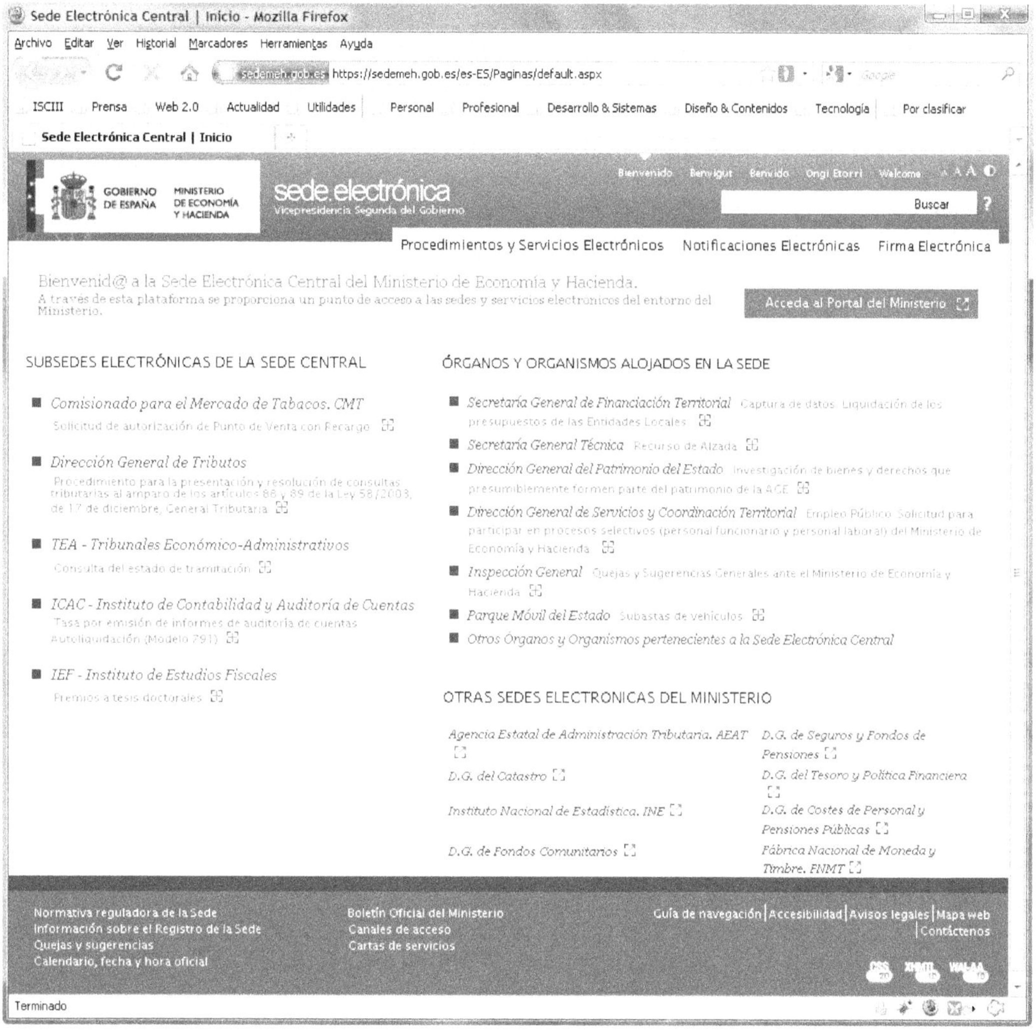

Sede Electrónica Central | Inicio - Mozilla Firefox

Archivo Editar Ver Historial Marcadores Herramientas Ayuda

sedemeh.gob.es https://sedemeh.gob.es/es-ES/Paginas/default.aspx

ISCIII Prensa Web 2.0 Actualidad Utilidades Personal Profesional Desarrollo & Sistemas Diseño & Contenidos Tecnología Por clasificar

Sede Electrónica Central | Inicio

GOBIERNO DE ESPAÑA MINISTERIO DE ECONOMÍA Y HACIENDA sede electrónica Vicepresidencia Segunda del Gobierno

Bienvenido Benvigut Benvido Ongi Etorri Welcome

Buscar

Procedimientos y Servicios Electrónicos Notificaciones Electrónicas Firma Electrónica

Bienvenid@ a la Sede Electrónica Central del Ministerio de Economía y Hacienda.
A través de esta plataforma se proporciona un punto de acceso a las sedes y servicios electrónicos del entorno del Ministerio.

Acceda al Portal del Ministerio

SUBSEDES ELECTRÓNICAS DE LA SEDE CENTRAL

- Comisionado para el Mercado de Tabacos. CMT
  Solicitud de autorización de Punto de Venta con Recargo
- Dirección General de Tributos
  Procedimiento para la presentación y resolución de consultas tributarias al amparo de los artículos 88 y 89 de la Ley 58/2003, de 17 de diciembre, General Tributaria
- TEA - Tribunales Económico-Administrativos
  Consulta del estado de tramitación
- ICAC - Instituto de Contabilidad y Auditoría de Cuentas
  Tasa por emisión de informes de auditoría de cuentas. Autoliquidación (Modelo 791)
- IEF - Instituto de Estudios Fiscales
  Premios a tesis doctorales

ÓRGANOS Y ORGANISMOS ALOJADOS EN LA SEDE

- Secretaría General de Financiación Territorial Captura de datos. Liquidación de los presupuestos de las Entidades Locales
- Secretaría General Técnica Recurso de Alzada
- Dirección General del Patrimonio del Estado Investigación de bienes y derechos que presumiblemente formen parte del patrimonio de la AGE
- Dirección General de Servicios y Coordinación Territorial Empleo Público. Solicitud para participar en procesos selectivos (personal funcionario y personal laboral) del Ministerio de Economía y Hacienda
- Inspección General Quejas y Sugerencias Generales ante el Ministerio de Economía y Hacienda
- Parque Móvil del Estado Subastas de vehículos
- Otros Órganos y Organismos pertenecientes a la Sede Electrónica Central

OTRAS SEDES ELECTRONICAS DEL MINISTERIO

Agencia Estatal de Administración Tributaria. AEAT
D.G. de Seguros y Fondos de Pensiones
D.G. del Catastro
D.G. del Tesoro y Política Financiera
Instituto Nacional de Estadística. INE
D.G. de Costes de Personal y Pensiones Públicas
D.G. de Fondos Comunitarios
Fábrica Nacional de Moneda y Timbre. FNMT

Normativa reguladora de la Sede
Información sobre el Registro de la Sede
Quejas y sugerencias
Calendario, fecha y hora oficial
Boletín Oficial del Ministerio
Canales de acceso
Cartas de servicios
Guía de navegación | Accesibilidad | Avisos legales | Mapa web | Contáctenos

Terminado

Ilustración 68 – Sede electrónica central del Ministerio de Economía y Hacienda. En este caso, el Ministerio ha optado por crear varias sedes electrónicas que se corresponden a sus principales órganos y organismos.

Artículo 10. La sede electrónica.

1. *La sede electrónica es aquella **dirección electrónica** disponible **para los ciudadanos** a través de **redes de telecomunicaciones** cuya **titularidad, gestión y administración** corresponde a una Administración Pública, órgano o entidad administrativa en el **ejercicio de sus competencias**.*
2. *El establecimiento de una sede electrónica conlleva la **responsabilidad** del titular respecto de la **integridad**, **veracidad y actualización** de la **información** y los **servicios** a los que pueda accederse a través de la misma.*
3. *Cada Administración Pública determinará las condiciones e instrumentos de creación de las sedes electrónicas, con sujeción a los principios de **publicidad oficial**, **responsabilidad**, **calidad**, **seguridad**, **disponibilidad**, **accesibilidad**, **neutralidad** e **interoperabilidad**. En todo caso deberá garantizarse la **identificación del titular** de la sede, así como los medios disponibles para la formulación de **sugerencias** y **quejas**.*

4. *Las sedes electrónicas dispondrán de sistemas que permitan el establecimiento de **comunicaciones seguras** siempre que sean necesarias.*
5. *La publicación en las sedes electrónicas de **informaciones, servicios** y **transacciones** respetará los principios de **accesibilidad** y **usabilidad** de acuerdo con las normas establecidas al respecto, **estándares abiertos** y, en su caso, aquellos otros que sean de uso generalizado por los ciudadanos.*

Artículo 11. Publicaciones electrónicas de Boletines Oficiales.

1. *La publicación de los **diarios** o **boletines oficiales** en las sedes electrónicas de la Administración, Órgano o Entidad competente tendrá, en las condiciones y garantías que cada Administración Pública determine, los **mismos efectos** que los atribuidos a su edición impresa.*
2. *La publicación del **Boletín Oficial del Estado** en la sede electrónica del organismo competente tendrá **carácter oficial y auténtico** en las condiciones y con las garantías que se determinen reglamentariamente, derivándose de dicha publicación los efectos previstos en el título preliminar del Código Civil y en las restantes normas aplicables.*

Artículo 12. Publicación electrónica del tablón de anuncios o edictos.

*La publicación de **actos** y **comunicaciones** que, por disposición legal o reglamentaria deban publicarse en tablón de anuncios o edictos podrá ser **sustituida** o **complementada** por su publicación en la sede electrónica del organismo correspondiente.*

7.4.1 Firma Longeva de Documentos

En el apartado de ***Archivo Electrónico (Archivo Legal)*** ya se hizo referencia al problema que supone la limitación en el tiempo de los certificados asociados a las firmas electrónicas para el archivo y validación a largo de periodos de tiempo largos.

Existen diferentes soluciones, una de las más habituales es el empleo del **sellado de tiempo**[67] periódico que no es otra cosa que una firma digital emitida por un tercero de confianza competente para ello (la autoridad de sellado de tiempo) que incluye además información sobre el momento en el tiempo en el que se efectúo. De este modo con un sellado periódico de los documentos archivados y firmados se confirma y mantiene su validez acreditando las evidencias de la firma original en el momento del sellado. Al hacerlo periódicamente se van manteniendo estas garantías en el tiempo. Los sellos en el tiempo actuarán en definitiva como rastro de **evidencias electrónicas**, en su caso conjuntamente con otra información como listas de revocación de certificados, de que la firma original fue válida en su momento.

Este mecanismo se conoce como **firma longeva** y suele ser frecuente emplear el formato **XAdES-A** (archivado) para ella.

7.5 Registro Electrónico

El registro electrónico permite interactuar electrónicamente con el correspondiente organismo para la presentación de escritos, solicitudes y comunicaciones relativas a los procedimientos administrativos especificados en su orden de creación y publicados en su sede electrónica.

[67] El sellado de tiempo es un servicio con un amplio abanico de aplicaciones. Es muy conveniente, por ejemplo, en transacciones comerciales o en actos públicos en los que el momento del acto es esencial. El servicio lo proporciona generalmente una tercera entidad de confianza que actúa como **autoridad de sellado de tiempo (TSA)**.

Para utilizar el registro electrónico es generalmente necesario disponer de un DNIe u otro certificado digital reconocido incluido en la lista de certificados admitidos, así como cumplir con el resto de requisitos técnicos.

Dado el peso que tiene esta figura dentro de la Administración Electrónica se reproduce la **Sección I** del **Capítulo III** de la **Ley 11/2007** que los regula en su totalidad:

Artículo 24. Registros electrónicos.

1. *Las Administraciones Públicas crearán* ***registros electrónicos*** *para la* ***recepción*** *y* ***remisión*** *de* ***solicitudes, escritos*** *y* ***comunicaciones****.*
2. *Los registros electrónicos podrán admitir:*

Documentos electrónicos normalizados *correspondientes a los* ***servicios, procedimientos*** *y* ***trámites*** *que se especifiquen conforme a lo dispuesto en la norma de creación del registro, cumplimentados de acuerdo con formatos preestablecidos.*

Cualquier solicitud*, escrito o comunicación distinta de los mencionados en el apartado anterior dirigido a cualquier órgano o entidad del ámbito de la administración titular del registro.*

3. *En cada Administración Pública existirá, al menos, un sistema de registros electrónicos suficiente para recibir todo tipo de solicitudes, escritos y comunicaciones dirigidos a dicha Administración Pública. Las Administraciones Públicas podrán, mediante* ***convenios de colaboración****, habilitar a sus respectivos registros para la recepción de las solicitudes, escritos y comunicaciones de la competencia de otra Administración que se determinen en el correspondiente convenio.*
4. *En el ámbito de la Administración General del Estado se automatizarán las oficinas de registro físicas a las que se refiere el* ***artículo 38 de la Ley 30/1992****, de Régimen Jurídico de las Administraciones Públicas y del Procedimiento Administrativo Común, a fin de garantizar la* ***interconexión*** *de todas sus oficinas y posibilitar el acceso por medios electrónicos a los* ***asientos registrales*** *y a las* ***copias electrónicas*** *de los documentos presentados.*

Artículo 25. Creación y funcionamiento.

1. *Las* ***disposiciones de creación*** *de* ***registros electrónicos*** *se publicarán en el* ***Diario Oficial*** *correspondiente y su texto íntegro deberá estar disponible para consulta en la* ***sede electrónica*** *de acceso al registro. En todo caso, las disposiciones de creación de registros electrónicos especificarán el* ***órgano o unidad responsable*** *de su gestión, así como la* ***fecha*** *y* ***hora oficial*** *y los días declarados como* ***inhábiles*** *a los efectos previstos en el artículo siguiente.*
2. *En la sede electrónica de acceso al registro figurará la* ***relación actualizada*** *de las* ***solicitudes, escritos*** *y* ***comunicaciones*** *a las que se refiere el apartado 2.a) del artículo anterior que pueden presentarse en el mismo así como, en su caso, la posibilidad de presentación de solicitudes, escritos y comunicaciones a los que se refiere el apartado 2.b) de dicho artículo.*
3. *Los registros electrónicos emitirán automáticamente un* ***recibo*** *consistente en una* ***copia autenticada del escrito, solicitud o comunicación*** *de que se trate, incluyendo la* ***fecha*** *y* ***hora*** *de presentación y el* ***número de entrada de registro****.*
4. *Podrán aportarse documentos que acompañen a la correspondiente solicitud, escrito o comunicación, siempre que cumplan los* ***estándares de formato*** *y* ***requisitos de seguridad*** *que se determinen en los* ***Esquemas Nacionales de Interoperabilidad*** *y de* ***Seguridad****. Los registros electrónicos generarán recibos acreditativos de la entrega de estos documentos que garanticen la integridad y el no repudio de los documentos aportados.*

Artículo 26. Cómputo de plazos.

1. *Los registros electrónicos se regirán a efectos de cómputo de los* ***plazos*** *imputables tanto a los interesados como a las Administraciones Públicas por la* ***fecha y hora oficial de la sede electrónica*** *de acceso, que deberá contar con las medidas de seguridad necesarias para garantizar su* ***integridad*** *y* ***figurar visible****.*
2. *Los registros electrónicos permitirán la presentación de solicitudes, escritos y comunicaciones* ***todos los días del año*** *durante las* ***veinticuatro horas****.*
3. *A los efectos del cómputo de plazo fijado en días hábiles o naturales, y en lo que se refiere a cumplimiento de plazos por los interesados, la presentación en un día inhábil se entenderá realizada en la primera hora del primer día hábil siguiente, salvo que una norma permita expresamente la recepción en día inhábil.*

4. *El inicio del cómputo de los plazos que hayan de cumplir los órganos administrativos y entidades de derecho público vendrá determinado por la fecha y hora de presentación en el propio registro o, en el caso previsto en el apartado 2.b del artículo 24, por la fecha y hora de entrada en el registro del destinatario. En todo caso, la fecha efectiva de inicio del cómputo de plazos deberá ser comunicada a quien presentó el escrito, solicitud o comunicación.*
5. *Cada sede electrónica en la que esté disponible un registro electrónico determinará, atendiendo al ámbito territorial en el que ejerce sus competencias el titular de aquella, los días que se considerarán inhábiles a los efectos de los apartados anteriores. En todo caso, no será de aplicación a los registros electrónicos lo dispuesto en el artículo 48.5 de la Ley 30/1992, de Régimen Jurídico de las Administraciones Públicas y del Procedimiento Administrativo Común.*

7.6 Notificaciones Electrónicas

Este Servicio permite al ciudadano o a la empresa recibir todas las notificaciones procedentes de las administraciones públicas en un buzón asociado a su **Dirección Electrónica Única (DEU)**, que es una dirección electrónica especial en **Correos**, diferente a una cuenta de correo electrónico convencional.

La recepción de las notificaciones es confidencial y segura, enviando además al ciudadano mediante un correo electrónico habitual un aviso de recepción de notificación. El ciudadano puede elegir, para cada procedimiento, si desea ser notificado de forma electrónica.

Una novedad importante del **Reglamento** de Desarrollo de la Ley 11/2007 es que abre el abanico de medios de notificación permitiendo el uso de correo electrónico sujeto a determinadas condiciones y la creación del concepto de **comparecencia electrónica**:

Artículo 39. Notificación mediante recepción en dirección de correo electrónico.

*Se podrá acordar la práctica de notificaciones en las **direcciones de correo electrónico** que los ciudadanos elijan siempre que se **genere automáticamente** y con independencia de la voluntad del destinatario un **acuse de recibo** que deje **constancia** de su **recepción** y que se origine en el **momento del acceso al contenido** de la notificación.*

Artículo 40. Notificación por comparecencia electrónica.

1. *La notificación por **comparecencia electrónica** consiste en el acceso por el interesado, debidamente identificado, al contenido de la actuación administrativa correspondiente a través de la sede electrónica del órgano u organismo público actuante.*
2. *Para que la comparecencia electrónica produzca los efectos de notificación de acuerdo con el artículo 28.5 de la Ley 11/2007, de 22 de junio, se requerirá que reúna las siguientes condiciones:*
   a. *Con carácter previo al acceso a su contenido, el interesado deberá visualizar un **aviso del carácter de notificación** de la actuación administrativa que tendrá dicho acceso.*
   b. *El sistema de información correspondiente dejará **constancia de dicho acceso** con indicación de fecha y hora.*

Hay que tener en cuenta que según el **artículo 28.3** de la **Ley 11/2007** tras **diez días naturales** sin que se acceda a su contenido, se entenderá que la notificación ha sido **rechazada** con los efectos previstos en el **artículo 59.4** de la **Ley 30/1992** (se hará constar en el expediente, especificándose las circunstancias del intento de notificación y se tendrá por efectuado el trámite siguiéndose el procedimiento).

Sin embargo, en una notificación convencional por la vía papel ante una notificación fallida se harían intentos por otras vías alternativas (tablón de edictos del Ayuntamiento, boletines, etc.) dando lugar en la práctica a un plazo considerable más largo ante una incidencia en la notificación.

7.7 Pago Electrónico

La **pasarela de pagos** como servicio horizontal de la red SARA pretende mejorar la disposición de las administraciones para adoptar el **pago telemático** en sus trámites.

Permite al organismo ofrecer la ciudadano un servicio de pago telemático de tasas a través de Internet. Con esto, se le facilita la gestión que debe realizar ya que, unido al trámite electrónico, puede realizar el pago correspondiente de manera sencilla y sin tener que desplazarse a la entidad correspondiente.

La manera de realizar el pago es algo particular; permite pagar a través de cargo en cuenta o tarjeta del ciudadano, devolviendo el resultado de la operación. Si todo ha ido correctamente, se recibe el **Número de Referencia Completo** (**NRC**) o identificador electrónico del pago.

Ese NRC se indicará normalmente en el trámite que implica el pago, es decir, será un campo a rellenar en la correspondiente solicitud que luego se firma y envía.

7.8 La Factura Electrónica

La **facturación electrónica** será obligatoria en todos los contratos del sector público estatal[68] a partir del **1 de noviembre del 2010**. La factura electrónica es un equivalente funcional de la factura en papel y consiste en la transmisión de las facturas o documentos análogos entre emisor y receptor por medios electrónicos (ficheros informáticos) y telemáticos (de un ordenador a otro), firmados digitalmente con certificados reconocidos.

Según la **Agencia Tributaria**, el uso de la factura electrónica podría suponer un **ahorro potencial de más de15.000 millones de euros** al año en España.

La obligación del uso de facturas electrónicas nace de las previsiones de la **Ley 30/2007, de Contratos del Sector Público**, la cual regula, entre otras muchas materias, el establecimiento de una **plataforma de contratación electrónica del Estado** y la **utilización de medios electrónicos, informáticos o telemáticos por parte de las empresas del sector privado** para la contratación con Administraciones Públicas.

Por otra parte, establece un **calendario de implantación** progresiva del uso obligatorio de la facturación electrónica por parte de las empresas del sector privado que accedan a contratos del sector público como proveedores del mismo. En este calendario se pueden destacar principalmente dos hitos: un período de transición que finalizó el **1 de agosto del año 2009** e implica que las sociedades que no presenten cuenta de pérdidas y ganancias abreviada ya están obligadas a presentar facturas electrónicas a sus clientes que sean entidades pertenecientes al sector público estatal.

[68]**Disposición final novena** de la **Ley 30/2007, de Contratos del Sector Público**, existe la posibilidad de excepciones a la obligatoriedad general para contratos menores.

Ilustración 69 – La implantación obligatoria de la factura está dando pie a todo tipo de nuevos servicios.

Para el resto de sociedades contratistas del sector público, el plazo máximo finalizará el **1 de noviembre de 2010**, fecha a partir de la cual se producirá el equivalente al "apagón analógico" en esta materia y se generalizará la obligatoriedad del uso de medios electrónicos en la facturación referente a la totalidad de los contratos del sector público estatal.

Existen **tres condicionantes principales** para la realización de e-Factura:

- Se necesita un **formato electrónico de factura** de mayor o menor complejidad (**EDIFACT**, **XML**, **PDF**, **html**, **doc**, **xls**, **gif**, **jpeg** o **txt**, entre otros)
- Es necesario una **transmisión telemática** (tiene que partir de un ordenador, y ser recogida por otro ordenador).
- Este formato electrónico y transmisión telemática, deben garantizar su **integridad y autenticidad** a través de una **firma electrónica reconocida**.

Para homogenizar estos aspectos técnicos se ha desarrollado la **Orden PRE/2971/2007, sobre la expedición de facturas por medios electrónicos cuando el destinatario de las mismas sea la Administración General del Estado u organismos públicos vinculados o dependientes de aquélla y sobre la presentación ante la Administración General del Estado o sus organismos públicos vinculados o dependientes de facturas expedidas entre particulares**.

En esta orden se crea el formato de factura electrónica **Facturae**, junto con la previsión de compatibilidad en futuras con normas como **UBL** (**Universal Business Language**). **Facturae** define fundamentalmente las tecnologías de firma a utilizar en las facturas y una estructura en **XML** que éstas deben cumplir[69].

Por otra parte hay que destacar también las previsiones que hacen la **Ley 56/2007, de Medidas de Impulso de la Sociedad de la Información** y **Ley 30/2007, de Contratos del Sector Público**.

En el caso de la primera se pueden destacar los siguientes puntos:

- Obligatoriedad para sector público en los términos establecidos en Ley de Contratos.
- **Plan para la generalización del uso de la factura electrónica** en España, promoviendo la **accesibilidad** y la **interoperabilidad**.
- Normas sobre formatos estructurados y no restrictivos por el **Ministerio de Industria, Turismo y Comercio** y el **Ministerio de Economía y Hacienda**, de acuerdo con organizaciones de estandarización globales. Esto se ha traducido en el formato **facturae**.
- Adaptación a lenguas oficiales.
- Aplicación al tratamiento y conservación de los datos necesarios para la facturación electrónica lo dispuesto en la **LOPD**.

---

[69] Más información sobre Facturae: http://www.facturae.es/

Hay que destacar además especialmente las medidas en relación con las empresas que presten servicios al público en general de especial trascendencia económica[70]:

- Obligación de disponer de un medio de interlocución telemática para la prestación de servicios al público de especial trascendencia económica. Afecta a comunicaciones electrónicas, banca, seguros, agua, gas, electricidad, agencias de viaje, transporte viajeros, comercio al por menor.
- Consulta del historial de facturación.

De la **Ley 30/2007** hay que destacar especialmente los siguientes aspectos:

- Se autoriza al **Ministro de Economía y Hacienda** para aprobar, previo dictamen del Consejo de Estado, las normas de desarrollo de la disposición adicional decimonovena que puedan ser necesarias para hacer plenamente efectivo el uso de medios electrónicos, informáticos o telemáticos en los procedimientos regulados en esta Ley.
- En el plazo máximo de un año desde la entrada en vigor de la Ley, el Ministro de Economía y Hacienda aprobará las normas de desarrollo necesarias para hacer posible el uso de las facturas electrónicas en los contratos que se celebren por las entidades del sector público Estatal.
- Transcurridos tres meses desde la entrada en vigor de las normas a que se refiere el apartado anterior la presentación de facturas electrónicas será obligatoria en la contratación con el sector público estatal para las sociedades que no puedan presentar cuenta de pérdidas y ganancias abreviada.
- Por Orden conjunta de los Ministros de Economía y Hacienda y de Industria, Turismo y Comercio, se extenderá progresivamente la obligatoriedad del uso de las facturas electrónicas para otras personas físicas y jurídicas en función de sus características y el volumen de su cifra de negocios. En todo caso, transcurridos dieciocho meses desde la entrada en vigor de las normas a que se refiere el apartado anterior, el uso de la factura electrónica será obligatorio en todos los contratos del sector público estatal.
- El Consejo de Ministros, a propuesta de los Ministros de Economía y Hacienda y de Industria, Turismo y Comercio, adoptará las medidas necesarias para facilitar la emisión de facturas electrónicas por las personas y entidades que contraten con el sector público estatal, garantizando la gratuidad de los servicios de apoyo que se establezcan para determinadas empresas.

[70] Es decir, banca, suministro de agua, gas, electricidad, transportes, etc.

Cuarta Parte: La Tecnología en la Administración Electrónica

8 Fundamentos técnicos de la Seguridad en la Administración Electrónica

Tal como lo indica su propio nombre, la administración electrónica es un concepto impregnado de tecnología. Aunque lo deseable es que sus usuarios necesiten la menor cantidad de conocimientos técnicos posibles es imprescindible que conozcan y domine unos conceptos técnicos, no asumir este hecho sería como pretender ser un usuario de informática sin aprender a utilizar un ratón.

Es por tanto importante asentar estos fundamentos técnicos propios de la administración electrónica ya que sólo así los usuarios, tanto ciudadanos como funcionarios, podrán entender lo que está ocurriendo realmente cuando realizan sus operaciones, resolver los problemas que les surjan y obtener un nivel de confianza adecuado en lo que están haciendo, máxime cuando se trata de actuaciones sensibles por sus repercusiones jurídicas como lo son las actuación de la Administración Pública.

Si hubiera que destacar algún aspecto **técnico** de la administración electrónica sobre los demás, éste sería, sin duda, la seguridad ya que el problema clave del empleo de las TIC y de la automatización de las actividades administrativas mediante las TIC es que la Administración tiene que llevar al terreno de las TIC las garantías jurídicas a las que tienen derecho el ciudadano y las empresas.

Esto ha hecho que la **firma electrónica** y el uso de **certificados electrónicos** sean las tecnologías clave en la aplicación de las TIC a las actividades propias de la Administración. Es por tanto esencial comprender estos conceptos y los principios y técnicas subyacentes sobre las que se asientan y que se presentan a continuación.

Como se verá a continuación, estas tecnologías se asientan fundamentalmente sobre los diferentes métodos de la **criptografía**.

8.1 Criptografía Simétrica

La **criptografía simétrica** es el método criptográfico que usa una **misma clave** para cifrar y descifrar mensajes. Las dos partes que se comunican han de ponerse de acuerdo de antemano sobre la clave a usar. Una vez ambas tienen acceso a esta clave, el remitente cifra un mensaje usándola, lo envía al destinatario, y éste lo descifra con la misma.

El principal problema con los sistemas de cifrado simétrico no está ligado a su seguridad, sino al intercambio de claves. Una vez que el remitente y el destinatario hayan intercambiado las claves, pueden usarlas para comunicarse con seguridad, pero ¿qué canal de comunicación que sea seguro han usado para transmitirse las claves? Sería mucho más fácil para un atacante intentar interceptar una clave que probar las posibles combinaciones del espacio de claves.

Otro problema es el número de claves que se necesitan. Con un número n de personas que necesitan comunicarse entre sí, el número de claves necesarias para la comunicación privada entre dos personas de este grupo se dispararía. Esto puede funcionar con un grupo reducido de personas, pero sería imposible llevarlo a cabo con grupos grandes.

Existen muchos métodos de criptografía simétrica, posiblemente el más importante sea actualmente **AES** (**Advanced Encryption Standard**), también conocido como **Rijndael**.

Estos algoritmos se usan en aplicaciones concretas donde el intercambio de claves no resulta problemático. Por ejemplo, para la confidencialidad de documentos personales.

Una aplicación ejemplo es la utilidad open source (código abierto)[71] **TrueCrypt** (ver **Anexo I**) que permite crear **unidades de disco virtuales encriptadas**. Estas unidades de disco son virtuales porque en realidad no existen físicamente como discos, sino que las crea la utilidad a partir de un fichero encriptado con una clave elegida por el usuario. Sin embargo, la utilidad lo presenta al usuario como si fuera una unidad de disco más del sistema.

El usuario simplemente arranca esta utilidad como cualquier programa e introduce la clave para lograr la mayor comodidad y naturalidad posible en su uso. Así el usuario lee y graba datos como el cualquier otra unidad física, pero los datos se almacenarán cifrados y serán inaccesibles para quien no tenga las claves.

Resulta muy útil para guardar la información sensible que se quiera proteger frente a terceros, especialmente de cara a guardar copias de seguridad de la misma. Es interesante, por ejemplo, para información como claves personales de acceso a otros sistemas (cuentas de bancos, documentos con información sensible, cuentas de sitios de Internet, etc.)

8.2 Criptografía Asimétrica

La **criptografía asimétrica** es el método criptográfico que usa un **par de claves** para el envío de mensajes. Las dos claves pertenecen a la misma persona. Una clave es **pública** y se puede entregar a cualquier persona o publicarla en algún sitio fácilmente accesible, la otra clave es **privada** y el propietario debe guardarla de modo que nadie tenga acceso a ella.

Además, los métodos criptográficos garantizan[72] que esa pareja de claves sólo se puede generar una vez, de modo que se puede asumir que no es posible que dos personas hayan obtenido casualmente la misma pareja de claves.

[71] Término con el que se conoce al software distribuido y desarrollado libremente, con pleno acceso al código fuente. Generalmente, aunque no siempre, es además gratuito.

[72] En términos rigurosos no se trata de una garantía absoluta, sino de una probabilidad tan ínfima de que se puede considerar despreciable.

Idea clave

En la criptografía asimétrica de clave pública/privada lo que se cifra con una clave, se puede descifrar con la otra, pero nunca con la misma.

Es decir, si se cifra un mensaje o documento con la clave privada, se podrá descifrar con la clave pública, sin embargo no se puede descifrar utilizando de nuevo la clave privada. Igualmente, si se cifra con la clave pública, se podrá descifrar solamente con la clave privada.

La diferencia en elegir cifrar con una u otra clave es las aplicaciones que permite.

Los sistemas de cifrado de clave pública o sistemas de cifrado asimétricos se inventaron con el fin de evitar por completo el problema del intercambio de claves de los sistemas de cifrado simétricos.

Con las claves públicas no es necesario que el remitente y el destinatario se pongan de acuerdo en la clave a emplear. Todo lo que se requiere es que, antes de iniciar la comunicación secreta, el remitente consiga una copia de la clave pública del destinatario. Es más, esa misma clave pública puede ser usada por cualquiera que desee comunicarse con su propietario. Por tanto, se necesitarán sólo n pares de claves por cada n personas que deseen comunicarse entre sí.

Idea clave

Si el remitente usa la clave pública del destinatario para cifrar el mensaje, una vez cifrado, sólo la clave privada del destinatario podrá descifrar este mensaje, ya que es el único que la conoce. Por lo tanto, se logra la **confidencialidad** del envío del mensaje ya que nadie, salvo el destinatario, puede descifrarlo.

Si el propietario del par de claves usa su clave privada para cifrar el mensaje, cualquiera puede descifrarlo utilizando su clave pública. En este caso se consigue la **identificación** y **autenticación** del remitente ya que se sabe que sólo pudo haber sido él quien utilizó su clave privada (salvo que alguien se la hubiese podido robar). Esta idea es el fundamento de la **firma electrónica** a veces llamada **firma digital**.

La criptografía asimétrica tiene pocas desventajas. Entre las pocas que tiene, la más importante, si cabe, es el esfuerzo de cálculos matemáticos que implica, lo que la hace considerablemente más lenta que la criptografía simétrica. Sin embargo, en las aplicaciones prácticas hay múltiples opciones para solucionar este problema.

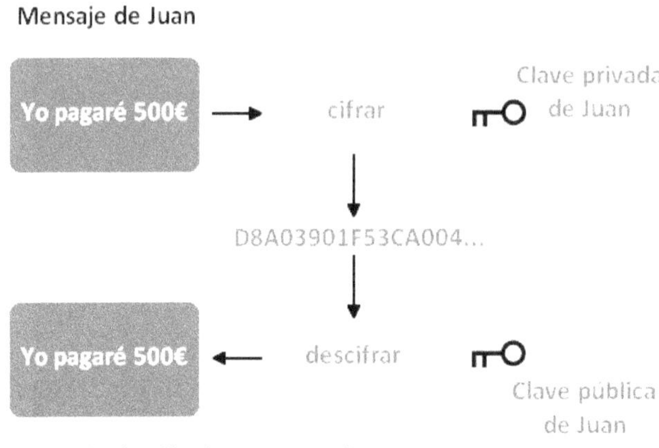

Ilustración 70 – Ejemplo de cifrado asimétrico: Juan cifra un mensaje con su clave privada y lo envía a Raquel. Raquel puede descifrarlo, ya que tiene la clave pública de Juan. Raquel sabe además así con certeza que fue Juan quien envío este mensaje. Si Juan quisiera enviar un mensaje secreto a Raquel que sólo ella pueda leer podía usar la clave pública de Raquel para cifrarlo y ella su clave privada para descifrarlo.

En la comunicación de mensajes muy largos como puede ser, por ejemplo, la comunicación segura con un sitio Web como un banco, se suele emplear en combinación con la **criptografía simétrica** (más rápido). Se usa primero un algoritmo asimétrico en una serie de mensajes cortos para establecer un **canal seguro** intercambiar sobre ese canal una clave simétrica acordada entre el navegador del usuario y el servidor del banco, y a continuación se cifran el resto de la comunicación esa clave simétrica.

8.3 Funciones y Códigos Hash (funciones resumen)

En informática, el término **hash** se refiere a una función o método para generar claves o llaves que representen de manera unívoca a un documento, registro, archivo, etc., resumir o identificar un dato a través de la probabilidad, utilizando una **función hash** o **algoritmo hash**, también se utiliza el término **función resumen** o **huella digital**.

 **Práctica: ejemplo de uso de claves simétricas**

Instalación de los programas open source **TrueCrypt**, **AxCrypt** y **KeePass**. Practicar el uso de los programas.

En definitiva se trata de resumir una ristra de bytes de cualquier longitud en un código **hash** o **digest** que es el resultado de dicha función o algoritmo y que tiene la gran ventaja de ser prácticamente **único** para una combinación de bytes y de disponer de una **longitud fija**.

Detalles técnicos sobre Criptografía Asimétrica

Los sistemas de cifrado de clave pública se basan en funciones-trampa de un solo sentido que aprovechan propiedades particulares, por ejemplo de los números primos. Una función de un solo sentido es aquella cuya computación es fácil, mientras que su inversión resulta extremadamente difícil. Por ejemplo, es fácil multiplicar dos números primos juntos para obtener uno compuesto, pero es difícil factorizar uno compuesto en sus componentes primos. Una función-trampa de un sentido es algo parecido, pero tiene una "trampa". Esto quiere decir que si se conociera alguna pieza de la información, sería fácil computar el inverso. Si tenemos, por ejemplo, un número compuesto por dos factores primos y conocemos uno de los factores, es fácil calcular el segundo.

Dado un cifrado de clave pública basado en la factorización de números primos, la clave pública contiene un número compuesto de dos factores primos grandes, y el algoritmo de cifrado usa ese compuesto para cifrar el mensaje. El algoritmo para descifrar el mensaje requiere el conocimiento de los factores primos, para que el descifrado sea fácil si poseemos la clave privada que contiene uno de los factores, pero extremadamente difícil en caso contrario.

Como con los sistemas de cifrado simétricos buenos, con un buen sistema de cifrado de clave pública toda la seguridad descansa en la clave y no en el algoritmo. Por lo tanto, el tamaño de la clave es una medida de la seguridad del sistema, pero no se puede comparar el tamaño del cifrado simétrico con el del cifrado de clave pública para medir la seguridad. En un ataque de fuerza bruta sobre un cifrado simétrico con una clave de un tamaño de 80 bits, el atacante debe probar hasta 2^{80}-1 claves para encontrar la clave correcta. En un ataque de fuerza bruta sobre un cifrado de clave pública con un clave de un tamaño de 512 bits, el atacante debe factorizar un número compuesto codificado en 512 bits (hasta 155 dígitos decimales). La cantidad de trabajo para el atacante será diferente dependiendo del cifrado que esté atacando. Mientras 128 bits son suficientes para cifrados simétricos, dada la tecnología de factorización de hoy en día, se recomienda el uso de claves públicas de un mínimo de 1024 bits para la mayoría de los casos.

Según el algoritmo utilizado, la probabilidad de **colisión de códigos hash** (que para diferentes entradas se genere el mismo código hash) es prácticamente despreciable.

Existen diferentes algoritmos, algunos de los más populares son **SHA** (**Secure Hash Algorithm**) con una longitud clásica de **160 bits** (**SHA-1**) o **MD5** (**Message-Digest Algorithm 5**) con una longitud de **128 bits**.

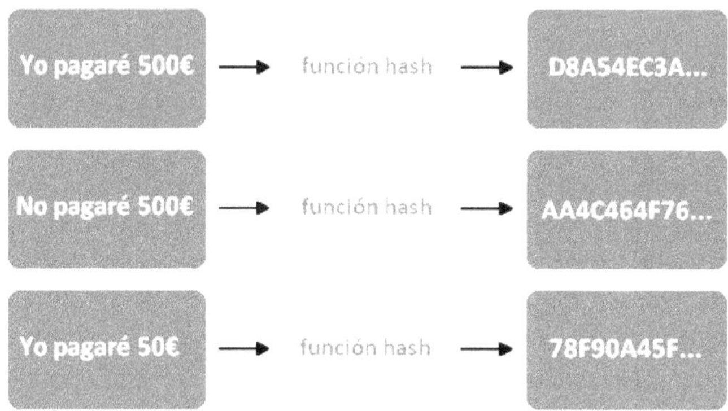

Ilustración 71 – Creación de códigos hash o digest. Incluso la más mínima variación produce un cambio radical en el código hash.

Idea clave

La longitud de los códigos hash es fija, no depende de la longitud de los documentos originales por muy grandes que estos sean, sirve para identificarlos unívocamente y no permite deducir el documento original a partir del cual se han generado.

Estas propiedades serán esenciales en el uso de estos códigos en la **firma electrónica**.

Así el resultado de aplicar un algoritmo MD5 al texto *"Esto sí es una prueba de MD5"* sería e99008846853ff3b725c27315e469fbc (representación hexadecimal[73]). Un simple cambio en el mensaje nos da un cambio total en la codificación hash, en este caso cambiamos dos letras, el «sí» por un «no»: *"Esto no es una prueba de MD5"* = dd21d99a468f3bb52a136ef5beef5034

El abanico de aplicaciones para este tipo de funciones es enorme. Unos pocos ejemplos son los siguientes:

a) **Comprobación de <u>integridad</u> de ficheros**: se usa mucho en la descarga de ficheros grandes (por ejemplo: videos) desde Internet para comprobar que el archivo no está corrupto (que ninguno de sus bytes esté cambiado). Se adjunta un código MD5 con el fichero y con una herramienta que analiza el fichero se comprueba el código MD5 que produce ese fichero, si son iguales es que hay la total certeza de que el fichero descargado es idéntico al original.

[73] Una representación de números muy utilizada en informática, ya que se adapta mejor a la naturaleza física de los circuitos de los ordenadores que la representación decimal convencional.

b) **Identificación de ficheros independientemente de su nombre**: esta funcionalidad se usa mucho en redes P2P, ya que entre otras cosas permite detectar qué ficheros de los usuarios son en realidad los mismos (aunque tengan diferentes nombres) y distribuir así la descarga de los mismos.

c) **Autenticación de usuarios**: cuando un usuario se da de alta en cualquier servicio surge un problema muy importante; la confidencialidad de su clave de usuario. Sólo la debería conocer él, ¿pero cómo evitar que la conozca el personal administrador de las máquinas que tiene acceso a todas las bases de datos, de usuarios, etc.? La solución son de nuevo los códigos hash: cuando un usuario se da de alta, no se da alta su clave, sino un código hash de la misma. Así es imposible saber cuál fue la clave elegida por el usuario, se mantiene su secreto. Sin embargo, al entrar en el sistema y teclear la clave original, el sistema puede comprobar fácilmente si es correcto aplicando de nuevo la misma función hash y comparando el resultado con el hash almacenado. Si coincide es que la clave introducida es correcta.

d) **Firma electrónica**: en vez de firmar el documento entero se firma su resumen que es mucho más corto y por tanto rápido de procesar. Esto supone una solución muy eficiente al problema de la lentitud cifrado de documentos grandes con claves asimétricas. Se verá en detalle más adelante.

Práctica: comprobar códigos MD5

Bajar cualquier fichero de Internet para el cual se haya adjuntado un código de comprobación MD5.

Por ejemplo: http://tomcat.apache.org/download-60.cgi

Utilizar una herramienta (por ejemplo: MD5Checker) para realizar la comprobación.

8.4 Conexiones Seguras HTTPS

Hypertext Transfer Protocol Secure (en español: Protocolo seguro de transferencia de hipertexto), más conocido por sus siglas **HTTPS**, es un protocolo de red basado en el protocolo HTTP, destinado a la transferencia segura de datos de hipertexto, es decir, es la versión segura de HTTP.

El sistema HTTPS utiliza un cifrado basado en la tecnología **Secure Socket Layer** (**SSL**) para crear un canal cifrado (cuyo nivel de cifrado depende del servidor remoto y del navegador utilizado por el cliente) más apropiado para el tráfico de información sensible que el protocolo HTTP.

De este modo se consigue que la información sensible (usuario y claves de paso normalmente) no puede ser usada por un atacante que haya conseguido interceptar la transferencia de datos de la conexión, ya que lo único que obtendrá será un flujo de datos cifrados que le resultará imposible de descifrar.

Los protocolos HTTPS son utilizados por navegadores como: **Safari**, **Internet Explorer**, **Mozilla Firefox**, **Opera** y **Google Chrome**, entre otros.

Es utilizado principalmente por entidades bancarias, tiendas en línea, y cualquier tipo de servicio que requiera el envío de datos personales o contraseñas.

En la **Ilustración 72** se puede apreciar un ejemplo de una conexión segura, en este caso con la Web de **Caja Madrid**.

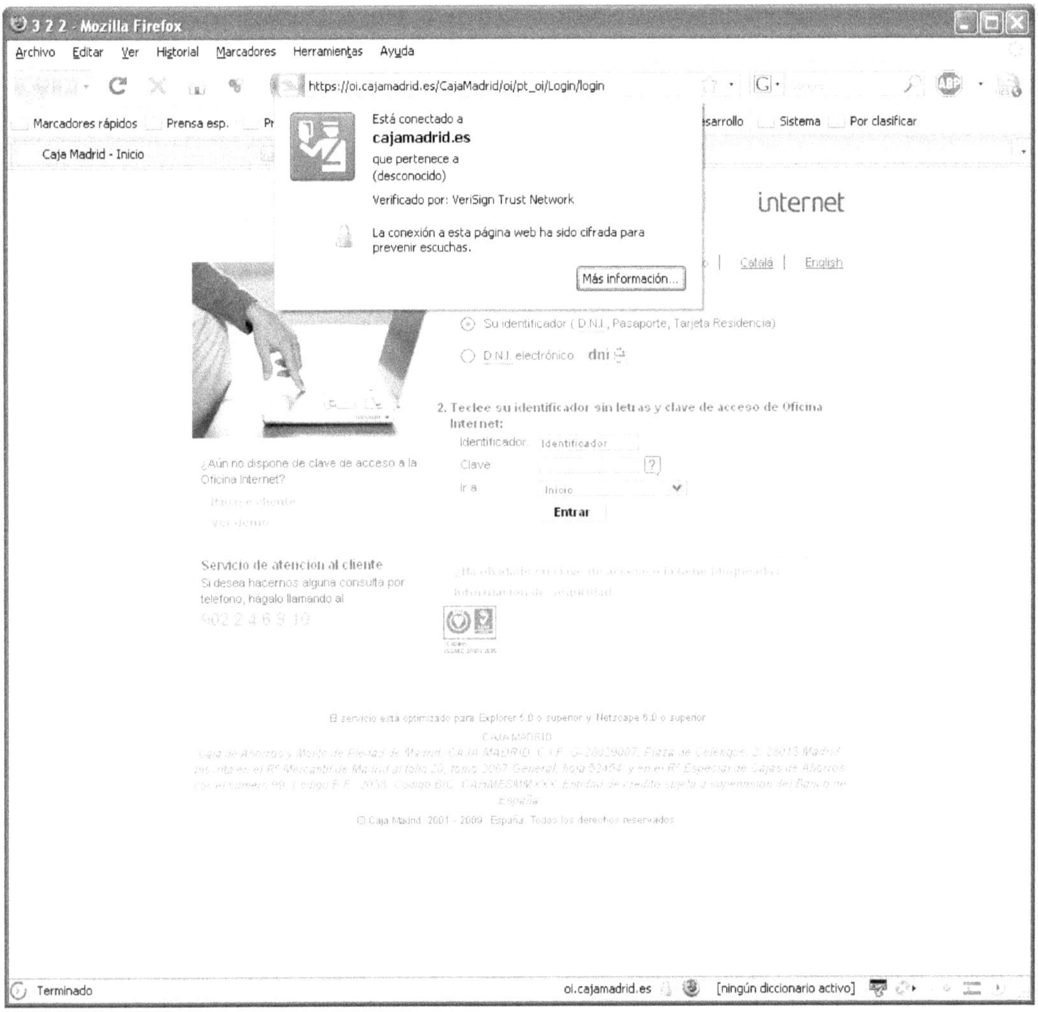

Ilustración 72 – Conexión segura con Caja Madrid con el navegador Firefox.

El navegador (Firefox) usa un recuadro azul que rodea el icono del sitio Web (el oso verde) junta a la barra de la dirección Web para indicar al usuario que el certificado de la conexión segura ha sido reconocido por el navegador (es decir, el certificado raíz que usa Caja Madrid se encuentra en el almacén de certificado que usa el navegador, ese certificado raíz pertenece a la empresa **Verisign**). Además indica con un icono de un candado en el pie de la ventana que se ha establecido una conexión segura y que por tanto el usuario puede confiar en ella.

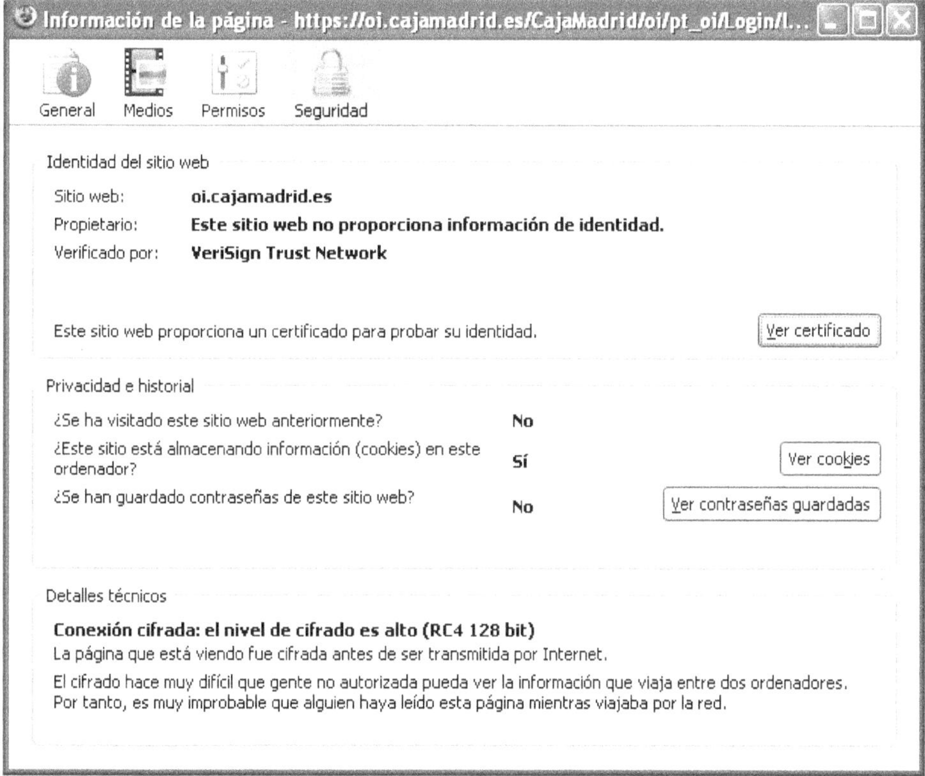

Ilustración 73 – Información del certificado empleado por el sitio Web de Caja Madrid.

Si el usuario hace "clic" en el recuadro azul antes mencionado el navegador proporciona la información adicional que se puede apreciar en la **Ilustración 73**.

Cuando un sitio se identifica frente al navegador con su certificado de servidor, el navegador comprueba que efectivamente se trata de un certificado válido. Asume que es así cuando el certificado presentado cuenta con una autoridad de certificación que figura entre las del almacén del navegador. Si no es así, asume que se podría tratar de un certificado falso, emitido por alguien que no es quien dice ser, aunque en la práctica esto sería un caso raro, lo normal será que la autoridad de certificación del certificado raíz no esté dada de alta en el almacén que usa el navegador.

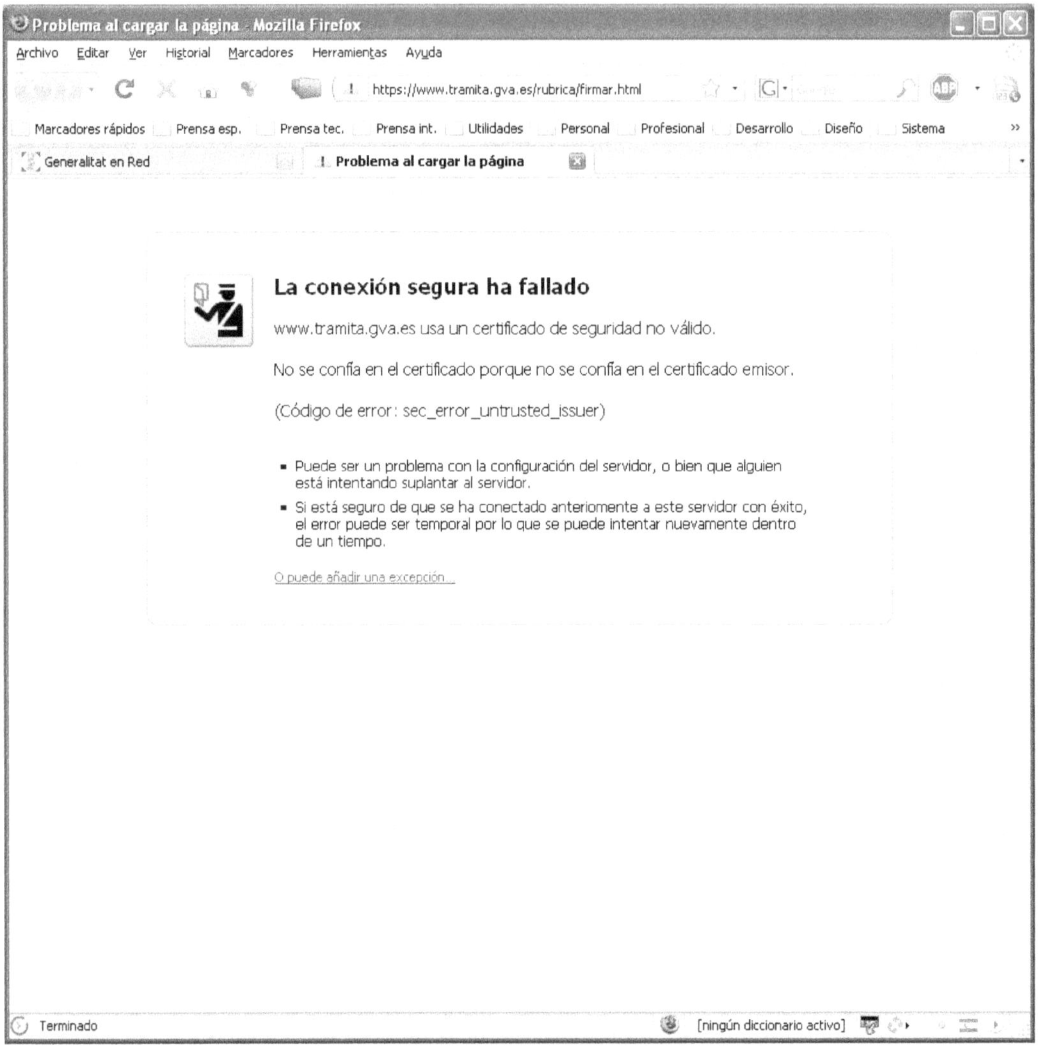

Problema al cargar la página - Mozilla Firefox

Archivo Editar Ver Historial Marcadores Herramientas Ayuda

https://www.tramita.gva.es/rubrica/firmar.html

Marcadores rápidos Prensa esp. Prensa tec. Prensa int. Utilidades Personal Profesional Desarrollo Diseño Sistema

Generalitat en Red | Problema al cargar la página

La conexión segura ha fallado

www.tramita.gva.es usa un certificado de seguridad no válido.

No se confía en el certificado porque no se confía en el certificado emisor.

(Código de error: sec_error_untrusted_issuer)

- Puede ser un problema con la configuración del servidor, o bien que alguien está intentando suplantar al servidor.
- Si está seguro de que se ha conectado anteriormente a este servidor con éxito, el error puede ser temporal por lo que se puede intentar nuevamente dentro de un tiempo.

O puede añadir una excepción…

Terminado [ningún diccionario activo]

Ilustración 74 – Pantalla que muestra el navegador Firefox al establecer una conexión https con un sitio cuyo certificado no identifica como de confianza por no existir el certificado de la autoridad de certificación raíz correspondiente en el almacén de certificados.

En el caso de que la autoridad de certificación no se encuentre entre las conocidas para el navegador, éste avisará de ello al usuario. Un ejemplo, para el caso de Firefox, se puede apreciar en la **Ilustración 74**.

Cuando se da esta situación lo más aconsejable es incluir el certificado de la autoridad de certificación que figura en el certificado raíz en el almacén de certificados. Para ello se puede acudir a la correspondiente CA y descargar el certificado en cuestión. En el caso de la FNMT, por ejemplo, se puede descargar en la siguiente dirección Web: http://www.cert.fnmt.es/index.php?cha=cit&sec=4&page=139&lang=es

Detalles técnicos sobre SSL

Para establecer un canal seguro el cliente y el servidor siguen un protocolo denominado "Handshake" que funciona del siguiente modo:

- El cliente envía un mensaje ClientHello especificando una lista de conjunto de cifrados, métodos de compresión y la versión del protocolo SSL más alta permitida. Éste también envía bytes aleatorios que serán usados más tarde (llamados Challenge de Cliente o Reto). Además puede incluir el identificador de la sesión.
- Después, recibe un registro ServerHello, en el que el servidor elige los parámetros de conexión a partir de las opciones ofertadas con anterioridad por el cliente.
- Cuando los parámetros de la conexión son conocidos, cliente y servidor intercambian certificados (dependiendo de las claves públicas de cifrado seleccionadas). Estos certificados son actualmente X.509, pero hay también un borrador especificando el uso de certificados basados en OpenPGP.
- El servidor puede requerir un certificado al cliente, para que la conexión sea mutuamente autenticada.
- Cliente y servidor negocian una clave secreta (simétrica) común llamada master secret, posiblemente usando el resultado de un intercambio Diffie-Hellman, o simplemente cifrando una clave secreta con una clave pública que es descifrada con la clave privada de cada uno. Todos los datos de claves restantes son derivados a partir de este master secret (y los valores aleatorios generados en el cliente y el servidor), que son pasados a través una función seudoaleatoria cuidadosamente elegida.

TLS/SSL poseen una variedad de medidas de seguridad:

- Numerando todos los registros y usando el número de secuencia en el MAC.
- Usando un resumen de mensaje mejorado con una clave (de forma que solo con dicha clave se pueda comprobar el MAC). Esto se especifica en el RFC 2104).
- Protección contra varios ataques conocidos (incluyendo ataques man-in-the-middle), como los que implican un degradado del protocolo a versiones previas (por tanto, menos seguras), o conjuntos de cifrados más débiles.
- El mensaje que finaliza el protocolo handshake (Finished) envía un hash de todos los datos intercambiados y vistos por ambas partes.
- La función pseudo aleatoria divide los datos de entrada en 2 mitades y las procesa con algoritmos hash diferentes (MD5 y SHA), después realiza sobre ellos una operación XOR. De esta forma se protege a sí mismo de la eventualidad de que alguno de estos algoritmos se revelen vulnerables en el futuro.

Según el fabricante, los navegadores pueden ofrecer también mecanismos específicos de tratar el problema de los sitios cuyo certificado no se reconoce. Vea el apartado **3.2.3 El Sitio Web (sede electrónica)** del Organismo usa un Certificado que nuestro Navegador no reconoce para más detalles.

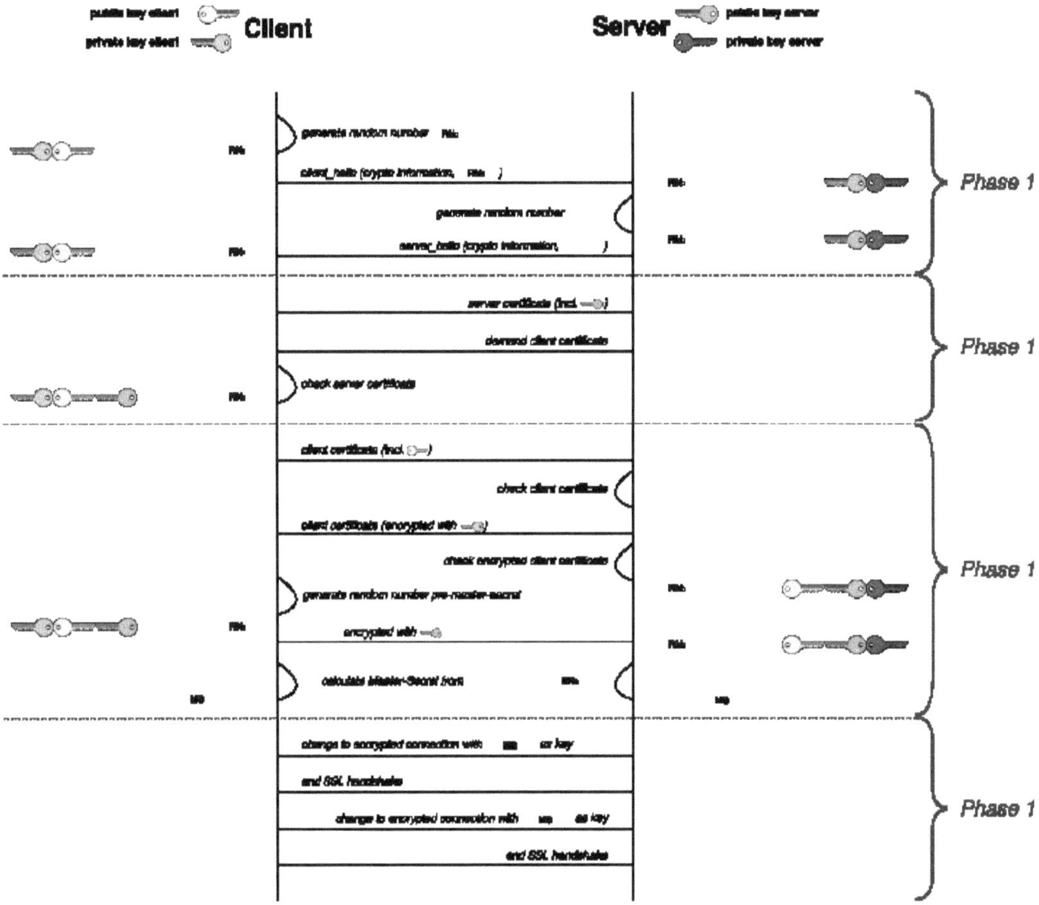

Ilustración 75 – Establecimiento de una conexión SSL. Más información en http://en.wikipedia.org/wiki/Transport_Layer_Security

9 Estándares Abiertos, Software Libre y Código Abierto en la Administración Electrónica

Probablemente los términos de **software libre** y **código abierto** (o **fuentes abiertas**) sean completos desconocidos para aquellos lectores que no sean desarrolladores de software profesionales, responsables de departamentos TIC o forofos de la informática.

Sin embargo, tanto el mundo de la informática en general como en la Administración Pública en particular, estos movimientos han adquirido una importancia de tal calibre que deberían formar parte de la cultura general de cualquier usuario de la informática y desde luego de los responsables que decisiones relativas a las TIC, tanto por el peso adquirido dentro de las tecnologías de la información como por los beneficios para los propios usuarios.

Por otra parte, en las **políticas de administración electrónica**, tanto a nivel europeo como nacional, la creciente importancia de los estándares abiertos y software libre los ha llevado a jugar un papel cada vez más importante en las estrategias y políticas formuladas a lo largo de las últimas décadas.

Entre las diferentes ventajas que ofrecen estas aplicaciones quizás la cuestión estratégica más importante que ha llevado a las Administraciones de los diferentes países a interesarse cada vez más por el software libre es la idea de que no se puede concebir que una organización pública que ejerce potestades públicas y sirve al interés general se encuentre condicionada o incluso cautiva de las empresas que le proveen sus aplicaciones.

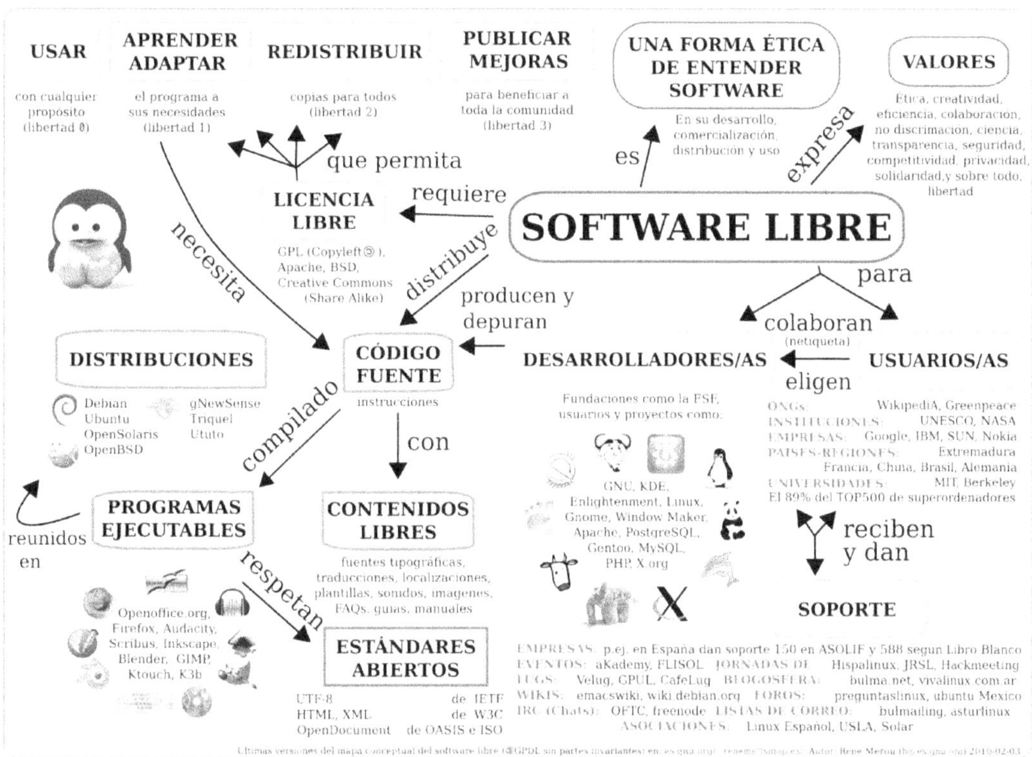

Ilustración 76 – El mapa conceptual del software libre de René Mérou.

El software libre y de código abierto, al igual que los estándares abiertos en general, contribuye por una parte enormemente a la independencia tecnológica al eliminar la dependencia del fabricante y/o proveedor y, por otra parte, a la interoperabilidad de sus sistemas por su naturaleza abierta y basada en estándares.

9.1 ¿Por qué Software Libre?

El número de razones para utilizar software libre es realmente enorme y se sale del ámbito de este manual entrar en detalle en todas ellas. Por tanto nos limitaremos a mencionar algunas de las más importantes desde el punto de vista de los usuarios finales y desde el punto de vista de una organización, ya sea pública o privada.

9.1.1 ¿Qué puede aportar el Software Libre a un Usuario Final?

Para el usuario final la vía del software libre puede ser una alternativa muy económica frente al software comercial. Los ejemplos de aplicaciones de calidad profesional son interminables, existen literalmente decenas de miles: algunos de los más conocidos son las distribuciones del sistema operativo **GNU/Linux**, el paquete ofimático **OpenOffice**, el Navegador Web **Firefox**, o el cliente de correo **Thunderbird**.

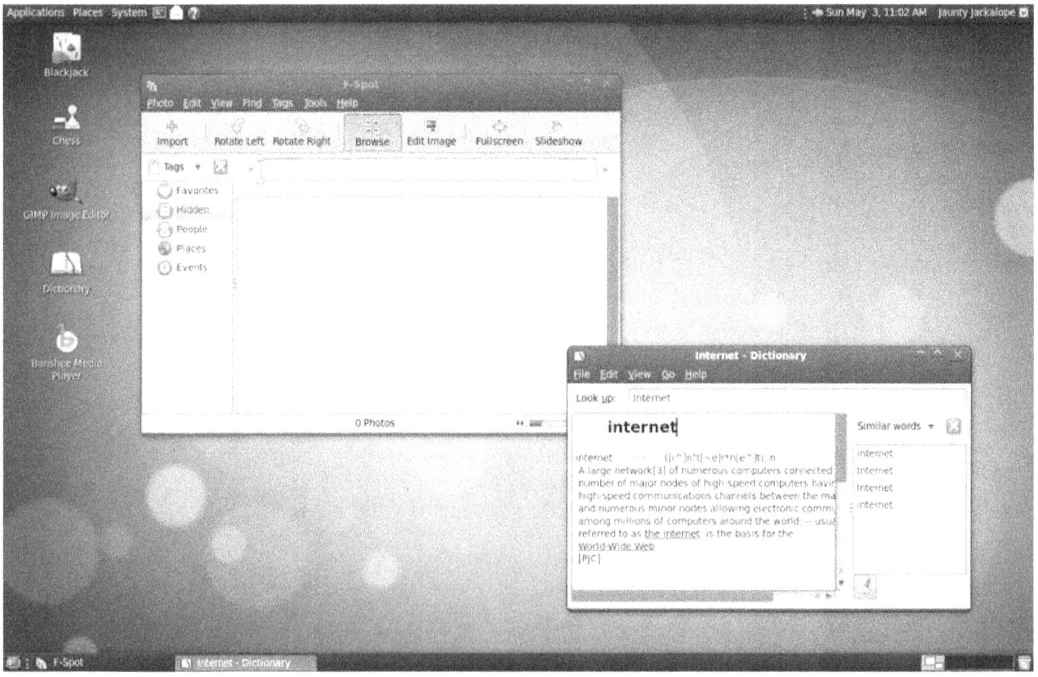

Ilustración 77– Captura de pantalla de **Ubuntu 9.04**, según el portal **Distrowatch.com** Ubuntu es la distribución Linux más popular en este momento[74].

[74] Septiembre 2010

Las ventajas más importantes de usar este tipo de software se pueden resumir en los siguientes puntos:

- **Libertad de elección**, posibilidad de **cambiar más fácilmente de producto**, la posibilidades de **tomar contacto rápidamente** con nuevos tipos de software sin barreras económicas.
- **El precio**, aunque este tipo de software no tiene por qué ser gratuito, la mayoría de este software sí los es y el resto es normalmente muy económico en comparación con las alternativas comerciales.
- La apertura genera **sinergias muy positivas** (miles de aplicaciones, tanto libres como comerciales, para Linux, miles de extensiones y complementos de Firefox, etc.).
- **Rompe monopolios**, **presiona los precios y calidad de los productos comerciales**, y con el tiempo **les ha forzado a abrirse** (por ejemplo: publicación de la especificación del formato para Microsoft Office, soporte del estándar XML para el intercambio de información entre diferentes aplicaciones, etc.).
- Hace viable **nuevos productos** como los **Netbooks** basados en Linux y productos sofisticados a precios muy económicos (un ejemplo son los routers ADSL sobre Linux con un cómodo y potente interfaz Web de gestión).

9.1.2 Ventajas para una Organización

El software libre puede ofrecer muchas ventajas a las organizaciones, ventajas que en muchos casos pueden a llegar a ser estratégicas. Además, se pueden extrapolar prácticamente todas las ventajas vistas para los usuarios finales igualmente al mundo empresarial y al sector público. Se puede decir incluso que en éste ámbito las ventajas son, si cabe, aún más radicales ya que, por una parte, los importes económicos de las licencias comerciales de software empresarial, según el caso, pueden llegar a ser muy elevadas y, por otra parte, hay aspectos como la cautividad de los fabricantes que revisten un carácter estratégico para la organización.

A las ventajas antes comentadas para el usuario final habría que añadir por tanto los siguientes puntos:

- El **respeto a estándares y la apertura**. Toda la información está disponible, no existe el concepto de "secreto empresarial" tan común y tan sufrido tradicionalmente en los fabricantes de software. Por tanto se facilita la **libertad de elección de alternativas** eliminando los factores que tradicionalmente atan con el tiempo a los clientes a sus proveedores.
- El respecto a los estándares facilita asimismo la **neutralidad tecnológica** permitiendo la creación de entornos con componentes heterogéneos altamente **interoperables** e **integrado** entre sí.

- Al ofrecer el mundo del software libre y de código abierto alternativas a los productos comerciales genera también **presión** hacia los fabricantes para abrir sus productos a estándares abiertos que permiten la interoperabilidad entre productos de diferentes fabricantes y la migración del software instalado. Los fabricantes han comprendido que si no siguen esta filosofía abierta se aíslan poco a poco del mercado. Ejemplos claros de estándares que han promovido este cambio hacia productos más interoperables son el uso de **XML** como estándar para el intercambio de información y los **Servicios Web** para la integración entre aplicaciones, o pequeños detalles como el soporte del formato **PDF** en **Office 2007** para guardar documentos, como ya lo hacia el homólogo libre OpenOffice.
- **Facilidad de mantenimiento, de adaptación, y de continuidad**. Las grandes comunidades open source como la de comunidad en torno **GNU/Linux**, la **Apache Software Foundation** o la **Mozilla Foundation** han llegado a unas dimensiones e inercia que garantizan no solamente altos niveles de calidad de sus productos sino también su **continuidad**. Por otra parte, si se necesita ampliar o adaptar alguno de sus productos no hay problema para hacerlo, y si se quiere, se puede revertir a la comunidad contribuyendo a la evolución del producto beneficiando así a terceros del trabajo realizado y garantizando el soporte futuro al propio trabajo.

9.1.2.1 La ausencia del pago de licencias, con matices

Una gran mayoría de software libre se puede adquirir sin ningún pago de licencia. El ejemplo más paradigmático es el sistema operativo **GNU/Linux** como alternativa libre frente a sistemas operativos comerciales como **Windows**, sistemas **Unix** o **Mac OS**. De hecho, en la actualidad ya se encuentra enormemente extendido tanto en el ámbito empresarial como en el sector público, especialmente como solución para servidores.

Sin embargo, como ya ha sido apuntado anteriormente, el software libre no siempre es gratuito. Un ejemplo muy claro son las distribuciones comerciales de Linux. Así, por ejemplo, **Red Hat Enterprise Linux** es una distribución de Linux con licencia comercial mantenida por la empresa **Red Hat** que incluye en el producto una recopilación profesional de software libre, herramientas propias y un servicio profesional de mantenimiento y asistencia con el producto. Aun así sus precios son en general mucho más competitivos que sus competidores tradicionales, ya que lo que se cobra es fundamentalmente el servicio y no el producto.

Sin embargo, al tratarse de software libre que debe poder ser copiado libremente, las fuentes de esta distribución de Linux siguen siendo libres, lo que ha dado lugar a un curioso fenómeno: un "clon" de Red Hat Enterprise Linux que es **CentOS**, una distribución mantenida por una comunidad libre que no usa licencias comerciales como Red Hat, pero por otra parte tampoco ofrece los servicios profesionales de esta empresa, es decir, acuerdos de nivel de servicio, etc. Sí ofrece servicios de soporte, pero solamente a través de los mecanismos habituales de las comunidades open source: foros de discusión, FAQs, directorios de descargas, etc.

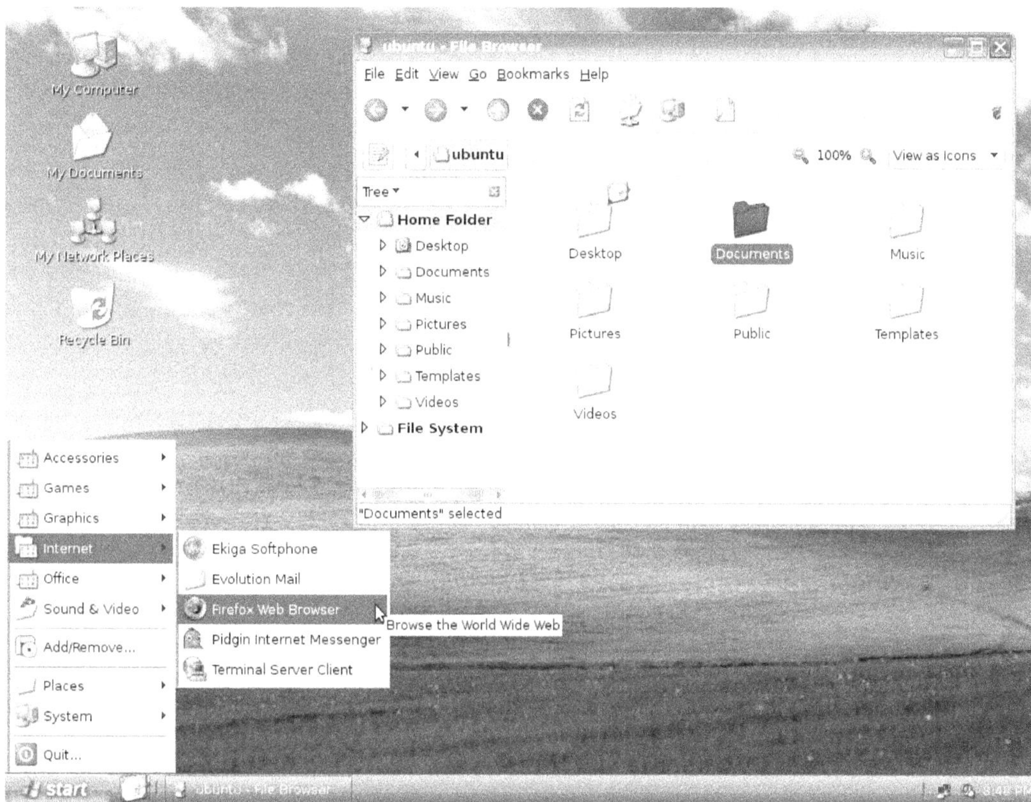

Ilustración 78 – ¿Windows o Linux? En la imagen se puede apreciar una distribución Ubuntu a la que fue tratada con una utilidad de personalización (XPGnome[75]) que seguramente una gran mayoría de los lectores habrían confundido a primera y segunda vista con Windows.

Se ve claramente con este ejemplo como el software libre ha propiciado **nuevos modelos de negocio** donde el valor añadido se centra en el servicio ofrecido y no el producto, que básicamente no tiene coste, ya que lo desarrolla la comunidad. Todos se benefician de los productos que crean este "mercado" de software libre, incluidos aquellos que contribuyen a él. A su vez las empresas como Red Hat contribuyen como un miembro más a la comunidad, por ejemplo, con parches críticos que han desarrollado a raíz de incidencias de sus clientes. Una clásica situación "win-win" en la que efectivamente todos ganan.

Afortunadamente el abanico de productos libre ha crecido enormemente y ya hay soluciones de todo tipo y en todos los ámbitos, incluso muchas soluciones verticales. Aunque sea salirse un poco del marco del sector público, como ejemplo de esto último cabe reseñar especialmente el caso de las PYMEs que por sus limitaciones económicas inherentes son un buen ejemplo de un sector especialmente beneficiado por esta oferta de productos.

[75] http://xpgnome.uptodown.com/ubuntu/

Aquí el software libre convierte en viables proyectos que pueden ser claves para la viabilidad de su negocio y que de otro modo quizás económicamente no estarían a su alcance como, por ejemplo, una tienda online con su catálogo de productos o una implantación de una solución integral **ERP**, **SCM** y **CRM**[76].

Estos proyectos rondarían típicamente un coste por encima de los 100.000€ con las soluciones propietarias conocidas, sin embargo, con el uso de soluciones libres podría reducirse a unas pocas decenas de miles de euros. Debido a ello, muchas de las PYMEs que aún se encuentran en un estado de informatización muy deficiente de sus procesos pueden tener una vía de salida para ponerse al día tecnológicamente a un coste asequible, dando así un empujón muy importante a su productividad y competitividad, factores cuya importancia en el entorno económico actual no es necesario resaltar.

Esto mismo se puede extrapolar al sector público, en particular a las entidades locales como los ayuntamientos de reducido tamaño que se encuentran en una situación parecida debido a sus límites presupuestarios. Por otra parte, no hace falta mencionar en qué medida puede haber potencial de ahorro en el sector público en su conjunto dado simplemente el enorme volumen de gasto TIC que ejecuta debido a su tamaño.

De hecho este modelo ha escuela en el sector público, tanto con proyectos de la propia Administraciones como el ya mencionado Sistema Integral de Gestión Municipal (SIGEM) que se distribuyen en régimen de fuentes abiertas combinado con servicios de soporte profesional como una oferta cada vez más amplia de proveedores que ofrecen sus productos bajo este tipo de fórmulas, especialmente la oferta de productos que se ha generado a la luz de las necesidades creadas por la implantación de la Ley 11/2007.

9.1.2.2 Software libre como acicate a la Innovación

Todas las ventajas discutidas tienen un efecto colateral muy positivo para las organizaciones: impulsan su **innovación**, otro aspecto que demuestra porqué las políticas de uso de software libre en una organización no se deben considerar solamente una cuestión técnica, sino **estratégica**.

El mecanismo es sencillo: si se dispone de un mercado enorme de productos libres que en su enorme mayoría son gratuitos o de muy bajo coste y se eliminan así barreras para usarlos como lo son las licencias propietarias, es fácil experimentar con ellos sin incurrir en grandes costes: probar nuevos servicios para el negocio, implementar nuevas estrategias para mejorar los procesos, etc. Ya sea en el sector público o en el privado. El software libre se convierte así en definitiva en un excelente catalizador para la innovación en la organización a través del uso de las TIC.

[76] Algunos ejemplos de los muchos productos de software libre de este tipo que ya existen son: **ApacheOFBiz**, **ERP5**, **Compiere** o la solución española **OpenBravo**.

La otra lectura de esta circunstancia es que se convierten en viables proyectos que antes no lo eran, no solamente por el ahorro económico que supone la eliminación de licencias de pago, sino la agilidad para fletar pequeñas instalaciones y proyectos piloto que si no, no se afrontarían. ¿Cuántas veces en la vida de un responsable TIC cuando se quiere, se necesita implantar o se quiere experimentar con un determinado servicio y convencer al jefe del gasto, el hecho de tener que negociar con el proveedor una licencia reducida y trabas de naturaleza burocrática en el proceso de adquisición de la licencia se convierten en un freno insalvable?

Sin embargo, con los productos libres esto no ocurre. Se bajan de la Web, se instalan y listo. Ya están preparados y documentados para que esto sea fácil y no se necesite la ayuda de terceros.

¿Ejemplos? Como ya se dijo antes, son infinitos, pueden ser cosas sencillas como implantar un gestor de contenidos libre profesional como **Joomla** para crear una Intranet con recursos y aplicaciones colaborativas de todo tipo para empleados y clientes (léase funcionarios y ciudadanos) o un producto como **MediaWiki** (el producto detrás de la **Wikipedia**) como un medio sencillo para soportar una eficaz gestión de conocimiento en la organización (léase Administración) que mejore la productividad y permita afrontar con mucha más tranquilidad asuntos a veces tan críticos como la rotación de personal.

Instalar y empezar a probar productos como éstos, en la mayoría de los casos, no requiere ni 30 minutos de trabajo.

9.2 El Software Libre en la Administración Pública

Los casos emblemáticos de uso de software libre en la Administración Pública como el de la **Junta de Extremadura**, la **Junta de Andalucía** o el **Ministerio de la Presidencia** en la Administración del Estado son ampliamente conocidos, pero la cuestión del software libre y de fuentes abiertas han llegado además a las políticas públicas adquiriendo un peso importante, lo cual se refleja en el hecho de su presencia en **planes** y **programas estratégicos**, el **marco legal** y la creación de **instituciones específicas**.

Estas políticas van más allá de las fronteras nacionales, un buen ejemplo es el programa **IDABC**[77] de la **Unión Europea** y la creación de instituciones específicas como el **Observatorio y Repositorio de Fuentes Abiertas para la Administraciones Públicas europeas** (**OSOR**[78]) de la **Comisión Europea**.

[77]Acrónimo de *"**Interoperable Delivery** of European eGovernment Services to public **Administrations, Businesses** and **Citizens**".*Una de sus iniciativas más importantes en este campo ha sido la promoción del formato abierto de documentos **ODF** (**Open DocumentFormat**, http://es.wikipedia.org/wiki/OpenDocument) que fue aprobado por **OASIS** y las organizaciones **ISO/IEC** como estándar **ISO/IEC 26300:2006 Open Document Format for Office Applications (OpenDocument)**. Está soportado por aplicaciones como **MS Office** (con un plugin de **SUN**), **IBM Lotus**, **OpenOffice**, **KOffice**, **GoogleDocs**, etc.

[78]http://www.osor.eu/

En España se encuentra en el **Observatorio Nacional del Software de Fuentes Abiertas**[79] del **Centro Nacional de Referencia de Aplicación de las TIC basadas de fuentes abiertas** (**CENATIC**)[80] que es una **Fundación Pública Estatal**, promovida por el **Ministerio de Industria, Turismo y Comercio** a través de **Red.es**, para impulsar el conocimiento y uso del software de fuentes abiertas, en **todos los ámbitos de la sociedad**, y que declara su vocación de posicionarse como **centro de excelencia nacional**, con **proyección internacional** tanto en el **ámbito europeo** como **iberoamericano**.

La importancia de esta iniciativa se refleja en el hecho de que el **CENATIC** se ha recogido en la **Ley 56/2007, de Medidas de Impulso de la Sociedad de la Información** que establece en su **disposición adicional decimocuarta** que:

Disposición adicional decimocuarta.

El Centro Nacional de Referencia de Aplicación de las Tecnologías de Información y Comunicación (CENATIC), en colaboración con los centros autonómicos de referencia y con el Centro de Transferencia de Tecnología entre Administraciones Públicas de la Administración General del Estado, se encargará de la ***puesta en valor*** *y* ***difusión*** *entre entidades privadas y la ciudadanía en general, de todas aquellas* ***aplicaciones que sean declaradas de fuentes abiertas por las administraciones públicas****, haciendo llegar a los autores o comunidades de desarrollo cualquier mejora o aportación que sea realizada sobre las mismas. Asimismo, CENATIC se encargará del* ***asesoramiento general sobre los aspectos jurídicos, tecnológicos y metodológicos más adecuados para la liberación del software y conocimiento****.*

Por otra parte cabe destacar en particular la consideración estratégica que hicieron ya en su momento los **Criterios de Seguridad, Normalización y Conservación** de las aplicaciones utilizadas para el ejercicio de potestades (**Criterios SNC**[81]) así como la **Propuesta de Recomendaciones a la Administración General del Estado sobre Utilización del Software Libre y de Fuentes Abiertas**[82] de la **transparencia**, la **independencia tecnológica**, la **seguridad** y el **control sobre los propios programas y aplicaciones** que aporta el uso este tipo de software, siendo recomendado en consecuencia en ambas publicaciones el uso del mismo.

De cara a la toma de decisiones **se recomienda seguir la política de elegir el software propietario sólo cuando no haya opción libre análoga o haya razones claras que justifiquen el uso de la misma frente a la opción libre**. De este modo se **concilia** de una manera **racional** la máxima explotación de las ventajas del uso de las aplicaciones de fuentes abiertas con la **no discriminación** de las soluciones de software propietario. Esta filosofía se ha mantenido en el **Esquema Nacional de Interoperabilidad**[83] que se crea en el **artículo 42** de la **Ley 11/2007**.

[79] http://observatorio.cenatic.es/

[80] http://www.cenatic.es/

[81] http://www.csae.map.es/csi/pg5c10.htm

[82] http://www.csae.map.es/csi/pg5s44.htm

[83] http://www.csae.map.es/csi/pg5e41.htm

A su vez, en la ley se refleja la importancia que tiene el uso de los **estándares abiertos** en el **artículo 4.i** con su inclusión en los **principios generales** de la ley:

Principio de ***neutralidad tecnológica*** *y de* ***adaptabilidad*** *al progreso de las técnicas y sistemas de comunicaciones electrónicas garantizando la* ***independencia en la elección*** *de las* ***alternativas tecnológicas*** *por los* ***ciudadanos*** *y por las* ***Administraciones Públicas****, así como la* ***libertad de desarrollar e implantar los avances tecnológicos en un ámbito de libre mercado****. A estos efectos las Administraciones Públicas utilizarán* ***estándares abiertos*** *así como, en su caso y de forma complementaria,* ***estándares que sean de uso generalizado*** *por los ciudadanos.*

9.2.1 Beneficios más allá del Software

Con lo que ha sido expuesto anteriormente queda patente que el uso del software libre de fuentes abiertas es hoy en día una realidad en la Administración Pública, aunque por otra parte aún no se explota todo su potencial.

Sin embargo, hay otro aspecto del mundo del software libre y de fuentes abiertas del cual se habla mucho menos y es el **aspecto organizativo**. Su modelo organizativo rompe radicalmente con la forma tradicional y actual de trabajar en las organizaciones, antes de que se desarrollaran estas comunidades probablemente cualquier experto en organización habría dado por imposible que esta modalidad de gestionar equipos de trabajo pudiera generar productos de una cierta complejidad y calidad.

Es fascinante poder observar como la realidad ha demostrado todo lo contrario.

Las lecciones que se pueden extraer de este hecho representan una gran oportunidad para la Administración Pública que muestra como organización un sorprendente número de puntos en común con estas comunidades, algo que no ocurre de ese modo con el sector privado.

La Administración Pública, igual que estas comunidades, es una organización fuertemente descentralizada, con una elevada dispersión territorial. Por otra parte tanto estas comunidades open source como la Administración Pública tienen la vocación de servir con su actividad al interés general, no a intereses económicos. Esta ausencia de intereses económicos y de la necesidad de competir entre sí hace que en ambos casos las distintas comunidades o Administraciones no tengan inconveniente en beneficiar con su trabajo unas a otras, llegando así a una máximo potencial de **colaboración**, **reutilización** y con ello **eficiencia** en los esfuerzos realizados.

La conclusión es, en definitiva, que las comunidades open source y las Administraciones Públicas presentan unas semejanzas en su naturaleza que hacen pensar que el éxito del modelo organizativo de las primeras deberías ser trasladable a las segundas.

Por otra parte, los esquemas organizativos y la herramientas colaborativas necesarias para poder implementar estos grupos de trabajo dispersos que, sin embargo, trabajan perfectamente coordinados afortunadamente ya están ya están inventados, sólo hay que ir y analizar cómo trabaja, por ejemplo, la **Apache Software Foundation**(**ASF**).

Por la naturaleza de la Administración Pública los éxitos de estas organizaciones deberían ser trasladables a ésta. De hecho iniciativas como el **Centro de Transferencia de Tecnologías** (**CTT**), de alguna manera, ya apuntan claramente en esta dirección. Por tanto, en un futuro y si se alcanza una masa crítica de usuarios dispuestos a colaborar bajo este tipo de esquemas organizativos, sea posible implantar estas ideas en la Administración.

Artículo 45. Reutilización de sistemas y aplicaciones de propiedad de la Administración.

*1. Las administraciones titulares de los derechos de propiedad intelectual de aplicaciones, desarrolladas por sus servicios o cuyo desarrollo haya sido objeto de contratación, **podrán ponerlas a disposición de cualquier Administración sin contraprestación** y **sin necesidad de convenio**.*

*2. Las aplicaciones a las que se refiere el apartado anterior **podrán ser declaradas como de fuentes abiertas**, cuando de ello se derive una mayor **transparencia** en el funcionamiento de la Administración Pública o se fomente la **incorporación de los ciudadanos a la Sociedad de la información**.*

Artículo 46. Transferencia de tecnología entre Administraciones.

*1. Las Administraciones Públicas mantendrán **directorios actualizados de aplicaciones** para su **libre reutilización**, especialmente en aquellos campos de especial interés para el **desarrollo de la administración electrónica** y de conformidad con lo que al respecto se establezca en el **Esquema Nacional de Interoperabilidad**.*

*2. La Administración General del Estado, a través de un **centro para la transferencia de la tecnología**, mantendrá un **directorio general de aplicaciones** para su **reutilización**, prestará **asistencia técnica** para la libre **reutilización** de aplicaciones e **impulsará el desarrollo de aplicaciones, formatos y estándares comunes** de especial interés para el desarrollo de la administración electrónica **en el marco de los esquemas nacionales de interoperabilidad y seguridad**.*

9.3 ¿Qué es el Software Libre y de Código Abierto exactamente?[84]

El software libre se suele equiparar frecuentemente de manera errónea a software gratuito, conviene por tanto aclarar en este punto la terminología usada en el capítulo antes de continuar.

"Software libre" (en inglés **free software**) es la denominación del software que brinda libertad a los usuarios sobre su producto adquirido y por tanto, una vez obtenido, puede ser **usado**, **copiado**, **estudiado**, **modificado** y **redistribuido** libremente. Según la **Free Software Foundation**[85], el software libre se refiere a la libertad de los usuarios para ejecutar, copiar, distribuir, estudiar, cambiar y mejorar el software.

De modo más preciso, se refiere a **cuatro libertades de los usuarios del software**:

- La libertad de **usar** el programa, con cualquier propósito.
- De **estudiar** el funcionamiento del programa, y **adaptarlo** a las necesidades.
- De **distribuir copias**, con lo cual se puede ayudar a otros, y ...
- De **mejorar el programa y hacer públicas las mejoras**, de modo que toda la comunidad se beneficie.

[84] Más información en: http://es.wikipedia.org/wiki/Software_libre

[85] Más información en: http://es.wikipedia.org/wiki/Free_software_foundation

Para la segunda y última libertad, el acceso al código fuente es un requisito previo. Esto da lugar a la idea del **código abierto** (en inglés: **open source**), es el término con el que se conoce al software distribuido y desarrollado libremente. No obstante, código abierto no tiene que ser software libre puesto que se usa en la actualidad en aplicaciones que no reconocen todas las libertades software libre pero, en cambio, sí ofrecen las fuentes o código de los programas para su revisión o modificación. Esto suele crear cierta confusión, y muchas veces se suele utilizar (mal) el concepto de software libre cuando en realidad se trata de código abierto.

El software libre suele estar disponible gratuitamente, o al precio de coste de la distribución a través de otros medios (precio de envío de CDs, etc.). Sin embargo, no es obligatorio que sea así, por lo tanto, no hay que asociar software libre a **"software gratuito"** (denominado habitualmente **freeware**), ya que, conservando su carácter de libre, puede ser distribuido comercialmente.

Análogamente, el "software gratuito" incluye en ocasiones el código fuente; en este caso volvemos a la situación de código abierto antes descrita, este tipo de software no es libre en el mismo sentido que el software libre, a menos que se garanticen los derechos de modificación y redistribución de dichas versiones modificadas del programa.

9.4 El Sistema Operativo Linux[86]

GNU/Linux es el término empleado para referirse al **sistema operativo** basado en **Unix** que utiliza como base las herramientas de sistema de **GNU** y el **núcleo Linux.**

Su desarrollo es uno de los ejemplos más prominentes de software libre; todo el código fuente puede ser utilizado, modificado y redistribuido libremente por cualquiera bajo los términos de la **GPL** de **GNU** (**Licencia Pública General de GNU**) y otras licencias libres.

Sin embargo, por economía del lenguaje se suele utilizar más el término "Linux" para referirse a este sistema operativo, a pesar de que Linux sólo es el núcleo del sistema[87].

Las variantes de este sistema se denominan **distribuciones Linux** y su objetivo es ofrecer una edición concreta que cumpla con las necesidades específicas de determinado grupo de usuarios. En ese sentido existen distribuciones de Linux orientadas a su uso como sistema operativo para servidores corporativos, para instalaciones de sobremesa de usuarios, "appliances" con propósitos específicos, por ejemplo, especializadas en funciones de seguridad, variantes de centro multimedia para entretenimiento, etc.

[86] Más información en: http://es.wikipedia.org/wiki/Linux

[87] Para más información consulte la sección "Denominación GNU/Linux" o el artículo "Controversia por la denominación GNU/Linux" del artículo sobre Linux.

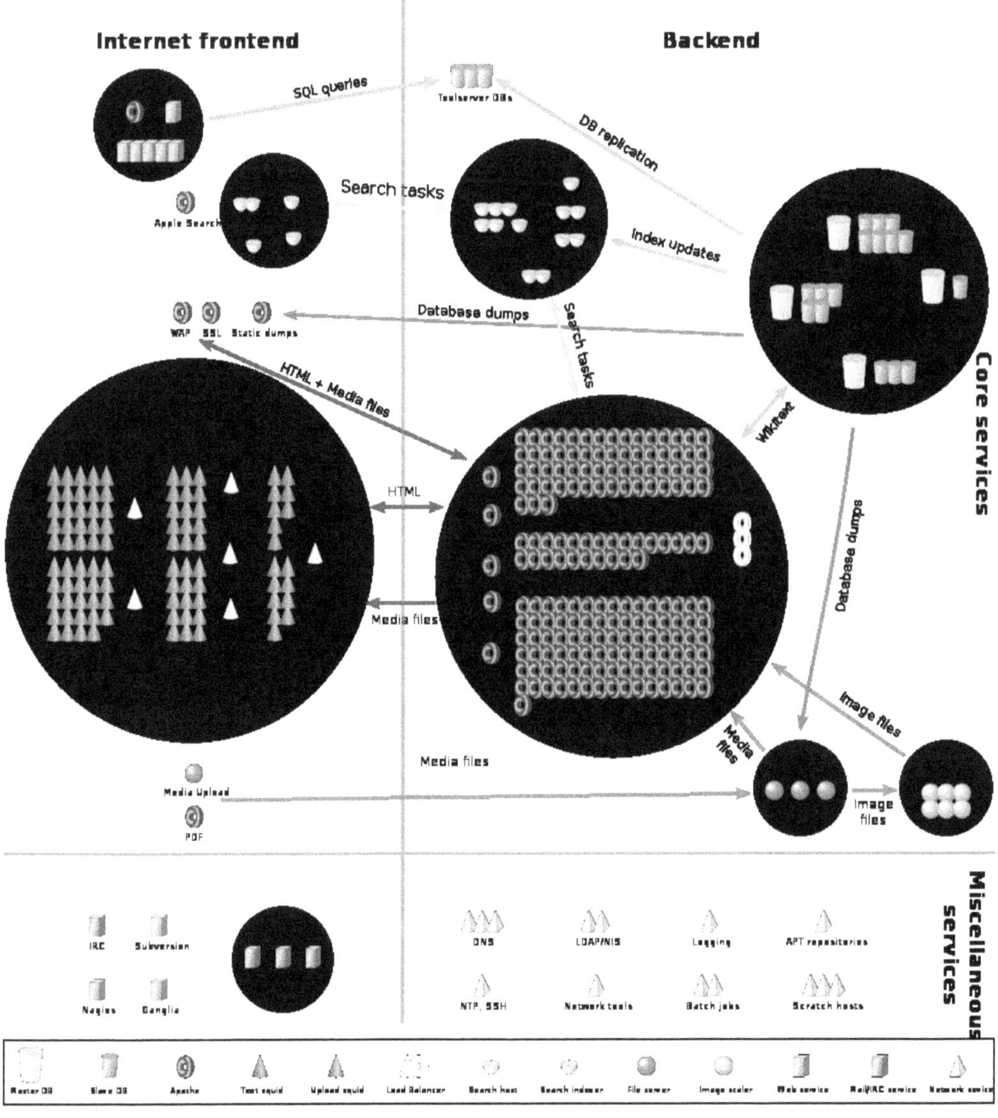

Ilustración 79 – Arquitectura de la Wikipedia en abril del 2009. La Wikipedia soporta actualmente entre 25.000 y 60.000 peticiones de página por segundo. Su arquitectura se basa completamente en productos open source entre los cuales cabe destacar el sistema operativo GNU/Linux, Linux Virtual Server para balanceo de carga y clustering, el servidor Web Apache, la base de datos MySQL, PHP como lenguaje de programación de la aplicación MediaWiki con la que se implementa la Wikipedia y Squid como solución de caché[88].

[88] Fuente: http://en.wikipedia.org/wiki/Wikipedia

Algunas distribuciones GNU/Linux son especialmente conocidas por su uso en servidores y superordenadores. No obstante, es posible instalar Linux en una amplia variedad de hardware como ordenadores de escritorio y portátiles, y que se no solamente se extiende a PCs y servidores sino a todo tipo de dispositivos como muchos modelos de routers ADSL que se usan en los hogares y pequeñas y medianas empresas (modelos de **D-Link**, **Linksys**, ...), algunos teléfonos móviles con **Android** de **Google** como el ejemplo estrella, reproductores de audio y video, etc., etc., etc.

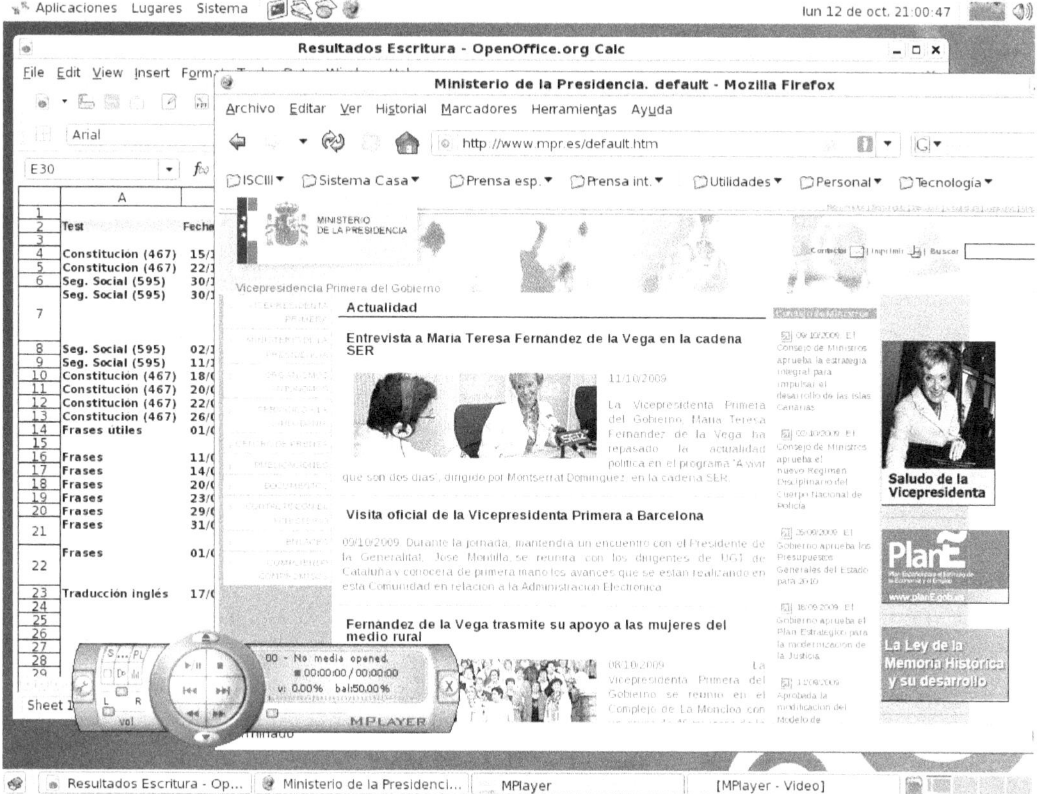

Ilustración 80 – Varias aplicaciones de usuario final ejecutándose bajo Linux: **OpenOffice**, el navegador **Firefox** y el reproductor de medios audio/video **Mplayer**.

En el caso de ordenadores de bolsillo, teléfonos móviles, dispositivos empotrados, videoconsolas y otros, puede darse el caso de que las partes de GNU se remplacen por alternativas más adecuadas en caso.

Sin embargo, en los ordenadores personales hoy por hoy el éxito ha sido limitado, y es aún raro encontrar usuarios que no sean forofos de la informática y que usen Linux como alternativa frente a las alternativas comerciales como **Windows** o **Mac OS**. Linux ha tenido un gran éxito en el lado del servidor, pero en lado del ordenador del usuario final, Windows sigue siendo el líder indiscutible.

9.4.1 Barreras de Entrada al Mundo Linux

Este manual no pretende entrar en el análisis de las razones por las cuales GNU/Linux no ha alcanzado las cotas de popularidad en este ámbito que ha alcanzado en el lado del servidor, pero algunas de las razones más importantes son su **aparición tardía** frente a Windows (las primeras versiones estuvieron disponibles a mediados de los noventa), una **usabilidad** inferior en sus primeras versiones (especialmente para usuarios finales), una **base de aplicaciones** inicial muy inferior frente a Windows, las dificultades inherentes que esto entraña para arañar nuevos usuarios en un mercado de aplicaciones consolidado (Office, etc.) y seguramente también un cierto efecto disuasorio que produce la enorme cantidad de distribuciones disponibles. ¿Cómo decidir una persona novata cual escoger entre decenas y decenas de distribuciones si acaba de llegar al mundo de Linux?

Estos y otros factores han forjado a Linux una fama de ser un sistema operativo inadecuado para usuarios no expertos, incluso en ocasiones con tintes despectivos de ser un juguete para "frikis". Una fama que desgraciadamente se mantuvo durante un largo tiempo en la cabeza de los usuarios finales y responsables TIC generando miedos y mitos injustificados.

Afortunadamente, en gran medida gracias a Internet, **Linux** ha ganado entre los expertos un gran prestigio basado en referencias incontestables, referencias como el uso mayoritario de **Apache sobre Linux** como solución de servidor Web[89] en Internet, soluciones de software libre como las bases de datos **MySQL** y **PostgreSQL**, aplicaciones con herramientas, lenguajes de programación libres como **PHP** que han dado lugar a aplicaciones como la mismísima **Wikipedia** y el uso software libre como plataforma tecnológica para **Google**[90].

Ésta es la realidad de Linux a día de hoy. Los antiguos problemas de una mayor dificultad en el uso e instalación hace muchos años que ya no tienen razón de ser, cualquiera de las distribuciones populares[91] como **Fedora** de **Red Hat**, **OpenSuse** de Novell o **Ubuntu** proveen sistemas de instalación e interfaces gráficas con unos niveles de usabilidad para el usuario similares a los propios de Windows o Mac OS.

Sin embargo, recientemente se aprecia un cierto impulso del grado de uso de GNU/Linux en el lado del usuario final. Impulso que se explica seguramente en gran medida por el incremento de **Netbooks** o **ultraportátiles** que ofrecen este sistema operativo como alternativa económica frente a la pre-instalación de Windows. En febrero de 2009, este sistema operativo alcanzó el **2.13%** del mercado en computadoras de escritorio y portátiles en un estudio realizado por **W3Counter** y el **4%** según **W3schools**.

---

[89] http://news.netcraft.com/archives/2009/02/18/february_2009_web_server_survey.html

[90] El sitio con más tráfico del mundo. Su infraestructura de servidores se basa en un clusters enormes compuestos de PCs relativamente simples, se estima que en torno a 500.000 (!), que ejecutan una versión especialmente adaptada de Linux. Para más información véase: http://en.wikipedia.org/wiki/Google

[91] http://distrowatch.com/index.php?language=ES

9.4.2 Las Distribuciones de Linux

Una **distribución** Linux o distribución GNU/Linux (coloquialmente llamadas **distros**) es cada una de las variantes de este sistema operativo que incorpora determinados **paquetes de software** para satisfacer las necesidades de un grupo específico de usuarios, dando así origen a **ediciones domésticas**, **empresariales**, para **servidores**, y ediciones muy **especializadas**[92]. Por lo general están compuestas, total o mayoritariamente, de software libre, aunque a menudo incorporan aplicaciones o controladores propietarios.

Esto es comparable, por ejemplo, con el caso de las variantes de Windows según se trate de una edición para usuarios finales (Windows 7 y sus variantes: Home Basic, Home Premium, etc.) o una edición para servidor (Windows Server 2008 y sus sub-versiones: Standard, Enterprise Edition, Datacenter Edition, etc.).

La gran diferencia es que no es un único fabricante el que proporciona las diferentes variantes, sino múltiples fabricantes (incluyendo las comunidades libres). Una edición orientada al usuario final se centrará en incluir sobre todo aplicaciones ofimáticas como **OpenOffice** o **KOffice**, aplicaciones **multimedia**, y otros tipo de software atractivo para el usuario, mientras que una edición orientada a servidores hará más hincapié en aplicaciones como **bases de datos**, servicios para una red (**servidores Web**, de **correo electrónico**, **FTP**, **DHCP**, **DNS**, etc.).

Existen distribuciones Linux que están soportadas comercialmente, como **Fedora** (**Red Hat**), **OpenSUSE** (**Novell**), **Ubuntu** (**Canonical Ltd.**), **Mandriva**, y distribuciones mantenidas por la comunidad como **Debian**, **CentOS** y **Gentoo**. Aunque hay otras distribuciones que no están relacionadas con alguna empresa o comunidad, como es el caso de **Slackware** (la distribución Linux más antigua que existe).

Esta variedad tiene la ventaja de ofrecer mucha libertad de elección y personalización al usuario, pero la desventaja de poder desorientar a los principiantes y suponer así una **barrera de entrada** y un **riesgo de rechazo**. Esto se ha visto agravado, si cabe, por el hecho de que la instalación y desinstalación automatizada de las aplicaciones mediante los llamados **sistemas de paquetes** se ha visto fragmentada en sistemas diferentes según las distribuciones, incompatibles entre sí.

---

[92] Un buen ejemplo es **Knoppix STD** (securitytoolsdistribution), una distribución a medida de Knoppix que se centra en las herramientas de seguridad informática. Incluye herramientas licenciadas con GPL en las siguientes categorías: autenticación, craqueo de contraseña, cifrado, forense, firewall, tarro de miel (honeypot), detección de intrusión, utilidad de red, prueba de penetración, Servidores, Packetsniffer y ensamblador, asentamiento de seguridad y herramientas inalámbricas.

Algunos de los sistemas de paquetes más usados son:

- **RPM**, creado por **Red Hat** y usado por un gran número de distribuciones de Linux, es el formato de paquetes del **Linux Standard Base**[93]. Originalmente introducido por Red Hat, pero ahora se usa en muchas distribuciones.
- **Deb**, paquetes **Debian**, originalmente introducidos por Debian, pero también utilizados por otros como **Knoppix** y **Ubuntu**.
- **.Tgz**, usado por **Slackware**, empaqueta el software usando tar y gzip. Pero, además, hay algunas herramientas de más alto nivel para tratar con este formato: slapt-get, slackpkg y swaret.

Las aplicaciones para Linux se pueden instalar sin la ayuda de estos sistemas, pero no disponer de una versión empaquetada para el sistema en cuestión puede añadir un nivel de dificultad considerable a la instalación.

En definitiva cabe concluir que, aunque para los expertos esta variedad es una ventaja en términos de libertad y oferta de soluciones a su medida, también ha tenido la contrapartida de suponer considerables dificultades añadidas para usuarios noveles, un hecho que explica seguramente también en buena parte el contraste del gran éxito de Linux en el lado servidor frente al escaso éxito en el lado del usuario final.

Pero por otra parte, esta variedad de versiones especializadas, junto con su carácter libre, ha dado lugar a modelos de negocio completamente nuevos, por ejemplo: la creación de **máquinas virtuales** (software que simula un ordenador entero) tanto gratuitas como comerciales, listas para funcionar como por ejemplo en el mercado de **appliances** (traducción: dispositivo o electrodoméstico) de la empresa **VMWare**[94]. Estas appliances implementan soluciones integradas de todo tipo para su inmediata puesta en marcha con una mínima necesidad de configuración y nula necesidad de instalación.

9.4.3 Las Aplicaciones en Linux

En la línea de lo anterior hay que mencionar los **repositorios de Linux** que son centrales de software desde las cuales una instalación Linux se puede bajar e instalar automáticamente las aplicaciones que el usuarios desee. Estos repositorios van ligados a un determinado sistema de paquetes y así existen normalmente el repositorio propio de la distribución (Fedora, OpenSuse, Ubuntu...) más repositorios de terceros.

---

[93] El objetivo de la LSB es desarrollar y promover un conjunto de estándares que aumentarán la compatibilidad entre las distribuciones de Linux y permitirán que los programas de aplicación puedan ser ejecutados en cualquier sistema que se adhiera a ella. Además, la LSB ayudará a coordinar esfuerzos tendentes a reclutar productores y proveedores de programas que creen productos originales para Linux o adaptaciones de productos existentes. Mediante un proceso de certificación es posible obtener la conformidad a la LSB de un producto. Dicha certificación la lleva a cabo el Open Group en colaboración con el Free Standards Group (Grupo de Estándares Libres).

[94] http://www.vmware.com/appliances/

Esta idea es muy cómoda para el usuario ya que simplifica aún un poco más la instalación de aplicaciones al no ser necesario bajárselo manualmente y luego instalar el software uno mismo. Es el sistema de paquetes a través del cual se busca el software y, si está disponible, simplemente se da la orden de instalarlo y el sistema se encarga del resto.

Además tiene la ventaja de que la idea de los repositorios contribuye a la estabilidad del sistema. Así, por ejemplo, el software que se puede instalar adicionalmente del repositorio de una distribución Linux ya se sabe que ha sido probado por el fabricante en cuanto a su fiabilidad, seguridad e interoperabilidad con las demás aplicaciones en la distribución, un plus de seguridad y fiabilidad que no se tiene en la mecánica convencional de bajarse el software el fabricante y luego instalarlo, como es habitual fuera del mundo Linux.

Por otra parte, permite realizar fácilmente una actualización completa del sistema (frente a una actualización individual de cada aplicación), con la ventaja añadida que de nuevo sabemos que la compatibilidad entre los diferentes paquetes de software actualizados ya fue probada por los responsables del repositorio.

9.5 Mitos, Miedos, Falsedades y Confusiones sobre el Software Libre

Como se ha expuesto antes, existen ciertos tópicos en torno al uso del software libre que en la práctica suponen barreras serias para su utilización en entornos en los que podrían dar excelentes resultados. Se repasan y comentan a continuación algunos de estos mitos contratándolos con la realidad a día de hoy.

9.5.1 El Software Libre es Cosa de Frikis

Ciertamente el desarrollo de software libre se organiza en torno a voluntarios que tienen generalmente un perfil de forofo de la informática, personas que el cine y otros medios gustan de retratar de individuos con gafas de culo de botella, devoradores de pizzas y coca-cola, con escasas habilidades sociales y que realizan jornadas interminables delante del ordenador. Existe en definitiva una imagen de frikis de la informática que dista mucho de la realidad de la mayoría de las personas que participan en este tipo de comunidades.

Este tópico del "hacker" se pueda cumplir alguna vez, pero la realidad de las grandes comunidades del open source es que se trata de organizaciones profesionales, muy bien organizadas, y con desarrolladores especialmente motivados. Organizaciones que además en realidad en muchos casos no se encuentran en absoluto libres de interesas comerciales. De hecho compañías como **SUN**, **Oracle** o **IBM** son clásicos patrocinadores de proyectos open source ya que hace años detectaron en esta corriente una excelente oportunidad para competir con más fuerza con otros fabricantes comerciales, sobre todo con **Microsoft**.

Así la realidad actual es que proyectos como la **Apache Software Foundation** disfrutan en gran medida de la colaboración activa e intensa de equipos de estas empresas y existen muchos proyectos open source como la **Fundación Eclipse**, un consorcio liderado por IBM, que han sido creados enteramente por empresas.

9.5.2 El Software Libre no es fiable y de mala Calidad frente a Productos comerciales

Este mito en realidad ya ha suficientemente contestado con los ejemplos de aplicaciones del mundo del software libre expuestas y las empresas que lo usan. Es decir, afirmar esto equivale a afirmar que empresas como Google usan software de mala calidad y no fiable, de modo que poco queda que añadir sobre la afirmación.

Pero hay que resaltar también algunos aspectos más que son de interés para comprender hasta qué punto resulta desfasado de este mito. En primer lugar la **transparencia** del producto. El software de código abierto es eso: abierto, todo el mundo lo puede inspeccionar, por tanto, se puede evaluar fácilmente su calidad no solamente funcional, sino también interna. Sobre todo esto último contrasta con el mundo del software propietario, cerrado, cuyo interior y por tanto su fiabilidad, vulnerabilidad ante ataques, etc., se desconoce por completo.

En segundo lugar, es interesante el hecho de que las comunidades de desarrolladores open source de prestigio se componen de personas muy motivadas y cualificadas, y que la propia organización suele estar orientada a la **meritocracia**. Así, por ejemplo, en la **Apache Software Foundation** la pertenencia a la fundación se permite sólo a voluntarios que hayan contribuido significativamente a proyectos Apache.

Por otra parte, es natural que lo dicho sea cierto fundamentalmente para las comunidades de software libre y código abierto de cierto tamaño y prestigio, como lo son las citadas a lo largo de este capítulo. Obviamente en el caso de pequeñas comunidades desconocidas no existen garantías. Pero como es lógico, éstas no se pueden meter en el mismo saco que las grandes comunidades que hoy en día pueden ofrecen productos que compiten de tú a tú con sus homólogos comerciales en términos de prestaciones y calidad.

9.5.3 Si cuesta Dinero no es Software Libre

Esta visión aún es un error frecuente: el software libre no tiene por qué ser gratuito. De hecho, la realidad es que en torno al software libre y de fuentes abiertas se han constituido todo una seria de modelos de negocio. Ya se ha mencionado el ejemplo en el caso de la empresa **Red Hat** que comercializa diferentes productos y servicios basados en software de código abierto, un modelo que siguen de manera similar otras empresas como, por ejemplo, **Novell** con su **Suse Linux**.

Estas empresas suelen seguir en muchos casos una doble línea de producto: por una parte, una versión de comunidad que se descarga gratuitamente, sin precio alguno y con unos servicios básicos de soporte. Y por otra parte, una versión "Enterprise" profesional que sí tiene un coste asociado en forma de licencia o servicio de soporte de pago asociado al producto, junto con un amplio elenco de otros servicios profesionales.

La comunidad de desarrollo se articula en torno a la versión gratuita. Estas versiones se desarrollan generalmente con mucho espíritu de innovación y evolución. Suelen estar a la última y su prioridad principal no es la estabilidad, sino la innovación. A partir de estas versiones más innovadores, pero menos estables, el equipo de la empresa sigue trabajando en estabilizarlas más y en características propias de la versión empresarial, la cual se sigue manteniendo durante un ciclo largo de años por la empresa, a la vez que las correcciones y ciertas mejoras se llevan "de vuelta" a la versión de comunidad. Así la empresa y comunidad se benefician mutuamente de su trabajo.

9.5.4 El Software Libre no dispone de Soporte profesional

Este mito era cierto en su momento, pero con la evolución del mundo del software libre hoy en día ya existe una amplia oferta de proveedores que ofrecen servicios de consultaría, integración y soporte en torno a soluciones de software libre y de código abierto, tanto los propios fabricantes de soluciones de software libre como terceras empresas que ofrecen servicios profesionales en torno a los productos de estos fabricantes.

Quinta Parte: Perspectivas de la Administración Electrónica

10 Internet e Innovación en la Administración Pública

Desafortunadamente la Administración Pública todavía cuenta con un amplio abanico de tópicos ampliamente conocidos, eso hace que si se habla de **innovación en el sector público** quizás aún sea vea a más de una persona poniendo caras raras. Pero efectivamente es innovadora en más de un campo, y mucho. Uno de ellos son las TIC y algo tan importante como el uso de la **firma electrónica y certificados electrónicos** en sus procedimientos administrativos y servicios públicos.

La idea del **comercio electrónico** en Internet ha calado ya desde hace tiempo, pero ¿cuántos proveedores de servicios electrónicos del sector privado[95] ha podido observar el lector que permitan el uso de certificados electrónicos en sus transacciones?

Caja Madrid, por ejemplo, ha sido una de las primeras entidades que ofrece esta posibilidad, pero sólo como alternativa a la introducción manual del número de DNI, es decir, aun usando certificado (el DNI electrónico concretamente) es necesario usar una clave de usuario[96]. Por tanto se sigue usando en el fondo un sistema de usuario/clave, de manera redundante con respecto al **DNIe**. El usuario no percibe ninguna ventaja, sino más bien inconvenientes, más trabajo: ha de introducir primero el PIN del DNI, y luego su código de acceso del banco.

El caso de Caja Madrid no es en absoluto aislado y, por otra parte, hay que felicitar particularmente a Caja Madrid por la innovación que supone la introducción del DNIe en los servicios de banca electrónica, pero a la vez es necesario reseñar que ésta manera no es coherente con las posibilidades ni la filosofía del DNIe, el cual puede y debe servir para acabar de una vez por todas con la colección de claves y códigos de acceso a los diferentes servicios disponibles en la red. La gracia del DNIe radica precisamente en esto: en acceder con un solo PIN, con una única identidad digital, de manera totalmente segura a cualquier servicio en la red y olvidarse de nombres de usuario y claves.

Cabe pensar que la situación de Caja Madrid responda a motivos concretos y temporales, esperemos por tanto que se solucionen pronto, ya que el soporte del DNIe por la banca es un motor poderoso para impulsar su uso por parte de los ciudadanos. De lo contrario, un mal uso puede contribuir a crear una percepción negativa del mismo en los ciudadanos.

En cualquier caso, en general, el uso del DNIe en el sector privado sigue siendo anecdótico. Sin embargo, a día de hoy, en los servicios que la Administración Pública el uso de certificados electrónicos ya es algo completamente normal. Lo será también el futuro en el sector privado conforme se implante más y más su uso y en particular el DNI electrónico. Pero en este momento es fundamentalmente la administración electrónica quien está actuando como líder que genera un efecto arrastre sobre el sector privado.

---

[95] Listado de servicios del sector privado: http://www.dnielectronico.es/servicios_disponibles/serv_disp_priv.html

[96] Esto es cierto a fecha de julio del 2010. Es posible que en un futuro cambie su política de autenticación eliminando la necesidad de claves de usuario.

Por otra parte, la administración electrónica, aunque se suele asociar principalmente la tramitación de procedimientos administrativos, va en realidad mucho más allá de trámites electrónicos, abarca el uso de las TIC dentro de la Administración para innovarla, junto con los cambios organizativos para la mejorar los servicios públicos. Una vertiente especialmente interesante es la aparición del concepto de Web 2.0 y su papel dentro de la administración electrónica ya que plantea vías innovadoras de comunicación y difusión masiva, y bien utilizadas muy eficaces. A continuación se repasan algunos ejemplos de cómo ya se están utilizando estas nuevas herramientas en las organizaciones, en la Administración y en la política.

10.1 El Concepto de Web 2.0

El término, **Web 2.0** fue acuñado por **Tim O'Reilly**[97] en **2004** para referirse a una segunda generación en la historia de la Web basada en comunidades de usuarios y una gama especial de servicios, como las **redes sociales**, los **blogs**, los **wikis** o las **folcsonomías**, que fomentan la colaboración y el intercambio ágil de información entre los usuarios.

Los promotores de la aproximación a la Web 2.0 creen que el uso de la Web está orientado a la interacción y redes sociales, que pueden servir contenido que explota los efectos de las redes, creando webs interactivas y visuales. Es decir, los sitios Web 2.0 actúan más como **puntos de encuentro**, o webs dependientes de usuarios, que como webs tradicionales.

Quizás el ejemplo por excelencia de la Web 2.0 sea la **Wikipedia**, una enciclopedia dónde cualquiera puede participar en los contenidos. Una sofisticada organización avala la calidad de los mismos evitando actos de vandalismo y garantiza que la información sea fiable.

De todas formas, el principio básico es muy simple: una comunidad amplia tiene capacidad suficiente para crear, mantener y evolucionar contenidos de calidad y la supervisión por la comunidad tiene tal alcance y fuerza que consigue a su vez que actos aislados malintencionados no lleguen a prosperar.

Aparte de usar directamente una serie de imágenes, algunos fragmentos de los contenidos de este documento se han creado a partir de contenidos de la Wikipedia aprovechando que se encuentran bajo las **licencias Creative Commons y de documentación libre de GNU**[98] que permite su libre copia, modificación y redistribución. Por otra parte, la redacción de este documento ha generado muchos contenidos nuevos que han servido para realimentar estos artículos transformándolos considerablemente en muchos casos. De hecho, la dinámica habitual ha sido mejorar/ampliar el artículo original de la Wikipedia y una vez terminado este trabajo, copiar los contenidos en este documento, de modo que la ampliación de los contenidos de la Wikipedia no ha supuesto prácticamente ningún esfuerzo adicional a la creación de este manual.

---

[97] Fundador de O'Reilly Media, una compañía muy popular por sus libros y publicaciones entornos al mundo del software open source.

[98] Términos de la licencia: http://www.gnu.org/copyleft/fdl.html

Se ha creado en definitiva una dinámica en la que tanto este documento como la Wikipedia han salido beneficiados, lo que constituye un buen ejemplo de los beneficios de la filosofía Web 2.0

El éxito de este concepto colaborativo ha sido tan rotundo que ya en el año 2005 la revista **Nature** valoró la calidad de la Wikipedia como muy cercana a la **Enciclopedia Británica**[99] y actualmente no pocas voces sostienen que ésta incluso ha sido superada por la Wikipedia[100], aparte de que la supera ampliamente en cantidad y detalle de artículos (En junio del 2010 la Wikipedia en inglés contiene más de 3.300.000 artículos frente a 500.000 de temas en la Enciclopedia Británica).

 **Práctica: editar un artículo en la Wikipedia**

El ejercicio propuesto consiste en que en grupo se escoja uno a varios artículos de la Wikipedia en español sobre materias en las que tengan interés y conocimiento. Sería deseable que las materias escogidas versen sobre temas relacionados con la Administración Pública. También es válido, incluso preferible, crear artículos nuevos.

A continuación los alumnos deberán darse de alta en la Wikipedia como usuarios, y a partir de ahí editar alguna parte de los artículos escogidos con el fin de mejorarla.

Hay que destacar que esto es una práctica real, es decir, una contribución real a la Wikipedia.

10.2 Administración 2.0

El concepto de **Web 2.0** también ha calado en el ámbito de la Administración Pública, aunque aún ha trascendido demasiado poco a la realidad del día a día y los servicios de la Administración. Sin embargo, es un tema recurrente en las ponencias relacionadas con la Administración Pública y la correspondiente blogosfera.

En este sentido se puede destacar, por ejemplo, que el lema del **Tecnimap 2007** fue **"Administración 2.0: nuevos servicios, nuevos derechos"**. Es un concepto que se ha consolidado en la **blogosfera** sobre Administración Pública, aunque aún hay discusiones importantes sobre lo que abarca y lo que no el término. Para dar una orientación más concreta sobre el significado de este concepto se cita un fragmento del artículo de blog de **Montaña Merchán** en http://vozyvoto.es/2007/12/11/los-rasgos-de-la-administracion-20/:

[99] Fuente: http://www.nature.com/nature/journal/v438/n7070/full/438900a.html

[100] Fuente: http://www.enriquedans.com/2007/07/wikipedia-mas-fiable-que-la-encyclopædia-britannica.html

Podríamos enumerar los rasgos principales que podrían transformarse de la Administración 1.0:

- *De una administración **tutelar** que decide sobre los servicios que reciben los ciudadanos y no estudia la demanda a **receptiva**, en la que los ciudadanos pueden opinar sobre los servicios que reciben y cuáles son sus prioridades.*
- *De **conservadora**, apegada a la separación de competencias y a los viejos procesos en los que aplica las nuevas tecnologías a **innovadora y colaborativa**, que identifica las oportunidades de las nuevas tecnologías, las posibilidades de utilizarlas en los procedimientos y la interoperabilidad entre Departamentos y Administraciones.*
- *De la **pasividad** de trasladar al ciudadano parte de sus tareas (hacer de mensajeros entre administraciones, estar pendiente de las renovaciones, plazos, etc.) a hacer la declaración, solucionar los asuntos, intermediar, evitar el trámite, ser **proactiva**.*
- *De **rígida y controladora** por encima de la eficacia a **adaptar** sus estructuras y cultura a los cambios de la sociedad.*
- *De **subvencionar** con poco control sobre el retorno de la inversión a **incentivar** la innovación y el desarrollo y la promoción de las empresas del país fuera de sus fronteras.*
- *De la consabida **burocracia** cuyo exagerado cumplimiento de las normas fomentan una resistencia pasiva al cambio, y tendente a la desconfianza y a la ineficiencia a **modernizar** la organización, la gestión y el marco normativo para estar acorde con el nuevo contexto.*
- *De **distante** para el ciudadano, que es ajeno a sus cambios, a reconocer el derecho a participar en las decisiones e incluso en el diseño de servicios en la administración. Ser **próxima**, ser mi administración.*
- *De **compleja** en el lenguaje administrativo y laberínticos procedimientos a **sencilla y transparente**.*

10.3 Blogs

El artículo anterior es un ejemplo de los contenidos producidos por la importante **blogosfera de la Administración Pública** que se ha ido forjando poco a poco a lo largo de los últimos años, con muchas decenas de blogs, tanto generalistas como especializados en determinados ámbitos. En el Anexo de este libro se listan algunos a modo de ejemplo y un directorio de blogs, **Quién es quién en la blogosfera pública**, a través del cual se pueden localizar fácilmente muchos de los blogs más relevantes.

La blogosfera cumple una importante misión en cuanto a la transmisión de información interna que sirve a múltiples propósitos como una simple comunicación de noticias e información actual, el debate sobre problemáticas propias de la Administración, la difusión de proyectos, la formación personal de los empleados públicos y personas que trabajan con la Administración (proveedores, etc.). Incluso ha habido iniciativas como sondeos de opinión sobre propuestas concretas y políticas públicas en las Administraciones Públicas.

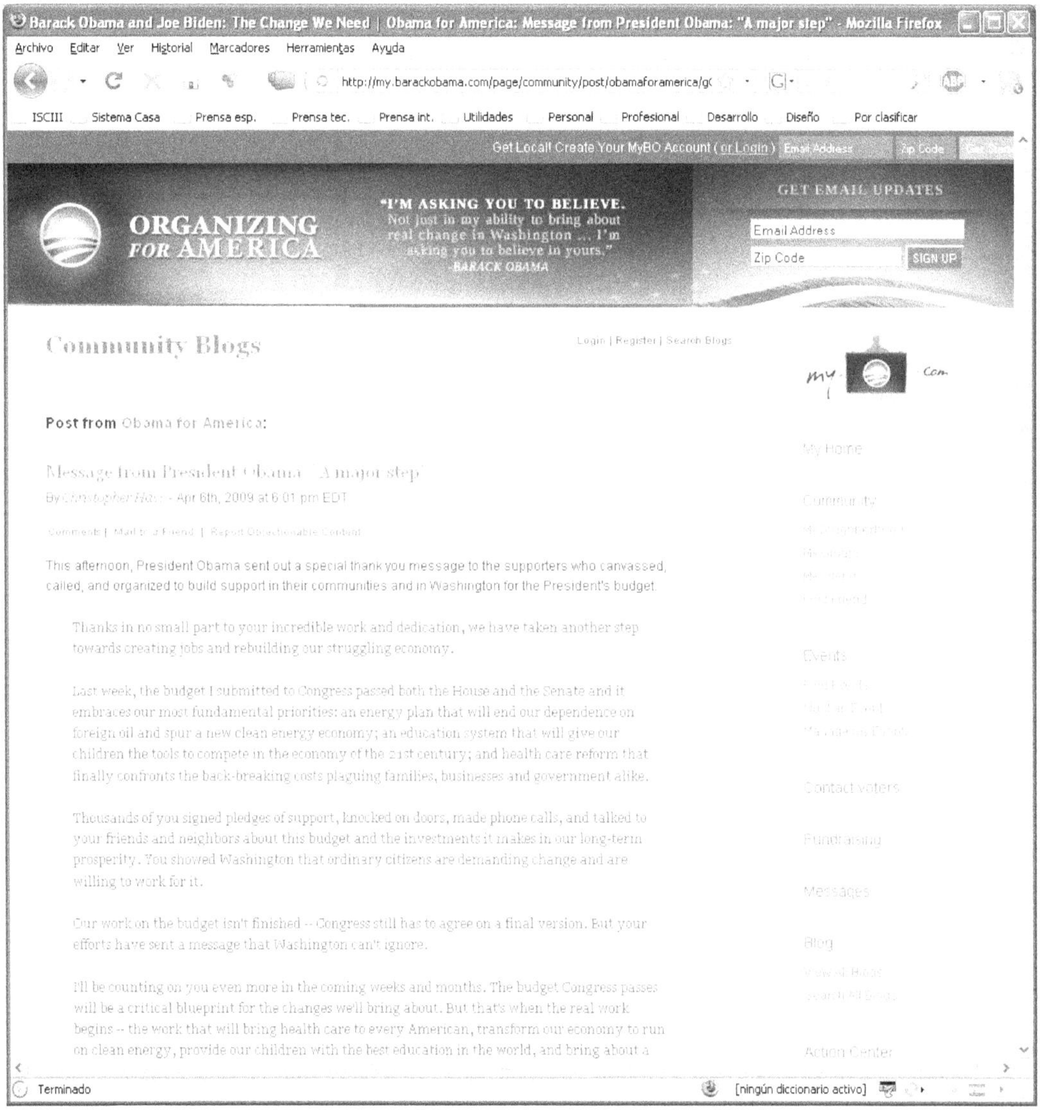

Ilustración 81 – Entrada del blog del sitio de Barack Obama en el que Obama presenta una carta de agradecimiento a todos aquellos que lo apoyaron en la presentación de su presupuesto a las cámaras.

Ofrece en definitiva una fuente de información importantísima para los empleados públicos y afines que les conecta de una manera mucho más activa con la vida de Administración, lo cual supone sin duda un enriquecimiento profesional.

Por otra parte, no hay que olvidar que puede ser una vía importante para que la ciudadanía en general conozca mejor los problemas de la Administración, problemas que desgraciadamente se presentan de manera muy simplista y sesgada en los medios tradicionales, y que han contribuido de manera esencial a la mala imagen de la Administración y en particular de los funcionarios ante la opinión pública. Esperemos por tanto que a medio plazo se puedan convertir también en una fuente de información valiosa para el público que le aporte un mejor conocimiento y criterio sobre el mundo de la Administración Pública y contribuya así a un debate más cualificado sobre la Administración y la función pública en los medios.

La característica quizás más diferenciadora de estos blogs frente a los medios tradicionales de difusión masiva (incluyendo las Webs convencionales con sus secciones de notas de prensa, etc.) es su carácter independiente y la interactividad y realimentación que supone la sección de comentarios, la cual permite palpar no solamente la visión del propio autor, sino del público. Supone por tanto un enriquecimiento de perspectiva considerable y una transparencia mucho mayor, ya que el contenido no se construye unilateralmente como en los medios tradicionales.

10.3.1 Blogs y Política

Aunque supone desviarse algo del ámbito de este libro, hay que hacer una mención al uso de los blogs e Internet en general en el ámbito político.

En los últimos años se ha intensificado el uso de Internet como medio de comunicación para los políticos, son muy conocidos los ejemplos del uso de las nuevas tecnologías en las campañas políticas de **Barack Obama** o **Rosa Diez** en el caso de España. En el caso de Obama, aparte de ser un reconocido "fan" de las nuevas tecnologías, ha encontrado en ellas un canal adicional a través del cual reforzar de manera muy eficaz su campaña y hacerla más atractiva para determinados segmentos del público.

En el caso de Rosa Diez quizás haya que destacar más el hecho de que la Web fuera un canal alternativo a las campañas tradicionales que ha permito a su partido articular y difundir una campaña con una inversión muy reducida que llegó a un número de personas inalcanzable por vía tradicional con las limitaciones económicas propias de un partido joven.

Estos ejemplos muestran que Internet ha llegado a la política para quedarse. Cabe esperar que la política utilizará cada vez más y de forma cada vez más intensa y diversa este medio. Una manifestación de ello son los blogs personales de políticos concretos con los cuales pretenden comunicarse directamente con los ciudadanos y palpar de cerca sus opiniones. Por otra parte, permite al ciudadano conocer mejor el pensamiento del político en cuestión y decidir con mayor criterio si se sienten identificados con él o no.

Actualmente ya existen un buen número de blogs de este tipo, con diferentes grados de actividad. Es fácil localizarlos vía buscadores como Google, una lista que puede servir como referencia se puede encontrar aquí: http://www.alianzo.com/es/top-blogs/country/spain/politicos

Por su carácter 2.0 estos blogs son una vertiente más de conceptos como **e-Participación** o **e-Democracia** que poco a poco se están forjando gracias a las nuevas tecnologías y prometen en general mejoras de la calidad de los sistemas democráticos, más democracia en definitiva. ¿Cuándo ciudadanos a pie han podido discutir de tú a tú cuestiones económicas, políticas o sociales con políticos de primer nivel?

Hay muchos ejemplos, uno reciente que permite ver este fenómeno es el artículo de **Jordi Sevilla** titulado *"El problema no son los políticos"*, http://blog.jordisevilla.org/2009-03-31/el-problema-no-son-los-politicos/, que en el momento de la redacción de este libro ya había suscitado más de 50 respuestas de los Internautas. Este caso resulta además especialmente curioso ya a que a pesar de haber dejado el mundo de la política en septiembre del 2009 sigue manteniendo a través de su blog un especio de contacto político con la ciudadanía.

10.3.2 Herramientas para la creación de un Blog

Las herramientas se clasifican, principalmente, en dos tipos: aquellas que ofrecen una solución completa de alojamiento, gratuita (como **Freewebs**, **Blogger** y **LiveJournal**), y aquellas soluciones consistentes en software que, al ser instalado en un sitio Web, permiten crear, editar y administrar un blog directamente en el servidor que aloja el sitio (como es el caso de **WordPress** o de **MovableType**).

Este software es una variante de las herramientas llamadas **Sistemas de Gestión de Contenido** (**CMS**), y muchos son gratuitos. La mezcla de los dos tipos es la solución planteada por la versión multiusuario de **WordPress** (**WordPress MU**) a partir de la cual se pueden crear plataformas como **Rebuscando.INFO**, **Wordpress.com** o **CiberBlog.es** o ***Blog total**.

En el Anexo se encuentra un listado de diversas herramientas.

10.4 Wikis

El término "Wiki" procede del Hawaiano y significa "rápido" y eso es exactamente lo que caracteriza a las Wikis: ser un medio **rápido**, **sencillo**, **pragmático** y **eficaz** para la creación de contenido. Lo que hace tan novedoso y exitoso el concepto es que se trata de sitios Web cuyas páginas pueden ser editadas de manera colaborativa por múltiples voluntarios a través de su navegador.

Es decir, no hace falta instalar ningún programa de edición colaborativa, sólo hace falta un navegador, son fáciles y rápidas de utilizar, y por tanto las barreras de entradas para poder participar en un proyecto Wiki son mínimas.

La aplicación de mayor peso y a la que le debe su mayor fama hasta el momento ha sido la creación de enciclopedias colaborativas, género al que pertenece la **Wikipedia**. Existen muchas otras aplicaciones más cercanas a la coordinación de informaciones y acciones, o la puesta en común de conocimientos o textos dentro de grupos.

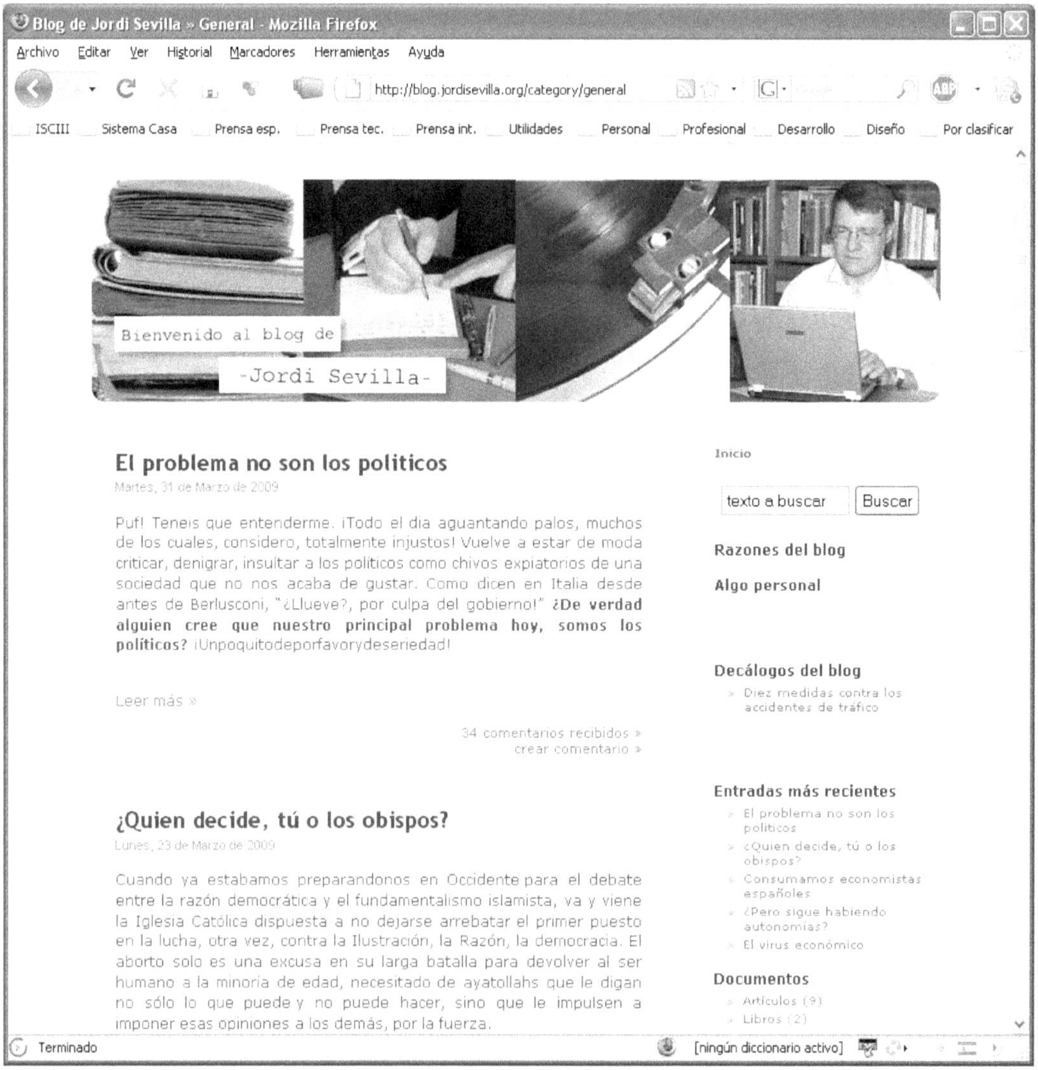

Ilustración 82 – Blog de Jordi Sevilla.

La mayor parte de los wikis actuales conservan un historial de cambios que permite recuperar fácilmente cualquier estado anterior y ver 'quién' hizo cada cambio, lo cual facilita enormemente el mantenimiento conjunto y el control de usuarios destructivos. Habitualmente, sin necesidad de una revisión previa, se actualiza el contenido que muestra la página wiki editada.

Resulta por otra parte fascinante que algo tan abierto y con un nivel de control aparentemente muy reducido, comparado con la confección tradicional de contenidos, y con jerarquías de mando comparativamente planas y pequeñas como, por ejemplo, la Wikipedia sea capaz de producir contenido tan extenso y de una calidad tan alta que resiste además de una manera notable a ataques de vandalismo[101].

10.4.1 Las Wikis en las Organizaciones

Todas estas características hacen que las Wikis sean un instrumento cada vez más popular para usarse dentro de las organizaciones, tanto privadas como públicas. Se están convirtiendo así en herramientas de gestión de conocimiento auto-organizadas y muy eficaces ya que no requieren grandes reuniones, planificaciones y coordinaciones, sino que permiten que su contenido se construya poco a poco casi solo.

En el ámbito de la gestión de conocimiento es un hecho bien conocido que las relaciones y las conversaciones entre las personas de la organización son las que verdaderamente crean innovación. El conocimiento, la sinergia, la motivación, la cultura y los valores constituyen una parte fundamental del capital intelectual de la organización.

La tecnología, al contrario de lo que aún se afirma con frecuencia, abre las puertas a la relación y a la conversación de manera total, universal, transparente, en red. La tecnología no excluye la relación humana, muy al contrario la potencia hasta su máxima expresión proveyendo nuevas vías de aprendizaje que contribuyen a realizar el concepto de organización inteligente.

En ese sentido el uso de las Wikis dentro de una organización puede ser un vehículo para llevar a cabo esta interacción productiva de las personas que componen la organización, suponen una vía eficaz y fácil de explicitar todo el conocimiento generado y evitan que se quede inmerso en las cabezas de personas concretas, llevándolo a la organización.

---

[101] La clave está en el hecho de que son muchísimos menos los usuarios mal-intencionados, de modo que si se produce un ataque de vandalismo, éste es detectado y eliminado rápidamente por los demás usuarios. No obstante, se han dado casos que aún a pesar de tener una corta duración han conseguido hacer daños, como ha ocurrido con determinados casos de difamación personal de algunos personajes públicos. Este tipo de casos han suscitado debates sobre si se debe mantener o no el carácter tan abierto de la colaboración en la Wikipedia, por el momento, se mantiene.

Lo importante en este sentido no es tanto que los gestores planifiquen y coordinen el contenido, sino que impulsen el uso de este medio por sus equipos e intervengan en los conflictos si se producen. Sin el impulso institucional difícilmente prosperará una iniciativa de este tipo, pero una vez sentadas las bases, y con el impulso adecuado, su desarrollo es extraordinariamente sencillo y ágil.

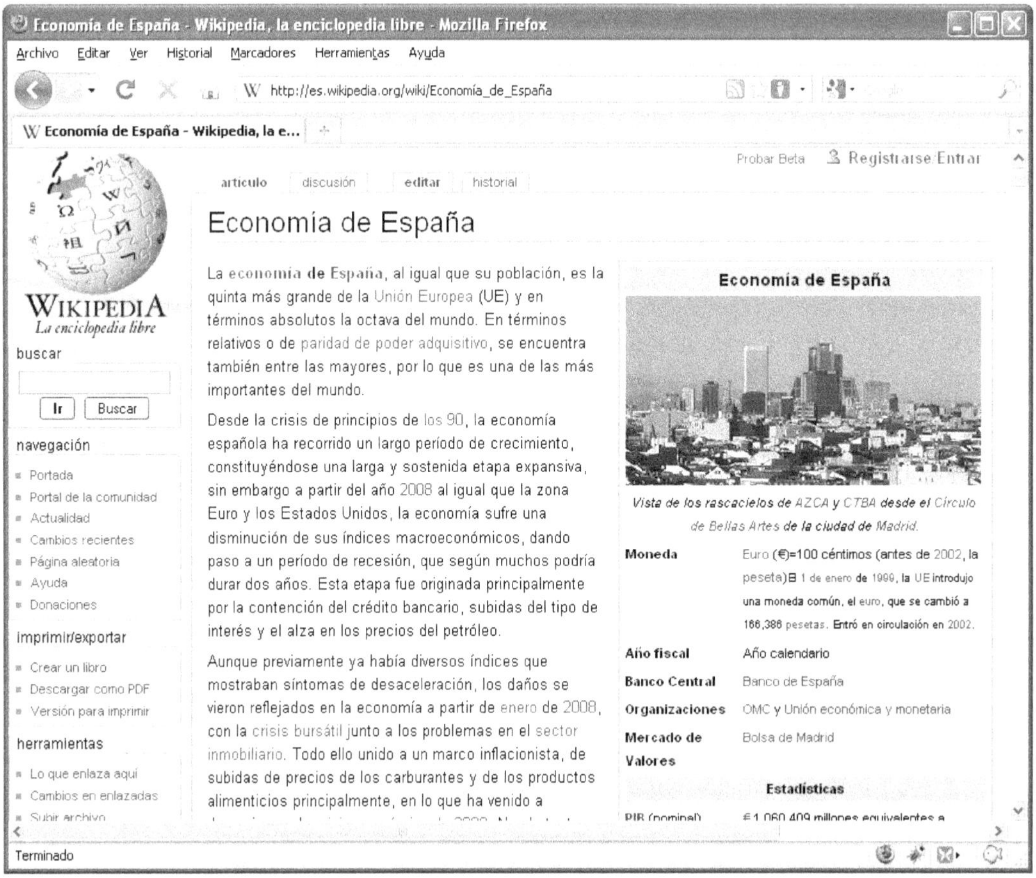

Economía de España - Wikipedia, la enciclopedia libre - Mozilla Firefox

Archivo Editar Ver Historial Marcadores Herramientas Ayuda

http://es.wikipedia.org/wiki/Economía_de_España

Economía de España - Wikipedia, la e...

Probar Beta Registrarse/Entrar

artículo discusión editar historial

WIKIPEDIA
La enciclopedia libre

buscar

Ir Buscar

navegación
- Portada
- Portal de la comunidad
- Actualidad
- Cambios recientes
- Página aleatoria
- Ayuda
- Donaciones

imprimir/exportar
- Crear un libro
- Descargar como PDF
- Versión para imprimir

herramientas
- Lo que enlaza aquí
- Cambios en enlazadas
- Subir archivo

Economía de España

La economía de España, al igual que su población, es la quinta más grande de la Unión Europea (UE) y en términos absolutos la octava del mundo. En términos relativos o de paridad de poder adquisitivo, se encuentra también entre las mayores, por lo que es una de las más importantes del mundo.

Desde la crisis de principios de los 90, la economía española ha recorrido un largo período de crecimiento, constituyéndose una larga y sostenida etapa expansiva, sin embargo a partir del año 2008 al igual que la zona Euro y los Estados Unidos, la economía sufre una disminución de sus índices macroeconómicos, dando paso a un período de recesión, que según muchos podría durar dos años. Esta etapa fue originada principalmente por la contención del crédito bancario, subidas del tipo de interés y el alza en los precios del petróleo.

Aunque previamente ya había diversos índices que mostraban síntomas de desaceleración, los daños se vieron reflejados en la economía a partir de enero de 2008, con la crisis bursátil junto a los problemas en el sector inmobiliario. Todo ello unido a un marco inflacionista, de subidas de precios de los carburantes y de los productos alimenticios principalmente, en lo que ha venido a

Economía de España

Vista de los rascacielos de AZCA y CTBA desde el Círculo de Bellas Artes de la ciudad de Madrid.

Moneda	Euro (€)=100 céntimos (antes de 2002, la peseta) 1 de enero de 1999, la UE introdujo una moneda común, el euro, que se cambió a 166,386 pesetas. Entró en circulación en 2002.
Año fiscal	Año calendario
Banco Central	Banco de España
Organizaciones	OMC y Unión económica y monetaria
Mercado de Valores	Bolsa de Madrid

Estadísticas

Terminado

Ilustración 83 – La "madre" de todas las wikis: la Wikipedia.

10.4.2 Las Wikis en la Administración Pública

A diferencia de los blogs, hoy por hoy y a pesar de sus indudables ventajas, aún no hay muchas referencias de Wikis de Administraciones Públicas, pero poco a poco se van desarrollando proyectos como, por ejemplo, el proyecto **Wikanda** promovido por la **Junta de Andalucía**, http://www.wikanda.es, una Wiki especializada en todo que gira en torno a esta Comunidad autónoma o la **Madripedia**, http://www.madripedia.es, promovida por el **Ayuntamiento de Madrid**.

Otro ejemplo es el portal **e-Catalunya**, http://ecatalunya.gencat.net, una iniciativa de la **Generalitat de Cataluña** para impulsar la sociedad del conocimiento en esta Comunidad.

De todos modos, la referencia en cuanto a Wikis accesibles al público más importante es probablemente la propia Wikipedia ya que contiene numerosos artículos sobre la Administración Pública, Derecho administrativo, administración electrónica, etc.

Por razones obvias es más difícil evaluar el grado de uso interno de Wikis, pero ya se están utilizando en los diferentes organismos de la Administración Pública española como herramientas de gestión de conocimiento. Un uso muy propicio es la documentación de procedimientos de trabajo o la documentación, manuales, howto's, etc. de las aplicaciones corporativas.

1.1.1 Herramientas para la creación de Wikis

Una ventaja más de las Wikis es el hecho de que las principales herramientas de Wikis son gratuitas y de código abierto, de modo que la puesta marcha de una herramienta de este tipo no presenta prácticamente barreras de entrada como lo pueden ser el pago de licencias, etc. Por otra parte, son sencillas de instalar y utilizan tecnologías y productos ampliamente difundidos como **PHP**, **Java**, **MySQL** o **Postgresql**.

Quizás la referencia más popular sea la herramienta **MediaWiki**. MediaWiki es un motor para wikis bajo licencia **GNU**, programado en **PHP**. A pesar de haber sido creado y desarrollado para Wikipedia y los otros proyectos de la fundación Wikimedia, ha tenido una gran expansión a partir del 2005, desarrollándose un gran número de wikis basados en este software que nada tienen que ver con dicha fundación. La mayoría de ellos se dedican a la documentación de software o a temas especializados. Puede ser instalado sobre servidores Web Apache o IIS y puede usar como motor de base de datos MySQL o PostgreSQL.

En el Anexo se listan varias herramientas de Wiki.

10.5 Redes Sociales

Las **redes sociales** en Internet son en este momento probablemente en fenómeno **Web 2.0** que con más fuerza se está desarrollando y el más generalista y popular. Una red social es una **estructura social en Internet con forma de red** donde sus nodos son individuos (a veces denominados actores) y las aristas relaciones entre ellos. Las relaciones pueden ser de distinto tipo, profesionales, ocio, amistad, relaciones sexuales, etc. También es el medio de interacción de distintas personas como por ejemplo juegos en línea, chats, foros, etc.

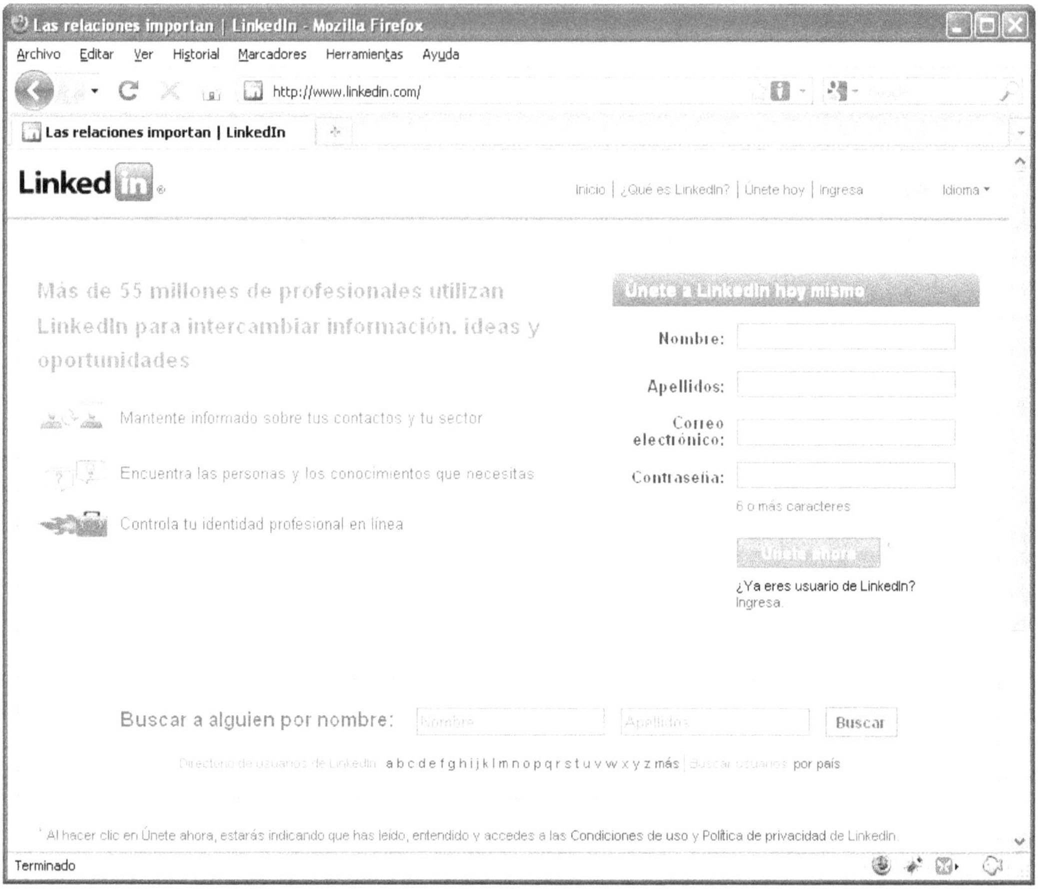

Ilustración 84 – La red social de contactos profesionales LinkedIn.

La explosión de este fenómeno en los últimos años llama enormemente la atención, así por ejemplo, **Facebook**, la red social que se suele mencionar como ejemplo por excelencia creció desde su apertura al público en el año 2006 hasta más de **350 millones** de usuarios en la actualidad (enero 2010) según sus propias estadísticas. Muchas Universidades norteamericanas han declarado que 2008 sería el último año en que publiquen sus anuarios de estudiantes, un clásico en estas instituciones, puesto que las redes sociales han jubilado a los mismos.

En España la primera red social es actualmente **Tuenti**, puesta en marcha a finales del 2006, con una cifra de usuarios que oscila en torno a **6 millones** de usuarios en enero del 2010.

Estos dos ejemplos anteriores se orientan fundamentalmente al ocio y la creación de círculos de amistades, por su parte están calando también muy hondo las redes profesionales como **LinkedIn** o **Xing**, y es previsible que a medio plazo incluso sustituyan al tradicional Curriculum Vitae. El objetivo de este tipo de redes es facilitar las relaciones profesionales e ir creando una malla de contactos. Si alguien tiene 50 contactos, a través de los mismos puede llegar a cientos de ellos que sus conocidos pueden facilitarle.

Por otra parte, estas redes tienen otra enorme utilidad a la hora de recuperar los contactos propios: cuando un usuario rellena su perfil en LinkedIn, por ejemplo, y va indicando las organizaciones por las que ha pasado a lo largo de su trayectoria profesional la herramienta automáticamente presentará las personas que pertenecen a la red LinkedIn de cada una de esas organizaciones. De ese modo no es nada raro recuperar un buen número de contactos que se creían perdidos o que se han descuidado con el tiempo.

Una vez recuperados estos contactos, se dispone de información actualizada sobre ellos y una manera muy fácil para contactarles directamente si se desea. Incluso se pueden utilizar funciones como solicitar recomendaciones de compañeros de trabajo que estos redactarán a través de la herramienta si están de acuerdo, lo cual puede ser útil para la promoción profesional. ¿Qué agenda tradicional puede competir con esto?

Pero la utilidad no se limita solamente a contactar con otros profesionales, sino que permite otras múltiples formas de interacción que pueden ser muy productivas, se pueden formular, por ejemplo, consultas a otros profesionales, difundir presentaciones profesionales, realizar sondeos de opinión, recabar opiniones sobre una empresa, etc. No todos estos servicios se encuentran libres de coste, suele ser gratuita la publicación de un perfil personal y de pago determinados servicios avanzados del estilo de los mencionados.

10.5.1 Redes Sociales en la Administración Pública

La utilidad más evidente dentro del sector público es la creación de una red de contactos con otros profesionales del sector público y privado, otros empleados públicos o profesionales afines a través de la cual se puedan localizar contactos interesantes, ya sea para la propia movilidad de los funcionarios dentro de la Administración, la localización de expertos en determinadas materias o la contratación de profesionales y proyectos.

Las redes sociales son por tanto un complemento muy interesante a los directorios de profesionales, tales como el portal **Funciona** de la Administración General del Estado que proporcionan una información que por su naturaleza no se pueden realizar con aplicaciones intra-organizativas como lo es Funciona.

10.5.2 Redes Sociales en la Política

Seguramente el ejemplo más paradigmático de las redes sociales en política sea la campaña electoral de **Barack Obama**. El presidente se ganó durante su campaña el apoyo de **3 millones** de seguidores en **Facebook** y otros **121.000** en **Twitter**, además de los **19 millones** de visitas que recibió su canal en **YouTube**.

McCain sólo recabó el respaldo de **600.000** personas en el primer caso, **5.000** en el segundo y **2 millones** de vistas en el tercer caso.

Tradicionalmente, los candidatos a la presidencia de Estados Unidos han obtenido fondos para sus campañas a través de corporaciones y donaciones particulares, que tienen un límite de 2.000 dólares. El primer candidato que recurrió a las donaciones a través de Internet fue Howard Dean, que en el año 2004 obtuvo 27 millones de dólares a través de este canal.

Ilustración 85 – Página para la comunicación de noticias sobre el PlanE en Twitter.

Es de sobra conocida la dura batalla que se ha presentado en las primarias del Partido Demócrata entre Obama y **Hillary Clinton**. Ésta, poseedora de más experiencia y mejores contactos, se había asegurado para su bando las grandes donaciones a su partido en el momento en que Obama entró en la disputa preelectoral.

Ante esta desventaja inicial, Obama se vio en la necesidad de encontrar un modo alternativo de recaudar fondos para su bando. Contrató a **Cris Hughes**, uno de los dos fundadores de Facebook, para que dirigiera su campaña online. Ésta se ha basado en la interacción y la participación de los usuarios, a través de enlaces, blogs, vídeos, recomendaciones, grupos, etc.

Finalmente, Obama ha conseguido **264 millones** de dólares en donaciones, frente a los **88,2 millones** de su rival, el republicano McCain. Obama es incluso el primer candidato que rechaza fondos públicos para financiar su campaña. Cabe destacar que casi la mitad de esa cantidad se ha recaudado con donaciones inferiores a 200 dólares, lo cual demuestra el número de gente que ha sido movilizada.

Aunque aún no llega a estos extremos, en España el uso de redes sociales en política también empieza a prosperar, algunos ejemplos son el caso de **Patxi López** o **Rosa Diez** con cuentas en **Facebook**, **Tuenti** y **Twitter** en las elecciones autonómicas del 2009.

Una variante curiosa del uso de las redes sociales es la página[102] en **Twitter** creada la comunicación de las medidas del **PlanE**[103] del Gobierno a los usuarios de esta red. De este modo no es necesario que los usuarias acudan a la Web del Gobierno para mantenerse al día, sino que vía Twitter se pueden suscribir a esta información y automáticamente se les envían las noticias sobre las medidas.

10.6 Marketing Viral

El **marketing viral** o la **publicidad viral** son términos empleados para referirse a las técnicas de marketing que intentan explotar redes sociales preexistentes para producir incrementos exponenciales en la penetración de una marca o producto (brandawareness) mediante procesos de autorreplicación viral análogos a la expansión de un virus informático. Se suele basar en el boca a boca mediante medios electrónicos; usa el efecto de "red social" creado por Internet y los modernos servicios de telefonía móvil para llegar a una gran cantidad de personas rápidamente.

[102] http://twitter.com/medidas

[103] http://www.plane.gob.es/

También se usa el término marketing viral para describir campañas de marketing encubierto basadas en Internet, incluyendo el uso de blogs, de sitios aparentemente amateurs, y de otras formas de **astroturfing**[104] diseñadas para crear el boca a boca para un nuevo producto o servicio. Frecuentemente, el objetivo de las campañas de marketing viral es generar cobertura mediática mediante historias "inusuales", por un valor muy superior al presupuesto para publicidad de la compañía anunciante.

La popularidad creciente del marketing viral se debe a la facilidad de ejecución de la campaña, su coste relativamente bajo, (comparado con campañas de correo directo), buen "targeting", y una tasa de respuesta alta y elevada. La principal ventaja de esta forma de marketing consiste en su capacidad de conseguir una gran cantidad de posibles clientes interesados, a un muy bajo coste.

Algunos afirman que el término marketing viral fue acuñado originalmente por el empresario de capital-riesgo **Steve Jurvetson** en **1997** para describir la práctica de varios servicios libres de correo electrónico (como Hotmail) de añadir su propia publicidad al correo saliente de sus usuarios; aunque el primero en escribir sobre este tipo de marketing viral fue el crítico **Douglas Rushkoff** en 1994 en su libro *"Media Virus"*. La hipótesis es que si esa publicidad llega a un usuario "sensible" (es decir, interesado en el producto ofrecido por Hotmail, el correo gratuito), ese usuario "se infectará" (es decir, se dará de alta con una cuenta propia) y puede entonces seguir infectando a otros usuarios sensibles. Mientras cada usuario infectado envíe en media el correo a más de un usuario sensible (es decir, que la tasa reproductiva básica sea mayor a uno), los resultados estándares en epidemiología implican que el número de usuarios infectados crecerá de manera exponencial.

La tarea más difícil para cualquier compañía consiste en adquirir y retener una gran base de clientes. Mediante el uso de Internet y los efectos de la publicidad por e-mail, los esfuerzos de comunicación negocio-a-cliente (**business-to-consumer** o **B2C**) consiguen mucho mayor impacto que muchas otras herramientas. El marketing viral es una técnica que evita las molestias del spam o las frecuentemente abusivas campañas telefónicas: impulsa a los usuarios de un producto servicio específico a contárselo a sus amigos. Esa es una recomendación "boca a boca" positiva.

---

[104] Astroturfing es un término utilizado en campañas de relaciones públicas en el ámbito de la propaganda electoral y los anuncios comerciales que pretende dar una impresión de espontaneidad, fruto de un comportamiento con base social. Es objetivo es crear la impresión de una manifestación pública e independiente sobre políticos, grupos políticos, productos, servicios, eventos, etc. Los astroturfers intentan orquestar para ello acciones protagonizadas por individuos aparentemente diversos y geográficamente distribuidos, tanto a través de actuaciones explícitas como más subliminales e incluso ocultas.

10.6.1 Aplicaciones y Ventajas de Marketing Viral en la Administración Pública

En la Administración Pública es tan importante que los servicios públicos sean de calidad como que el ciudadano los conozca. El éxito de ejemplos como la **Red 060**, servicios concretos con un gran impacto (en comodidad, etc.) como el cambio de domicilio a través de Internet, o campañas de sensibilización como aquellas desarrolladas por la Dirección General de Tráfico depende en gran medida de su difusión e imagen ante los ciudadanos.

Esto, si cabe, se vuelve aún más importante en relación a la administración electrónica, ya a través de los nuevos servicios electrónicos está cambiando radicalmente y para mejor la relación con los ciudadanos y empresas, además tiene el potencial de ejercer un efecto tractor sobre la sociedad impulsando su integración en la sociedad de la información, algo esencial en los nuevos modelos económicos dónde el uso de las TIC y sus efectivos positivos sobre la productividad de un país se han convertido en un condicionante clave para la prosperidad del mismo.

En ese sentido se puede considerar la implantación de la administración electrónica como política pública no solamente un beneficio en términos de facilidades y comodidad para ciudadanos y empresas, sino un elemento estratégico de las políticas públicas.

Para poder conseguir esto resulta vital atraer a ciudadanos y empresas, es necesario acabar con la imagen tradicional negativa de la Administración a través de unos servicios modernos y atractivos, y para ello a su vez será es necesario un "marketing" intenso y adecuado de estos servicios. En este contexto el marketing viral puede ser una nueva herramienta muy valiosa para llegar a los ciudadanos, especialmente en campañas concretas, no solamente por su eficacia como vehículo, sino por la imagen de modernidad y sofisticación asociada al uso de estos medios. Además, su bajo coste puede permitir desarrollar más campañas con el mismo o menos presupuesto, algo que en los tiempos actuales recobra especial importancia.

En España, por el momento, aún no se ha explotado mucho la vía del marketing viral dentro de las Administraciones Públicas, pero existen suficientes ejemplos fuera de España que pueden servir como base de ideas.

Un ejemplo magnífico de marketing viral vuelve a ser de nuevo la campaña electoral de Barack Obama, ya vimos su de las redes sociales en Internet que es un componente de su estrategia de marketing viral, pero esta estrategia va mucho más allá.

Con la ayuda de su equipo, ha creado una estrategia de comunicación multicanal sin precedentes que ha conseguido que Obama estuviera en todas partes: más de **1600 vídeos** publicados en su página de YouTube, su propio Twitter, Facebook, MySpace, etc. Y no podemos dejar de mencionar todo el contenido los seguidores de Obama han creado extraoficialmente para su candidatura presidencial.

Sus vídeos fueron un gran hito, se puede destacar especialmente el concurso "Obama en 30 segundos" en el cual se anima a los ciudadanos a enviar un crear un video sobre Obama, el "premio" es que el ganador podrá ver su video en un anuncio por televisión. Esta iniciativa obtuvo como resultado el envío de más de **1.100 videos** y se calcula que unos **5 millones de votantes**. Es realmente llamativa la semejanza en calidad de los trabajos de particulares con trabajos realizados por profesionales, y la originalidad de alguna de las contribuciones. El vídeo ganador y otros finalistas se pueden ver aquí: http://obamain30seconds.org/

Por otra parte el diseño de la Web personal de Obama, http://www.barackobama.com, es un caso de estudio excelente sobre comunicación política. El sitio dispone de muchos elementos que han generado un efecto de marketing viral, por ejemplo:

- Una descripción detallada del plan de Obama y su postura acerca de los diferentes asuntos políticos.
- Una calculadora para el ahorro de impuestos.
- Una red social.
- Un servicio de donación online: "Donate and get a gift" ("dona y obtén un regalo").
- "Goodies" para personalizar el ordenador.
- Tienda online de artículos relacionados con la campaña (chapas, camisetas, etc.)
- Invitaciones a eventos.
- Enlaces a: Facebook, Myspace, Youtube, Flickr, Digg, Twitter, eventful, Linkedin, blackplanet, faithbase, eons, glee, MiGente, MyBatanga, AsianAve, DNC Partybuilder

En España, uno de los ejemplos de marketing viral en el sector público, es la iniciativa desarrollada por el Ayuntamiento de Burgos, concretamente el área de Juventud, que ha utilizado técnicas de marketing viral como acción de captación de nuevos teléfonos de jóvenes a los que enviar información de las actividades organizadas por la concejalía.

En la **Ilustración 86** se puede ver el mensaje utilizado por el Ayuntamiento con el que anima a los jóvenes a que reenvíen este mensaje a sus amigos. En el mensaje se menciona el procedimiento para que estos últimos se incorporen al sistema de información municipal.

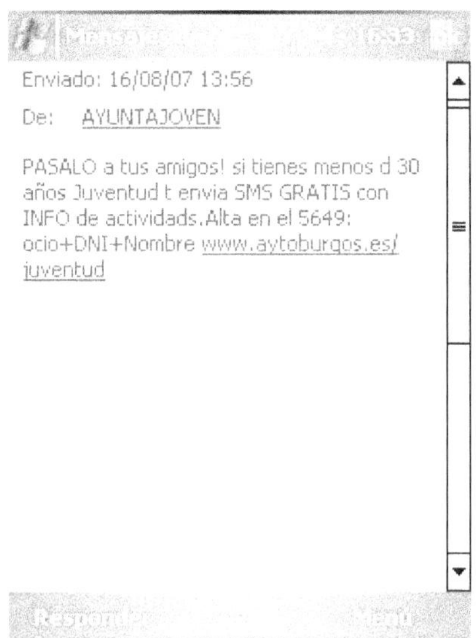

Ilustración 86 – Mensaje SMS difundido en una acción de marketing viral en el ayuntamiento de Burgos[105].

Es un ejemplo como se ha utilizado un medio muy afín (el móvil) al público objetivo (jóvenes menores de 30 años) para crear una campaña que por medios tradicionales seguramente habría sido mucho menos eficaz y más cara.

10.7 Crowdsourcing

Tras el término de **crowdsourcing**, acuñado por el escritor **Jeff Howe** y el editor **Mark Robinson** de la revista tecnológica **Wired**, se encuentra la sencilla idea de sustituir el trabajo de grupos profesionales especializados mediante la participación masiva de **voluntarios** y la aplicación de principios de **autoorganización**.

Aunque ésta no es una idea nueva, se está volviendo bastante popular y ha sido aplicada por empresas como **Boeing**, **Dupont** o **Procter & Gamble**, que buscan solucionar sus problemas de forma masiva a través de iniciativas como por ejemplo **InnoCentive**[106].

La idea es otro ejemplo de nuevos modelos de negocio que nacen a raíz de los principios de la **Web 2.0**. La importancia del crowdsourcing radica en definitiva en que con este modelo colaborativo es posible que una gran cantidad de participantes entusiastas puedan realizar el trabajo de un grupo de profesionales experimentados.

105 Fuente: http://movilaapp.blogspot.com/2007/08/marketing-viral-en-el-ayuntamiento-de.html?showComment=1187590380000

106 InnoCentive, fundada por la farmaceutica Lilly, es una compañía de "innovación abierta" que acepta como encargos la resolución de problemas de I+D en un amplio abanico de campos como ingeniería, TIC, modelos de negocio, matemáticas, química, etc. A partir de ahí los problemas se publican como "desafíos" para que sean solucionados por voluntarios que se ofrezcan para ello. A aquellos que aporten la mejor solución para el problema se les da un premio que oscila típicamente entre 10.000 y 100.000 dolares.

Un ejemplo de la vida política española fue la campaña del **Partido Popular** en las elecciones generales del 2008: El candidato del PP vio las ventajas del crowdsourcing y en su Web *Hola, soy Mariano Rajoy* pedía voluntarios para diseñar sus vídeos electorales.

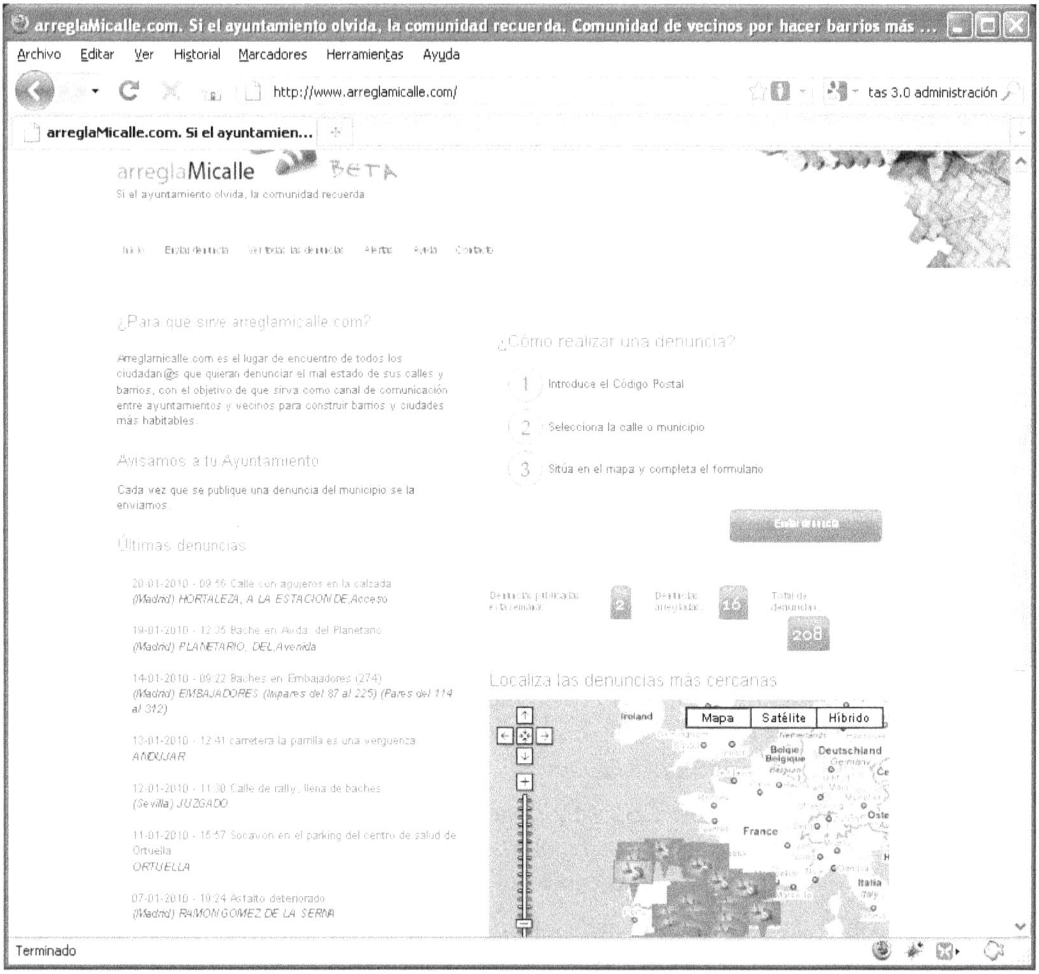

Ilustración 87 – El portal arreglaMicalle.com

En esta iniciativa destaca especialmente la puesta en escena[107]: se muestra una reunión de maitines de la cúpula del partido donde van llegando **Mariano Rajoy**, **Ana Pastor**, **Gabriel Elorriaga**, **Pío García Escudero**, **Jorge Moragas** y **Sandra Moneo**. Finalmente, Elorriaga dice que falta alguien, y en ese momento Rajoy dice que lo va a llamar.

[107] El vídeo se puede ver aquí: http://www.youtube.com/v/bTW_G2En0U8&rel=1

Lo que sucede es que Rajoy llama al teléfono de la persona que se ha metido en la web, que recibe el siguiente mensaje: *"Hola, soy Mariano Rajoy, ¿dónde te has metido? Te estamos esperando, pero si no puedes llegar, yo lo que te pido es que nos mandes tus ideas a mi página web. Un saludo y un fuerte abrazo"*.

El siguiente ejemplo, aunque siendo rigurosos no se trata de un verdadero ejemplo de crowdsourcing al no haber sido organizado por la Administración Pública, de alguna manera, sin embargo, es un buen ejemplo de un servicio que se puede entender como la aplicación de los principios del crowdsourcing a los servicios públicos y a la relación con los ciudadanos. En este sentido puede dar ideas para crear otras iniciativas que aprovechen el interés de los ciudadanos para mejorar los servicios públicos.

Se trata de la web **arreglamicalle.com**[108], un lugar de encuentro donde los ciudadanos pueden denunciar el mal estado de sus calles y barrios. El objetivo es que sirva como canal de comunicación entre ayuntamientos y vecinos para construir barrios y ciudades más habitables.

Como cuenta **Juan Freire** en su artículo[109] de opinión en la edición virtual del periódico **ADN**[110], este proyecto se inspira en el proyecto británico **FixMyStreet**[111] de la ONG **mySociety**[112] que desarrolla diversos proyectos en torno al objetivo común de fomentar la democracia y transparencia en los poderes públicos.

FixMyStreet ha obtenido un gran éxito entre los ciudadanos británicos. Su modo de funcionamiento es simple: el usuario pone el código postal, se muestra el listado de calles, la selecciona y rellena un formulario donde describe el problema, sube foto o vídeo y marca en un mapa el lugar exacto. El denunciante recibe un correo para que valide la denuncia. En el mail recibirá los enlaces para actualizar el estado: arreglado o en proceso y meter más comentarios. Una vez validado el e-mail, se envía la denuncia al ayuntamiento. En un futuro se podrá denunciar a través del móvil mediante mensajes SMS.

Tras una búsqueda por código postal o a través del mapa los usuarios pueden visualizar todas las denuncias realizadas y solucionadas en su zona o calle concreta, insertar comentarios en las denuncias y suscribirse a las alertas para recibir todas las denuncias públicas de su zona (calle, CP, provincia) o de una denuncia en concreto.

No se debería ver esta idea como una manera de incordio o denuncia del servicio del Ayuntamiento, sino como una manera de colaboración activa entre Administración Pública y el ciudadano que en este caso puede optimizar la detección de los focos problemáticos y con ello la planificación y priorización de los recursos disponibles.

[108] http://www.arreglamicalle.com

[109] http://www.adn.es/blog/ciudades_enredadas/opinion/20080422/POS-0009-Arregla-calles.html

[110] http://www.adn.es

[111] http://www.fixmystreet.com

[112] http://www.mysociety.org

Según comenta Juan Freire, el proyecto no obtuvo el mismo éxito en España, al menos inicialmente, y en su artículo esboza las razones. En su opinión, existen tres causas, no necesariamente excluyentes:

1. el origen de la iniciativa: desde una ONG en un caso y desde una empresa en el otro, que puede provocar un cierto recelo por parte de los usuarios;

2. la diferente actitud cívica y digital de ambas ciudadanías. ¿Cuenta la población británica con un mayor acceso y capacitación para el uso de la web 2.0?, ¿es la cultura británica más proclive a denunciar este tipo de problemas, algo que no se hace tanto por el beneficio individual como por el colectivo?;

3. y por último, puede que una causa clave sea que el proyecto británico no es sólo, ni principalmente, tecnología. Sobre el sitio FixMyStreet trabaja una organización muy activa y capaz de movilizar a redes sociales. Por el contrario, arreglamicalle.com es un proyecto exclusivamente digital.

La idea de arreglamicalle.com no es el único precedente de ideas en torno a la Web 2.0 que usa principios de crowdsourcing en su actividad. La ONG mySociety, por ejemplo, cuenta actualmente (enero 2010) con una decena de proyectos en torno a diversas ideas, algunos ejemplos que se pueden citar son, por ejemplo, el proyecto **Number 10 Petitions Web Site**[113] (el nombre hace referencia a la sede del Primer Ministro Británico, Nº10 de Downing Street), un proyecto que **nace a petición del propio Gobierno británico** como sitios para la recogida de peticiones y firmas ciudadanas.

Según mySociety este proyecto ha recogido ya un total de **8 millones de firmas** en sus diversas iniciativas. Este proyecto es también un excelente ejemplo del uso de otras herramientas de **Web 2.0** y **Política 2.0** mencionadas a lo largo de este manual, usa **Youtube** para la comunicación con los ciudadanos y se pueden ver cosas como videos de **Gordon Brown** discutiendo en plena calle con los policías locales en torno a los problemas sociales del barrio que está visitando y las posibles soluciones que se podrían dar. A esto se suman **Flickr**, **Twitter** y **Facebook** como canales de difusión y comunicación con el ciudadano.

El software desarrollado a este propósito por mySociety se ofrece ahora también a las entidades locales para usarlo en su ámbito de competencias.

Naturalmente no todo es maravillo en el mundo de la Web 2.0 y este tipo de iniciativas tienen sus propios problemas En el artículo *"Participación ciudadana y abuso de los espacios"*[114]se discute esta problemática tomando como ejemplo precisamente la anterior web. Según comenta el artículo, los abusos van desde el ingreso de contenido impropio, el uso de los espacios para otros temas, hasta las agresiones y ofensas.

---

[113] http://petitions.number10.gov.uk

[114] http://www.amable.info/egobierno/2008/participacion-ciudadana-y-abuso-de-los-espacios

El artículo concluye que aun así merece la pena, pero para que la iniciativa pueda funcionar y no fracase es esencial dedicar un esfuerzo importante a mantener y cuidar estos espacios, tanto por parte de los responsables, como por parte de los ciudadanos. Las fórmulas para que esto pueda ser posible ya se han inventado, un ejemplo, pueden ser los mecanismos, ya analizados anteriormente en este manual, que utiliza la Wikipedia en colaboración con sus propios usuarios para evitar el vandalismo en sus artículos y, en su caso, corregirlo.

Ilustración 88 – Number10, el sitio web del Gobierno británico para la recepción de peticiones ciudadanas. Política 2.0con mayúsculas.

Un último e impresionante ejemplo de una iniciativa de crowdsourcing a nivel mundial es el modelado de edificios en 3D **GoogleEarth**. En esta caso España ocupa además un lugar destacado ya que la ciudad de **Madrid** se virtualiza casi por completo.

Google asegura que **miles de usuarios** han colaborado[115] recreando a través de sus herramientas de modelado **SketchUp** y **BuildingMaker** los edificios más emblemáticos de la ciudad en 3D, convirtiendo a Madrid en el **lugar en el mundo que más representaciones 3D** tiene en la aplicación.

Ilustración 89 - ¿Una fotografía aérea? No, una imagen 3D obtenida al navegar por Madrid con la versión 5.0 de GoogleEarth.

[115] Algunos ejemplos de usuarios y sus trabajos: http://www.publico.es/ciencias/290007/madrid/ciudad/d/grande/mundo/google

Google quiere promocionar el uso de esta aplicación como una herramienta a través de la cual los turistas que deciden visitar Madrid puedan planificar su viaje por la ciudad. Localizar el hotel en el que han contratado su alojamiento y, desde ahí, conocer a qué distancia se encuentran lugares como el Museo del Prado y recorrerlo de manera virtual, incluso visitando sus obras maestras.

Aunque en este caso obviamente el principal beneficiado es la empresa Google, es interesante ver que esta idea y el trabajo realizado por los usuarios tienen también potencial para ser explotados por las Administraciones públicas en su labor de promoción del turismo.

Anexo

1. Sitios de Referencia

Administración Electrónica y Sociedad de la Información	
Administración electrónica en la Unión Europea	http://ec.europa.eu/information_society/activities/egovernment/index_en.htm
Centro de Transferencia de Tecnología	http://www.ctt.map.es

Administración Electrónica y Sociedad de la Información	
Administración electrónica en la Unión Europea	http://ec.europa.eu/information_society/activities/egovernment/index_en.htm
Centro de Transferencia de Tecnología	http://www.ctt.map.es
Consejo Superior de Administración Electrónica	http://www.csi.map.es/csi/nuevo/administracion_electronica.htm
Observatorio de Administración Electrónica	http://www.obsae.map.es
Observatorio Nacional de las Telecomunicaciones y de la Sociedad de la Información	http://www.ontsi.red.es
Portal 060	http://www.060.es
Portal del DNI electrónico y portal de información y ayuda	http://www.dine.es, http://www.usatudni.es
Portal Facturae	http://www.facturae.es
Red.es	http://www.red.es
Servicios electrónicos disponibles que soportan el DNIe	http://www.dnie.es/servicios_disponibles/index.html
Relación de servicios horizontales disponibles a través de SARA	http://www.ctt.map.es/web/cache/offonce/servicios

Blogosfera sobre las TIC, la Administración Electrónica y Administración Pública	
Administraciones en Red Espacio para el encuentro e intercambio de experiencias, conocimientos y opiniones útiles para poner a las Administraciones Públicas en red	http://eadminblog.net
Amedeomaturo'sWeblog Implantar la Administración Electrónica	http://amedeomaturo.wordpress.com
Apuntes electrónicos Notas sobre Gobierno Electrónico, Políticas Públicas y ...	http://apunteselectronicos.wordpress.com
Contencioso es José Ramón Chaves García El Blog de Derecho Público de Sevach	http://www.contencioso.es
Derecho, Tecnología y Modernización Administrativa Blog dedicado al análisis y reflexión sobre las implicaciones y desafíos que, desde el punto de vista jurídico, plantea la e-Administración	http://modernadministracion.blogspot.com
eFuncionario Reflexiones de un funcionario TIC	http://efuncionario.com
El Blog de Enrique Dans	http://www.enriquedans.com
K-Government Thinking in e-Government	http://www.k-government.com
i-public@ Reflexiones sobre administración pública inteligente	http://i-publica.blogspot.com
oGov Open Government, una nueva Administración Pública	http://www.ogov.eu
Procedimientos Telemáticos y Electrónicos Weblog personal de Bartolomé Borrego dedicado a los procedimientos electrónicos tributarios, aduaneros, contables y NN.TT. en general	http://bartolomeborrego.wordpress.com
Sociedad Conectada, Voz y Voto Reflexiones sobre Tecnología, Sociedad y Administración Pública	http://vozyvoto.es
Sociedad en Red Las nuevas tecnologías de la información y la sociedad	http://www.sociedadenred.info
Todo es Electrónico Cada vez más, en la vida conviven el átomo y el bit	http://inza.wordpress.com

Quién es quién en la blogosfera pública **Wiki que mantiene un directorio de los blogs que componen la blogosfera pública**	http://eadmin.wikispaces.com/Quién+es+quién
Vivir con menos. A construir el futuro. **Blog de Santi Casas con artículos que se centran en la e-Administración y la filosofía de "vivir con menos"**	http://vivirconmenos.blogspot.com/
Tu Blog de la Administración Pública **En este blog se procura analizar cuestiones relativas a la Administración Pública desde enfoques globales y también atendiendo a cuestiones concretas o de actualidad, en conexión con la Política y el Derecho y sin perder las perspectivas de la eficacia de las Administraciones públicas**	http://morey-abogados.blogspot.com
Xavier Ribas **Aspectos Jurídicos de las Tecnologías de la Información**	http://xribas.typepad.com

Información sobre seguridad, open source, firma electrónica y criptografía	
Inteco	http://www.inteco.es
Kriptópolis	http://www.kriptopolis.org
Hispasec	http://www.hispasec.com
Red.es / Red Iris	http://www.red.es
Advanced Encryption Standard (AES)	http://es.wikipedia.org/wiki/AES
XML Advanced Electronic Signature (XAdES)	http://es.wikipedia.org/wiki/Xades
Centro Nacional de Referencia de las TIC basadas en Fuentes abiertas	http://www.cenatic.es
FAQ sobre firma electrónica	http://www.dipucordiba.es/firma
Habilitar el cifrado de ficheros directamente desde Windows Vista y Windows 7	http://www.genbeta.com/windows/encripta-tus-archivos-facilmente-en-windows-vista

Utilidades de firma electrónica y criptografía	
TrueCrypt	Aplicación para la creación de unidades virtuales cifradas. Aparte de la capacidad de crear unidades virtuales como si fueran discos físicos destacan especialmente las funcionalidades orientadas para impedir que el usuario pueda ser extorsionado: http://www.truecrypt.org/

AxCrypt	Utilidad para el cifrado de ficheros: http://www.axantum.com/AXCRYPT/
KeePass	Utilidad para almacenar claves de acceso y otra información sensible de un modo sencillo. Dispone además de complementos como la integración con el navegador Web, etc.: http://keepass.info/ Una buena guía en castellano sobre la instalación y uso de KeePass del **Ministerio de Educación**: http://observatorio.cnice.mec.es/modules.php?op=modload&name=News&file=article&sid=707
Servicio de firma y validación VALIDe	Validación de certificados electrónicos y documentos firmados electrónicamente, firma electrónica de documentos online. https://valide.redsara.es/
Servicio de validación de la FNMT	Servicio de verificación de documentos electrónicos firmados: https://apus.cert.fnmt.es/appsUsuario/SVFUF/SolicitudAction.do?dispatch=mostrarFormulario
XolidoFirma y XolidoSello	Verificadores de firma electrónica y de sellos de tiempo: http://www.xolido.com/lang/productosyservicios/index_d.shtml?idseccion=9855
Aplicación de firma electrónica y validación de firmas y certificados	Una aplicación en Java que permite firmar cualquier documento electrónicamente. Es necesario un registro previo, pero la aplicación es gratuita: https://www.inteco.es/Seguridad/DNI
PDFCreator	http://en.pdfforge.org/

2. Herramientas

Para la creación de blogs y wikis	
Blogger	Servicio de **Google** para crear y publicar un blog de manera fácil. El usuario no tiene que escribir ningún código o instalar programas de servidor o de scripting. Blogger acepta para el hosting de los blogs su propio servidor (Blogspot) o el servidor que el usuario especifique (FTP o SFTP): http://www.blogger.com
Wordpress	WordPress fue creado a partir del desaparecido b2/cafelog y se ha convertido junto a MovableType en el CMS más popular de la blogosfera. Las causas de su enorme crecimiento son, entre otras, su licencia, su facilidad de uso y sus características como gestor de contenidos. Otro motivo a considerar sobre su éxito y extensión, es la enorme comunidad de desarrolladores y diseñadores, que se encargan de desarrollarlo en general o crear plugins y themes para la comunidad (que ascendían a 2524 y 1320 respectivamente en julio de 2008). Servicio de posting de blogs Wordpress.com: http://wordpress.com/ Descarga de la herramienta para posting propio: http://wordpress.org/
Más...	Listado de software para blogs: http://en.wikipedia.org/wiki/Weblog_software

MediaWiki	MediaWiki es un motor para wikis bajo licencia GNU, programado en PHP. A pesar de haber sido creado y desarrollado para Wikipedia y los otros proyectos de la fundación Wikimedia, ha tenido una gran expansión a partir de 2005, existiendo gran número de wikis basados en este software que nada tienen que ver con dicha fundación. La mayoría de ellos se dedican a la documentación de software o a temas especializados. http://www.mediawiki.org/wiki/MediaWiki
Más...	Listado de software para Wikis: http://es.wikipedia.org/wiki/Software_para_wikis

3. Libros y Revistas

Temas varios	
Wikinomics	**Wikinomics: How Mass Collaboration Changes Everything** (ISBN 1591841933) es un libro escrito por Don Tapscott y Anthony D. Williams publicado por primera vez en diciembre del 2006. Explorar como algunas compañías en el siglo 21 han utilizado la "colaboración masiva" y la tecnología open-source tal como las Wikis para su éxito. El libro describe el cambio que está provocando la **Wikinomia** (una nueva economía donde se aplican los conceptos descritos en el libro), donde los consumidores llegan a ser **prosumidores**, puesto que no sólo consumen los servicios, sino que también los producen. http://wikinomics.com/book/
The Long Tail	La larga estela o larga cola (en el original en inglés The Long Tail) fue una expresión acuñada por Chris Anderson en un artículo de la revista Wired de Octubre de 2004 para describir determinados tipos de negocios y modelos económicos tales como Amazon.com o Netflix. Lo hizo a partir de un texto publicado por ClayShirky, uno de sus redactores. El término larga cola se utiliza normalmente en estadística en relación con distribuciones de riqueza o con el uso del vocabulario. Internet y el entorno digital han cambiado las leyes de distribución y las reglas del mercado. La reducción en el coste de almacenamiento y distribución que permiten las nuevas tecnologías, hace que no sea ya necesario focalizar el negocio en unos pocos productos de éxito, en los superventas. Hay que darse cuenta de que ahora existen dos mercados: uno centrado en el alto rendimiento de pocos productos y otro, nuevo y todavía no familiar, basado en la suma o acumulación de todas las pequeñas ventas de muchos productos, que puede igualar o superar al primero. Son el antiguo mercado de masas y el nuevo nicho de mercados, representados por la cabeza y la cola de la conocida gráfica de distribución estadística. Este concepto se aplica también muy bien a la naturaleza de la Web 2.0, los blogs, Wikis, etc. La Web 2.0 se trata de conectar personas, no ordenadores, como también escribió Kevin Kelly en un famoso artículo en la revista Wired: We are the machine. Las redes sociales por supuesto no son sólo blogs, también recogen el fenómeno de Facebook, MySpace o Linkedin, poniendo en contacto a millones de personas a través de Internet. Traducción del artículo original de Chris Anderson: http://babalum.wordpress.com/2006/10/12/la-larga-estela-el-fin-de-pareto/ Blog de Chris Anderson: http://www.thelongtail.com/ Libro **The Long Tail: Why the Future of Business Is Selling Less of More (ISBN 1-4013-0237-8)**: http://books.google.com/books?id=O2k0K1w_bJIC&printsec=frontcover

Publicaciones del Club de Innovación	Listado de publicaciones disponibles online en torno a la administración electrónica y las TIC. http://www.clubdeinnovacion.es/index.php?option=com_verpublicaciones&cat_id=1&task=ver
Guía práctica de la Ley 11/2007	Publicación de la **FEMP** (**Federación Española de municipios y Provincias**). Se trata de una guía de introducción y adaptación a la LAECSP para Administraciones Locales, realizando una descripción de los contenidos de la misma, con el objetivo de facilitar su mejor comprensión e interpretación, así como subrayar los aspectos de especial relevancia, para que cualquier Ayuntamiento o Diputación Provincial utilizando esta guía pueda, según sus características, adaptarse a la Ley 11/2007, de acceso electrónico de los ciudadanos a los Servicios Públicos o realizar una planificación acorde a la misma. No hace falta decir que aunque esta guía ha sido editada con el mencionado público objetivo en mente, es de interés para cualquiera interesado en la Ley 11/2007 y los aspectos prácticos de su implantación. http://www.femp.es/index.php/femp/content/download/8685/82625/file/GUIA%20FEMP.pdf
La Administración Electrónica y el Servicio a los Ciudadanos	Libro divulgativo sobre la materia, editado por el Ministerio de Economía y Hacienda. http://www.meh.es/Documentacion/Publico/SGT/e-administracion.pdf
La Blogosfera hispana: Pioneros de la Cultura Digital	Libro sobre la blogosfera hispana. http://www.fundacionorange.es/areas/25_publicaciones/publi_253_9.asp
BoleTIC	Boletín de ASTIC, la asociación de funcionarios del Cuerpo Superior de Sistemas y Tecnologías de la Información de la Administración del Estado. Publica periódicamente temas generales de sobre las TIC en la Administración, junto con una monografía sobre un tema concreto (Modernización de la Justicia, directiva de Servicios, etc.) http://www.astic.es/la-asociacion/boletic
Sociedad de la Información	Revista con amplia información sobre las TIC en la Administración Pública. http://www.socinfo.es

4. Videos

Algunos ejemplos que ilustran el potencial de este medio para formar e informar sobre la administración electrónica	
Vídeo explicativo sobre el DNIe de Red.es	http://www.youtube.com/watch?v=1ScQkKl9aek&feature=related
Videotutoriales de la Web Usa tu DNI	http://www.formaciondnie.es/curso/index-2.html
Explicación del Concepto de Certificado Digital	http://www.youtube.com/watch?v=EU6vgU077xU&feature=related
Video de instalación y uso del DNI electrónico de la Universidad de Málaga	http://www.youtube.com/watch?v=QYDgn5X09_0

5. Enlaces varios

Miscelánea de artículos, presentaciones, etc. en torno a las TIC y la administración electrónica	
Artículo interesante sobre digitalización certificada y compulsa electrónica	http://inza.wordpress.com/2008/03/06/digitalizacion-certificada-y-compulsa-electronica/
El documento electrónico en la oficina judicial	http://noticias.juridicas.com/articulos/60-Derecho%20Procesal%20Civil/200902-12457898653256.html
Presentación sobre el uso de Wikis en la empresa	http://docs.google.com/PresentationEditor?id=dgf869jf_6hn8sbm
Discusión interesante sobre pormenores de la generación de claves privadas	http://www.kriptopolis.org/sobre-la-generacion-de-claves
Wikanda: Un curioso proyecto de la Junta de Andalucía	http://www.wikanda.es
El presidente de la era Internet, artículo sobre Barak Obama y su fuerte relación con Internet	http://blogs.publico.es/dominiopublico/919/el-presidente-de-la-era-internet/
Como diferenciarse en LinkedIn	http://micarreralaboralenit.wordpress.com/2009/01/15/diferenciarse-en-linkedin/
Explicación gráfica del éxito de recaudación de la campaña de Obama	http://www.xplane.com/obama/XPLANED_Obama_Fundraising.pdf
Explicación de la estrategia de Marketing viral de Barack Obama	http://www.themccainobamavirals.com/2008/10/top-5-barack-obamas-viral-marketing.html
Ejemplos del uso de tecnologías Web 2.0 en la Administración	http://eadminblog.net/post/2008/05/25/uso-de-tecnologias-20-en-la-administracion-publica-ejemplos-cercanos

6. Terminología

Terminología básica relativa a la firma electrónica y los certificados electrónicos	
Poseedor de claves	Posee dos claves criptográficas matemáticamente relacionadas. Una **privada** secreta y una **pública** que puede dar a conocer.
Firma electrónica	Según el artículo 3 de la Ley 59/2003, de 19 de diciembre, de Firma Electrónica, *"conjunto de datos en forma electrónica, consignados junto a otros o asociados con ellos, que pueden ser utilizados como medio de identificación del firmante."*

Firma digital	Operación criptográfica realizada sobre un documento con la clave privada de su **único** poseedor.
Verificación de firma	Operación criptográfica inversa, realizada únicamente con la clave pública del firmante. Permite detectar cualquier alteración del documento.
Identificación del firmante	Puede hacerse durante la verificación de la firma cuando conocemos **inequívocamente** a quien pertenece la clave pública.
Certificado digital	Estructura de datos que contiene la clave pública de un usuario junto con sus datos de identificación. Nombre y DNI. Los emiten los **Prestadores de Servicios de Certificación** y sirven para verificar las firmas e identificar al firmante.
Datos de creación de firma	Clave privada de un titular.
Datos de verificación de firma	Clave pública de un titular.
Certificado electrónico de firmante	Documento que vincula unos datos de **verificación de firma** a un firmante.
Certificado reconocido	Certificado que contiene los datos que marca la ley y es emitido por un Prestador de Servicios de Certificación que cumple las obligaciones legales establecidas para la comprobación de la identidad del titular, fiabilidad y garantías.
Dispositivo seguro de creación de firma	Dispositivo que sirve para aplicar los datos de creación de firma y posee una serie de garantías de seguridad. Según las normas técnicas de la UE, una tarjeta inteligente con certificación de seguridad EAL4+ se considera un DSCF.
Firma electrónica reconocida	Firma electrónica creada por medios que el firmante puede mantener bajo su **exclusivo control** y generada mediante un Dispositivo Seguro de Creación de Firma. Jurídicamente tiene el mismo valor que la firma manuscrita.

Glosarios de términos online imprescindibles	
Terminología general de administración electrónica	http://noticias.juridicas.com/base_datos/Admin/l11-2007.t4.html#anexo
Terminología general y relativa a la interoperabilidad	http://noticias.juridicas.com/base_datos/Admin/rd4-2010.html#anexo
Terminología relativa a la seguridad	http://noticias.juridicas.com/base_datos/Admin/rd3-2010.html#anexo4

Índice Alfabético

B

C

creative
commons

F

G

H

I

J

K

L

Ll

M

creative commons

creative
commons

creative
commons

creative
commons

Historial de Revisiones

Revisión	Cambios
Primera Edición - Enero 2010	▪ Primera edición
Primera Edición – Septiembre 2010 (edición revisada)	▪ Cambio de formato del libro a Crown Quarto y cambios en tipografía y colores ▪ Inclusión de un historial de revisiones ▪ Revisión y actualización de los contenidos e imágenes ▪ Explicación paso-a-paso para importar un certificado electrónico en los almacenes de Windows y de Firefox ▪ Ampliaciones, correcciones menores y actualizaciones en capítulo *"Cosas fundamentales que hay que dominar"* ▪ Nuevo apartado dedicado al uso de Applets y ActiveX en la firma electrónica

www.ingramcontent.com/pod-product-compliance
Lightning Source LLC
LaVergne TN
LVHW062312060326
832902LV00013B/2180

* 9 7 8 8 4 6 1 4 3 4 1 3 8 *